SANTOB DE CARRIÓN

PROVERBIOS MORALES

SANTOB DE CARRIÓN

PROVERBIOS MORALES

EDITED
WITH AN INTRODUCTION

by

IG. GONZÁLEZ LLUBERA

*Professor of Spanish in the Queen's
University of Belfast*

CAMBRIDGE
AT THE UNIVERSITY PRESS
1947

MEMORIAE
MATRIS

CAMBRIDGE UNIVERSITY PRESS
Cambridge, New York, Melbourne, Madrid, Cape Town, Singapore,
São Paulo, Delhi, Dubai, Tokyo

Cambridge University Press
The Edinburgh Building, Cambridge CB2 8RU, UK

Published in the United States of America by Cambridge University Press, New York

www.cambridge.org
Information on this title: www.cambridge.org/9780521131445

First published 1947
This digitally printed version 2010

A catalogue record for this publication is available from the British Library

ISBN 978-0-521-06194-0 Hardback
ISBN 978-0-521-13144-5 Paperback

CONTENTS

PLATES

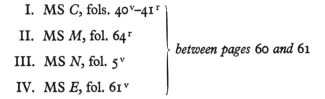

PREFACE

THE LITERARY activities of Santob de Carrión fall within the second half of the reign of Alfonso XI and also within the first decade of the reign of Peter the Cruel. The *Proverbios* probably appeared during the civil war which marks the beginnings of the modern social evolution of the Castilian people, a period in which the conditions leading to that wave of persecution and destruction of the great centres of Jewish Spanish culture in 1391 were rapidly developing. The work constitutes a document of the highest interest in the study of Jewish influences upon medieval Spanish literature: it may be considered as the outcome of a process which goes back to the translations of Arabic anthologies of 'dicts and sayings' in the course of the thirteenth century, it may also be taken as an indication of the diffusion of the Jewish outlook and ideas in that critical period of Spanish history. But the importance of the *Proverbios* is obvious in other ways: as an example of the acclimatisation of Hebrew-Arabic themes to a Romance tongue it occupies a place apart in the history of medieval gnomic verse.

The characteristic virtue of our poet's style in the *Proverbios* is a peculiar terseness which is generally attributed to his Jewish environment. We have recently come to know that Santob indeed was an excellent writer of Hebrew verse and rimed prose, a fact that should be borne in mind when approaching his Spanish work. He was familiar with the masterpieces of Hebrew sapiential poetry, with that pregnant and often potent elegance of imagery and style in which the Semitic genius displays some of its best qualities in a language that had attained to classical perfection. In his attempt at expressing Jewish thought in Spanish he indulges in archaic habits which were being rapidly abandoned in contemporary learned poetry. A noteworthy aspect of this trend is his extensive use of apocope, whilst the recurrence of irregular diphthongisation in his verse leads one to suspect that his pronunciation was closer to Western than to Castilian habits of speech. His diphthongs indeed betray Western vowels. Otherwise the technique of sapiential poetical style led him to syntactical experiment, particularly in inversion. Thus an unfixed phonology goes along with syntactical features which anticipate fifteenth-century fashion.

It is unlikely that these features reflect the speech of those Castilian Jewries in which the poet lived. It is clear to me that they emanate in part from a Portuguese linguistic background. Hence the process of revision to which the work was subjected at the hands of later scribes: some of the most glaring discrepancies between the poet's and the scribes' usage soon disappeared in the course of the transmission, thus impairing now the original verse structure, now the rime, and sometimes both.

The presence of archaic usages and dialectal traits in the Spanish of our poet will be seen in the present edition, the main purpose of which has been to recover as far as possible the text which preceded that of the Escorial MS through which Santob's work has been almost exclusively known up to the present. The attempt could not have been made but for the discovery of the *aljamiado* copy at the Cambridge University Library. Although it had been known for a long time past that the text in the MS at the Biblioteca Nacional is earlier than the revised version at the Escorial, little progress could be made in the textual study of the poem without further materials. In 1932 I made a transcription of the Cambridge MS. It soon became clear to me that this text was more faithful to the archetype than the other MSS available at the time. I intended at first to issue the Cambridge text only. Later a fourth MS came to my notice and I decided to publish a new edition of the poem. It has not been an easy task: for the MSS are faulty and derive from a faulty exemplar. The text has been based on MS *C* for those parts of the work which have been preserved in it. The MS being generally unpointed the missing vowels were provided, from *M* in the first instance. For those sections which are missing in *C*, the text has been based on *M*, whilst stanzas missing in both *C* and *M* have been supplied from *N*. Finally *E* has provided the text of three passages missing in the other MSS.

The primary task of the editor thus consisted in interpreting *C* and then piecing together all the materials at his disposal. From the account included in the following pages it will be seen that the superiority of *C* over the other MSS lies partly in the fact that the language of the archetype has been subjected to less alteration in *C*. It will also be shown that certain dialectal traits of the archetype do not emanate from the scribe but must be traced back to the original. A detailed study of the variants has shown that in a considerable number of cases in which *C* is isolated against *MNE* the reading of *C* is linguistically and metrically superior to that consensus. We cannot thus automatically adopt a reading common to *MNE* against *C*. The consensus of *MNE* (or any two of these when only two are available) has been primarily used to make good external deficiencies and mechanical errors of transcription in *C*. Dialectal traits and older linguistic forms than those in the basic MS have been preferred and have as a rule been included in our text when they occur in any one of the MSS, particularly when a reading of this nature is demanded by the metre. Thus whenever one MS includes an archaic or dialectal form which occurs elsewhere in C, or is necessitated by the rime, it has been included in the text. Also when a form of this nature has been misread and appears thus deformed, the presumed original has been restored. On these grounds the linguistic forms specified on pp. 39–42 have been largely utilised: they occur in N, sometimes in M (or MN), and in a few cases in ME, NE, and even E. Otherwise the text has not been corrected when C is isolated against MNE unless definite reasons, based on external or internal evidence, against the reading of C and in favour of MNE can be advanced. Corrections in those sections based on M have been made on the consensus of NE when M is obviously corrupt, also when it is metrically unsatisfactory. Sometimes, however, the reading of N has been adopted against a corrupt one in M. As explained in the Introduction E may be described as a partial revision of the original. For the purposes of text correction E is thus much less valuable than either M or N, the editor being precluded from adopting seemingly better readings in it against those of the remaining MSS.

Editorial emendations have been made when a rime has been disturbed by scribal interference, also in various cases of metrical irregularity presumably due to the same cause. Some of these defects very likely go back to the archetype. However, the forms listed on pp. 45–9 have been adopted if they afford the only reasonable solution in the emendation of the passage concerned. A certain number of irregular hemistichs have thus not been emended because more than one solution seemed possible. For the same reason it has been found impossible to emend some rime words the original of which was no doubt altered by the scribes.

The unusual fact that our main MS is written in Hebrew characters and that it is generally unpointed demanded a full apparatus of variant readings including a certain number of orthographical variants which in a text based on a MS in Latin characters would have been omitted.

Corrections and emendations as well as hypothetical and alternative solutions will be discussed in the commentary, without which the present work would remain incomplete. It will be issued along with a glossary and a transliteration of C as soon as circumstances permit.

I have pleasure in recording my gratitude to the Syndics of the Cambridge University Press for sponsoring the publication, and to the Queen's University of Belfast, the Committee of Heshaim, and the Trustees of the Arthur Davis Memorial Fund for making grants towards the cost of printing. I also thank the Syndics of the Cambridge University Library, the Librarians of the Biblioteca Nacional in Madrid and of the Escorial library, and the owner of MS N, for allowing me to have photographs and to reproduce the manuscripts in their possession; and Dr Henry Thomas and Professor A. C. González Palencia through whose good offices photographs of the MSS in Spanish libraries were obtained.

I have also to thank those who have aided me in the preparation of the volume, in particular Professor J. M. Millàs Vallicrosa and Fr. J. Zarco Cuevas who have examined the Madrid and Escorial manuscripts and furnished items that were lacking, Dr Georg Sachs, formerly of the staff of the *Revista de Filología Española* to whom I am indebted for several points of textual criticism, my colleague Dr Margaret Pelan who has read and revised the text of the Introduction; and in a particular manner the late H. J. Loewe. He drew my attention to the Cambridge text, which has proved so important in the study of the language of the poet. Without his untiring efforts the present work would probably have remained unpublished. I should like to record here my own tribute to his devotion to the cause of learning and to the constant inspiration which he afforded to those who were privileged to come into contact with him.

IG. G. LL.

BIBLIOGRAPHICAL ABBREVIATIONS

Alex*O* = *El Libro de Alexandre*. Texts of the Paris and Madrid manuscripts, prepared with an introduction by Raymond S. Willis, jr. Princeton and Paris 1934. [The Madrid text is designated by the letter *O*.]

ALJ = M. Steinschneider, Die arabische Literatur d. Juden. Frankfurt a.M. 1902.

AOR = Anuari de l'Oficina Romànica.

Apol = *Libro de Apolonio*. An Old Spanish poem edited by C. Carroll Marden. Part I: Text and Introduction. Baltimore-Paris 1917. Part II: Grammar, Notes and Vocabulary. Princeton-Paris [1922].

ARo = Archivum Romanicum.

BAE = Biblioteca de autores españoles.

BEscur = Biblia medieval romanceada. Según los MSS escurialenses I-j-3, I-j-8, I-j-6. I: Pentateuco. Ed. A. Castro, A. Millares Carlo, A. J. Battistessa. Buenos Aires 1927.

Borao = Diccionario de voces aragonesas...por don Jerónimo Borao. Segunda edición. Zaragoza 1908.

BProv = *Libro de los Buenos Proverbios* (in Knust, pp. 1–65).

Cantar = *Cantar de Mio Cid*. Texto, gramática y vocabulario, por R. Menéndez Pidal. Madrid 1908–11. [II = Gramática; III = Vocabulario.]

Cantigas = Afonso X o Sábio, *Cantigas de Santa Maria*. Editadas por Rodrigues Lapa. Lisboa 1933.

CCastilla = Cortes de los antiguos reinos de León y Castilla. Publicadas por la Real Academia de la Historia. Madrid 1861–3.

CLB = M. Steinschneider, Catalogus Librorum Hebraeorum in Bibliotheca Bodleiana. Berolinae 1852–60.

Crews = Recherches sur le judéo-espagnol dans les pays balkaniques. Par C. M. Crews. Paris 1935.

Elena = *Elena y María*, poesía leonesa del siglo XIII. Ed. R. Menéndez Pidal (in RFE, I (1914), 52–96).

Espinosa = A. M. Espinosa, hijo, Arcaísmos dialectales. Madrid 1935.

FAragón = *Los Fueros de Aragón*, según el manuscrito 458 de la Biblioteca Nacional de Madrid. Publicados por Gunnar Tilander. Lund 1937.

FGz = *Poema de Fernán González*. Ed. C. Carroll Marden. Baltimore 1904.

FJuzgo = *Fuero Juzgo* en latín y castellano, por la Real Academia Española. Madrid 1815.

FLeoneses = Fueros leoneses de Zamora, Salamanca, Ledesma y Alba de Tormes. Ed. Américo Castro y Federico de Onís. Madrid 1916.

Ford, Sibilants = Old Spanish Sibilants. By J. D. M. Ford. Boston 1900.

Gassner = Das altspanische Verbum. Von Dr Armin Gassner. Halle 1897.

Glosarios = Glosarios hispano-latinos de la Edad Media. Ed. Américo Castro. Madrid 1936.

Griera = A. Griera, Gramàtica del català antic. Barcelona 1931.

GSilenses = *Glosas Silenses*. Ed. R. Menéndez Pidal (in Orígenes, pp. 10–27).

Hanssen = Gramática histórica de la lengua castellana. Por Federico Hanssen. Halle 1913.

HR = Hispanic Review.

HTroyana = *Historia Troyana* en prosa y verso. Texto de hacia 1270. Publicada por R. Menéndez Pidal. Madrid 1934.

Huber = Altportugiesisches Elementarbuch. Von Dr Joseph Huber. Heidelberg 1933.

HUM = M. Steinschneider, Die hebraeischen Uebersetzungen des Mittelalters. Berlin 1893.

Infantes = Ramón Menéndez Pidal, La leyenda de los Infantes de Lara. Madrid 1896.

JCSp = Die Juden im christlichen Spanien. Erster Teil, Urkunden u. Regesten: II. Band, Kastilien, Inquisitionsakten. Von Fritz Baer. Berlin 1936.

JRuiz = Juan Ruiz, Arcipreste de Hita, *Libro de Buen Amor*. Ed. J. Ducamin. Toulouse 1901.

Keniston = The Syntax of Castilian Prose. The sixteenth century. By Hayward Keniston. Chicago 1937.

Knust = Mittheilungen aus dem Eskurial. Von Hermann Knust. Tübingen 1879.

Lecoy = Félix Lecoy, Recherches sur le *Libro de Buen Amor* de Juan Ruiz. Paris 1938.

Llera = Gramática y Vocabulario del *Fuero Juzgo*. Por don Víctor Fernández Llera. Madrid 1929. [I = Gramática; II = Vocabulario.]

Lucanor = Juan Manuel, *El libro de los enxiemplos del Conde Lucanor et de Patronio*. Text u. Anmerkungen... von Hermann Knust, hrsg. Adolf Birch-Hirschfeld. Leipzig 1900.

Luria = Max A. Luria, A Study of the Monastir Dialect of Judeo-Spanish (in RHi, LXXIX (1930), 323–583).

Ma'ase = מעשה הרב דון שם טוב בר' יצחק ארדוטיאל. Ed. Eliezer Ashkenazi (in ס' דיברי חכמים). Metz 1849.

MAe = Medium Aevum.

Milg = Berceo, *Milagros de Nuestra Señora*. Ed. A. G. Solalinde. Madrid 1922.

MLN = Modern Language Notes.

MPhil = Modern Philology.

MPidal, Leonés = R. Menéndez Pidal, El dialecto leonés (in RABM, XIV (1912), 128–72, 294–311).

Nebrija = Nebrija, *Gramática de la lengua castellana*. Ed. Ig. González Llubera. Oxford 1926.

Nunes = *Cantigas d'Amigo* dos trovadores galego-portugueses. Ed. José Joaquim Nunes. Vol. III: Commentário, variantes e glossário. Coimbra 1928.
Orígenes = Orígenes del español. Por R. Menéndez Pidal. Madrid 1926.
PCG = Primera Crónica General. *Estoria de España*...publicada por R. Menéndez Pidal. Madrid 1906.
4Dotores = *La estoria de los Quatro Dotores de la Santa Eglesia*. Hrsg. Friedrich Lauchert. Halle 1897.
RABM = Revista de Archivos, Bibliotecas y Museos (3ª época).
RFE = Revista de Filología Española.
RHi = Revue Hispanique.
Ro = Romania.
RPal = Poesías del canciller Pero López de Ayala. Publicadas por A. F. Kuersteiner. New York 1920. [I = Introduction to vol. I; N = *Rimado de Palacio* (MS. Bibl. Nac. Madrid); E = id. MS. Escorial.]
RR = Romanic Review.
SDom = Gonzalo de Berceo, *La vida de Santo Domingo de Silos*. Ed. John D. Fitz-Gerald. Paris 1904.
SGFr = Spanish Grail Fragments. Ed. Karl Pietsch. I, Texts; II, Commentary. Chicago 1924-5.
SLaur = Berceo, *Martyrio de Sant Laurençio* (in BAE, LVII).
SMissa = *El Sacrificio de la Missa*, por Gonzalo de Berceo. Ed. A. G. Solalinde. Madrid 1913.
Staaff, Léonais = Étude sur l'ancien dialecte léonais. Par Erik Staaff. Uppsala 1907.
—— Pronoms = Étude sur les pronoms abrégés en ancien espagnol. Par E. Staaff. Uppsala 1906.
TArcaicos = Textos Arcaicos. Coordenados, annotados e providos de um glossário, pelo Dᵒʳ. J. Leite de Vasconcellos. 3ª ed. Lisboa 1923.
Umphrey = G. W. Umphrey, The Aragonese Dialect (in RHi, XXIV (1911), 1-45).
Viduy = *Viduy de Rabi Sem Tob Ardutiel* (in Orden de Ros Asanah y de Kypur. Amsterdam 5412 [1652], 397 sqq.).
VRo = Vox Romanica.
Yoçef = *Coplas de Yoçef*. A Medieval Spanish poem. Ed. Ig. González Llubera. Cambridge 1935.
Yuçuf = R. Menéndez Pidal, El poema de Yuçuf: materiales para su estudio (in RABM, VI, 276 sqq.).
—— A = *Poema de Yuçuf* (MS. Acad. de la Historia). Ed. R. Mz. Pidal (ibid. pp. 91 sqq.).
—— B = id. (MS. Bibl. Nac. Madrid). Ed. Morf. Leipzig 1883.
ZRPh = Zeitschrift für roman. Philologie.

INTRODUCTION

I

THE AUTHOR

THE *Proverbios Morales* of Santob de Carrión have been edited twice.[1] The text has fared badly in both editions. Apart from an essay mainly concerned with the sources,[2] the work has not been the subject of philological or literary study: brief accounts included in general works give a very inadequate idea of the poem and its place in contemporary literature.[3]

In importance the work ranks among the great poetical productions of fourteenth-century Castile. Apart from its specific literary qualities, its emergence indicates a deliberate attempt at expressing Jewish thought in a Romance tongue. Not by way of translation, but by means of an adopted poetical technique. The earliest independent manifestation of Spanish gnomic verse known to us thus constitutes an attempt by no means unsuccessful at moulding Jewish sapiential thought to the genius and range of expression of contemporary Spanish.

Santob de Carrión is the Castilian name of the Hebrew writer R. Šem

---

[1] A transcription of MS *M* was included in Ticknor's *History of Spanish Literature*, III (London 1849), 436–64. It was reprinted in the Spanish translation of that work, IV (Madrid 1856), 331–73. A note on the textual differences between MSS *M* and *E* was inserted in the latter work (pp. 424 sqq.). An edition of MS *E* was included by Florencio Janer in BAE, vol. 57 (Madrid 1864), 331–72. For partial translations, see Stein, *Untersuchungen über die* Proverbios Morales (Berlin 1900), 13.

[2] Stein, op. cit. 21 sqq. See also P. Mazzei, *Valore biografico e poetico delle* Trobas del Rabbi don Santo, in ARo, IX, 177. Both base their conclusions on the text of the existing editions without reference to the MSS.

[3] T. A. Sánchez, *Colección de poesías castellanas*, I (Madrid 1779), 133; Amador de los Ríos, *Estudios* (Madrid 1848), 309; and *Historia Crítica*, IV (Madrid 1863), 91, 468; Ticknor-Gayangos, *Historia*, IV, 331; Kayserling, *Sephardim* (Leipzig 1859), 14 sqq.; Menéndez Pelayo, *Antología*, III (Madrid 1891), pp. cxxiv sqq.; and *Historia de la poesía castellana*, I, 321.

Ṭob ibn Arduṭiel b. Isaac.[1] The proof of this identity rests on the quotation of stanza 55 of the present edition in the *Ṣeror ha-Mor*, a commentary to the Pentateuch by the fifteenth-century Spanish cabbalist Abraham Saba', who ascribes the passage to the Rab don Šem Ṭob *ha-Payyaṭ*.[2] As Steinschneider stated long ago, the epithet points to Ibn Arduṭiel.[3]

Šem Ṭob ibn Arduṭiel lived in the first half of the fourteenth century and very probably he was a prominent member of the *aljama* of Carrión. There is little doubt that he became involved in the persecutions of the middle years of Alfonso XI.[4] He resided for a time in Soria,[5] in which city was completed (in 1345) one of his works.[6] His literary output in Hebrew, although not very large, shows a wide range of interests. His poetical fame rests on the *Widduy* included in the *musaf* for the Kippur service in the Sefardi liturgy.[7] But his *Ma'ase* (a *débat* concerning the respective merits of Pen and Scissors) is perhaps superior to that poem in the fluidity of its style and the skilful handling of rimed prose.[8] A comprehensive criticism of his work as a whole cannot, however, be attempted whilst a not inconsiderable part of it remains unedited: several poems,[9] the *Miṣwot Zemaniyot* (a liturgical tract trans-

---

[1] For a detailed discussion see F. Baer, in *Minḥat le-Dawid* (Jerusalem 1935), pp. רנ־ר (200-3).

[2] The quotation runs as follows: וזה שייסד הפייט הרב דון שם טוב ז"ל: למה רומסין מעט וזמן הארץ במהלכם אנשים שהיא רמסת לעד לעולם המה דוממים *Ṣeror*, sect. *Wayyeze* (ed. Warsaw, I, fol. 66a). Comp. Dukes, in *Ergänzungs-Blätter zu Der Orient* [XII], 1851, col. 29, note 3.

[3] CLB, col. 2519. Steinschneider, however, failed to identify the quotation thus denying that the Šem Ṭob mentioned by Abraham Saba' was identical with Santob de Carrión, as had been pointed out by Dukes.

[4] One of the poems addressed to Šem Ṭob by Samuel b. Yosef ibn Sason in the hitherto unpublished collection in MS Add. 2716 at the British Museum (Baer, op. cit. p. רא) was written on the occasion when certain rumours regarding our poet's impending arrest proved to be unfounded.

[5] HUM, § 547.   [6] *Ma'ase*, fol. נה colophon.

[7] The poem can be read in the Spanish translations of Abraham Usque and Isaac b. David Nieto included in the *Orden de Roš ha-Šanah y Kippur* (Ferrara 1553, Amsterdam 1652, etc. and London 1740, respectively).

[8] Edited by Eliezer Ashkenasi in *Dibre Ḥakamim* (Metz 1846), 47–55, from the MS Saraval, no. 38 (Steinschneider, *Catalogue*, p. 102). The Saraval library was purchased by the Breslau seminary in 1853. Another MS of this work in the possession of the firm Fischl-Hirsch was described by Steinschneider in *Centralblatt f. Bibliothekswesen*, III (1887), 163, no. 4.

[9] A *Baqqašah* and several other liturgical poems with the author's name in acrostic. See Dukes, in *Litteraturblatt d. Orient*, VII (1846), col. 780.

lated from the Arabic of Israel Israeli),[1] and a cabbalistic treatise entitled *Sefer ha-Peer*.[2]

There are definite points of coincidence between the *Proverbios* and the *Ma'ase*, and certain phrases in the former appear to be based on parallel passages in the *Widduy*.[3] These similarities, amounting sometimes to translations of the corresponding Hebrew phrases, strengthen the thesis of identical authorship.[4]

Some data of biographical interest can be gathered from the introductory sections of the *Proverbios* (1–150): the poet is already advanced in years, but is not so old that he does not hope for better times.[5] He is not engaged in a profitable occupation.[6] He reminds the new king of a debt that the late Alfonso XI owed him.[7] He is proud of his learning, and has cared little for advancement.[8] Discarding false modesty he has decided to show his literary ability: he has seen several of his coreligionists earn the Royal favour and he is intent upon following their example,[9] as few affluent Jews, he adds, would be so gifted as to be able to write ingenious and witty things in the manner of his Spanish poem.[10]

---

[1] See HUM, § 547, and ALJ, § 123.

[2] MS at the Vatican library. The author is described therein as Rabbi Šem Ṭob de Soria (Assemani, *Cat. Vat.* I, no. 235). The attribution to Ibn Arduṭiel of the *Ma'ase Ṣofar* (Salonica ca. 1600), a moral story in rimed prose, is completely groundless (see CLB, col. 2520).

[3] See our commentary, notes to 33–62.

[4] Comp. חמדו. מאד המספרים לעמוד יחד *Ma'ase* (fol. 55) and *Quien buena ermandat aprender la quisyere...Syenpre meter debia mientes en las tygeras* 1039–41; כי אין רצונם ib. and *Muchas buenas maneras* 1042; כי ישרים דבריהם להרע אך לשוב לאחדות שמעוהו ib. and *E non por se vengar, Sy non con gran talante que an de se legar* 1045–6; פליאה דעת העט ממני צר מעשהו...מחשבות לבי הגידה אותם יראה יעשה בתבנית ib. and *Cosa marabillosa...Syn yo le dezir cosa, faze el mi talante* 1393–4; ומבדיל לא יחא בנתים מהם שניהם לעשות אחת, לכל אחד יבואו יתצו לשינים ib. and *Por el destar en vno, syenpre amas a dos, E fazer de dos vno, fazen de vno dos* 1057–8; עֲרֹם יָצָאתִי מִבֶּטֶן קַסְתִּי ib. and *Tal qual salio del vientre de su madre* 1405.

[5] Comp. *Las mis canas teñi las* 101; *Omes...buscarian en mi seso de viejo* 103–4.

[6] Comp. *Trabajo me mengua donde puede auer pro* 105–6.

[7] Comp. *la debda mia—que a Vos muy poco monta—Con la qual yo podria beuyr syn toda onta* 13–14; and *a merçe vosa gradeçer non me trebo* 15. Also 1461–2.

[8] Comp. 128.   [9] Comp. 125–7.

[10] Comp. 141–2. It is not easy to determine whether the episodes on the Inconsiderate Guest (1071–1104) and the Stupid Bore (1107–30) rest on personal recollections or are literary clichés only.

Acquaintance, however superficial, with the Hebrew works of Ibn Arduṭiel reveals an extensive range of erudition, and in this respect the *Proverbios* are no exception, as the study of the sources abundantly proves. That the poet is familiar with the Bible is to be expected. Thus reminiscences of the Biblical style and Biblical references strike the reader at once.[1] Nor is it surprising to discover the echo of Talmudic sayings, although to a lesser extent than might be assumed at first in a work emanating from a learned Hebrew writer.[2] The poem is more directly connected with certain well-known anthologies of Arabic wisdom than with Rabbinic lore: Ḥunain's *Apophthegmata* and Mubaššir ibn Fatik's *Muhtar al-Ḥikam* were familiar to him, either in the original or through the Hebrew, Latin or Romance translations, or in the case of individual sentences through the *Mibḥar ha-Peninim*, Josef ibn Kimḥi's *Šekel ha-Qodeš*, or Ibn Ḥasdai's *Ben ha-Melek*.[3] A few passages may derive from Samuel ibn Nagrela's *Ben Mišle*, others come from Baḥya ibn Paquda's *Hidaya* (or its Hebrew translation),[4] still others from the writings of Maimonides,[5] one at least is based on the *Disciplina Clericalis*.[6] Certain images were possibly suggested by Moses ibn Ezra's *Taršiš*.[7] However, the poet was not solely aiming at representing, in Spanish, sapiential imagery of learned origin; for side by side with gems from Arabic moral poetry allusions to the world around him occur in his work.[8] He has at times joined within a poetical unit an Arabic or Jewish image and a popular Castilian saw,[9] and aphorisms from learned sources have been expanded with anecdotal themes of an unmistakable fourteenth-century taste.[10]

[1] The relevant quotations have been included in the commentary, notes to 33–44, 184, 227–30, 343, 367, 380, 405, 490, 527–30, 624–7, 693, 752, 925, etc.

[2] Ibid. 611, 617–20, 729, 787, 879, 1062.

[3] Ibid. 275, 283, 425–7, 465–8, 513–26, 535–6, 559–60, 597–8, 645–50, 659–62, 663–6, 673–8, 699–701, 775–8, 779–82, 795–6, 797–805, 839–42, 971–6, etc.   [4] Ibid. 613.

[5] Ibid. 171, 406, 496, 1300.   [6] Ibid. 67–90.   [7] Ibid. 941.

[8] Ibid. 425–32, 939–50, 1071–1104, etc.

[9] Ibid. 119–20, 161–4, 259–80, 337–40, etc.

[10] Ibid. 444–54, 735–68, etc.

II

THE WORK

The subject as well as the structure and style of the work as a whole point to a comparatively long period of composition. Certain passages possibly were written during the reign of Alfonso XI.[1] But the materials were put together in the times of Peter the Cruel, to whom the poem was dedicated. The praises of this king, the loyal wishes for the health of 'the preserver and defender' of the Jewish community,[2] cessation of civil strife and the removal of war and *mal bolliçio* from Castile's domains, point to a date around 1355–60 as *terminus ad quem*. After the sensational fall of Don Simuel ha-Levi (1360),[3] the poet would not address the king in such flattering terms. The date of composition of the *Ma'ase* (1345) affords a *terminus a quo* for certain passages, as the Spanish parallels were no doubt written after the Hebrew essay. Finally, the phrases *allende de Tajo* 246, *vezino de Castilla* 1421, and the allusion to Burgos (l. 944), conjointly suggest that the passages in question were written in Old Castile.

In the poet's own words the work is described as a *sermon...comunal mente trobado de glosas, moral mente de filosofia sacado* 'a discourse in verse generally consisting of glosses, culled from philosophical works in a moral manner' (3–4).[4] It opens with a dedication (1–17) and ends in a eulogy of Peter of Castile as the ideal of the good king.

The dedication is followed by a *Prólogo* (25–150), couched for the greater part in the first person. It consists of three sections: (*a*) A declaration to the effect that the sensible man must not rest satisfied with his good actions, when he recalls his own shortcomings and misdeeds. The general principle is then followed by a consideration of God's mercy and forgiveness of the poet's sins (25–66). (*b*) Concerning the vanity of human effort: the way of the world is to let those who remain obscure live undisturbed, whilst men of standing are subject to inevitable fall (67–90). (*c*) The poet extols the value of his work. His gifts deserve as

---

[1] For the variant *el buen rrey don Alfonso* 1436, in MS *E*, see p. 22, n. 8 below.

[2] *Que guarda desta grey es e defendedor* 1458.

[3] For the arrest of Don Simuel, see Ayala's chronicle, XI, chap. 22. See also JCSp II, p. 79. Lines 1459–60 are too vague to be referred to the Aragonese war.

[4] Elsewhere the word *rrazon* is used by the poet (129).

5

much recognition as those of more fortunate members of his race. His discourse being based on excellent doctrine should be read without prejudice. Few among his coreligionists would be able to compete with him in the task he has undertaken. The section ends with praise of conciseness (105–50). A reference to the poet's skill at writing with the scissors is contained in 91–104.

The work proper may be divided into twenty-one chápters:

I. The chapter opens with the theme of universal relativity and the consequent need for individual adaptation to changing conditions (151–202). The reflexion that the fool may be favoured by fortune while the man of intelligence falls into misfortune, that the world deals alike with beast and man does not disturb the poet (203–18). No good is safe in this world (221–6). Summing up (231–4).

II. Consists of two sections: (a) All good habits have their fixed limit, which should not be overstepped (235–58). (b) Nothing is ever attained which does not entail its opposite (259–74).

III. (a) Through excessive meekness men are downtrodden, cruelty breeds hatred, avarice engenders contempt, excessive generosity is often mistaken for foolishness (281–4). The latter point is the subject of further comment: openhandedness would be the best of virtues, but it has its drawbacks for the common man. It is the privilege of kings (285–302). (b) Man's habits must change so that he may be able to foil the cunning (303–6). The simile of the ford (307–14). The main topic is again taken up (315–20). Conclusion: a uniform rule of conduct towards everybody cannot be applied (323–36).

IV. (a) Leisure cannot be attained without toiling nor peace without struggle. Examples. Reiteration (337–47). (b) On the need of taking risks and the dangers of hesitation. Rashness, however, must be avoided (349–68). (c) The just mean is hard to attain, it is not attainable through mere human wisdom. Hence the inanity of personal praise when success comes our way (369–84). (d) A golden rule: toil for toiling's sake, thus man will escape reproach and he will not be accused of indolence (385–8). Development of this theme: toiling is man's lot, God will reward him who fulfills the divine command (389–96). A further consideration: the stars do not cease to move. Thus they glorify the Lord. It would be incongruous for the stars to toil whilst man stands idle. Man has been endowed with the gift of understanding so as to enable him to provide for himself in his lifetime. Similes. On the vanity of spending (397–416). (e) On the cares attending wealth and leisure (417–24). The simile of the prayers for rain and the disadvantages of too much rain when it comes. Conclusion: excess is never good, nothing grows for ever (425–36).

V. Men should be on their guard against their own passions, against envy, wrath, and greed above all others (437–40). (a) On the evils of greed (441–64). Three categories of men: he who seeks and does not attain what he is seeking, he who attains what he seeks but still is not satisfied, and he who seeks and is satisfied. The last has never been found (465–72). On the insatiability of greed (473–82). (b) A truly great man is he who controls his body and does not let it rest (483–6). But a magnanimous soul may be ruined by envy (487–90). Exhortation to moderate greed and to keep to the just mean (491–6).

VI. The poet's indignation is roused by the sight of the wicked, who often reap gain and induced by greed perform disgraceful actions, who without toil or trouble gain more than they expected (497–512). The sage's contempt for trade and gain (513–26). The chapter then closes with an exhortation to employ wealth in the pursuit of good deeds, the lasting value of which is stressed (527–44).

VII. Praise of diverse virtues: friendship, modesty, meekness, patience (549–56), and poverty (561–4). Arrogance and pride are condemned: pride is incompatible with good sense (565–76). The signs of true nobility and of vileness (577–96). Conclusion: the ruin of ten good men is preferable to the rise of one wicked individual (597–604).

VIII. Do unto thy neighbour as thou wouldst thy neighbour do unto thee (605–6). On the baseness of human origin and the vanity of wealth and power (607–36). Know thine own measure and thou wilt not err nor wilt thou act in a spirit of arrogance. An exhortation to humility and devotion to the service of our fellow-men. Unkindness breeds unkindness. Man was made neither for isolation nor preferment. The king toils for his people to a greater extent than his people toil for him (637–54). On conduct and manners success and failure depend (655–6). Advice on gaining friends: be simple and well spoken (657–8). The present and the envoy reveal the nature of the man who sends them. Still more does his letter (659–62).

7

IX. In praise of learning (663–6). A book is the best companion (667–90). The poet is not grieved that it be counted the same to be the servant of a man of learning and to be the master of an ignorant man (691–2). An ignorant person is like a wild beast (693–8). Man's best friend is wisdom, the stupid man's worst enemy is his own stupidity, his wrath is most dangerous (699–704).

X. Truth is most courageous, untruth is most cowardly. Thus the sage likeneth truth to a lioness and untruth to the fox (705–8). The drawbacks of false speech (709–16). Further considerations on truth and untruth, justice and wrong (717–26). The wicked judge (727–8). The world rests on three things: judgment, truth and peace, but judgment is the foundation on which the other two foundations rest (729–34). On the office of judge: its prerequisites (735–62). Justice and covetousness are incompatible (763–8). Office is like a jewel in trust, it should not be abused (769–74).

XI. Three things which wreck councils (775–8). Three incurable infirmities: indolence in a poor man, ill will in an envious man, and disease in old age (779–86). An indictment of envy (787–96). Three categories of men who are particularly miserable: a noble who is subject to a man of lower birth, an upright man who has to obey orders from an unjust master, and above all a learned man who is obliged to serve a foolish master (797–812).

XII. He who does not seek preferment is the happiest of men: the poor obscure man lives content with little (813–21). But a prosperous fool whose own stupidity prevents him from thinking of the changes of this world comes next (822–30). The intelligent and wise mistrust the goods of this world (831–44). Two things unsafe: the world and the sea (845–50). Thus high office only distresses and saddens wise men (851–2). He who is truly aware of his humanity, be he rich or poor, is always disquieted (853–8). Man's shortcomings are censured in his lifetime, after his death his good deeds are praised (859–66).

XIII. On secrecy: that which thou wishest to remain unknown to thy enemy thou shalt not reveal to thy friend (867–88). On good habits: they are easy to mention and hard to practise (889–902). Do not despise anybody however insignificant, nor sign thy name to a document which thou hast not read (903–4). Do not do that which thou wishest to inflict upon thine enemy (905–14). *Festina lente* (915–22). Keep thy peace and be careful of that which thou writest: on the power of the written word (923–50).

XIV. The delights of this world are transient (951–60). Lasting pleasure cannot be found in that which thou dost not understand. Lasting pleasure lies in genuine friendship (961–76). On the superiority of one man over another (977–82). Spiritual qualities cannot be bought for money, while physical qualities are ephemeral and of little value (983–94). Concerning the double nature of man: his physical being relates him to the beasts, his spirit links him to the angels; the former is the source of all base passions, the latter breeds in him all virtues and good habits (995–1014). Consequently, the company of the wise is always pleasant and this pleasure is of a lasting nature. But true friendship is a rare gift and the dangers of false friends (opportunists, flatterers) are real (1015–38).

XV. Concerning seclusion: solitude is to be deprecated (1059–62). In certain cases it is better than company, to wit in the case of an inconsiderate guest (1065–1104), a deceitful man (1105–6), or a bore (1107–32). The perfect good is not attainable and man yearns after that which he does not possess (1134–8). Conclusion: those habits and manners are universally praised which fall within the pale of the just mean (1139–42).

XVI. On the relative virtues and disadvantages of silence and speech (1143–1248).

XVII. Two blameless activities: learning and beneficence (1251–60). The results from good deeds are of permanent value. Good works are a real treasure, any other treasure partakes of the uncertain nature of the things of this world (1261–70). The worth of man depends on his relative position: his nature does not change, but for the rest he is subject to change, like the sphere (1271–86). Thus the man of understanding should be prepared for the inevitable changes (1287–90). We should not rejoice at the misfortunes of others, as the same misfortunes might befall ourselves (1291–4). We can only trust to God's mercy, He grants man what he needs (1297–1310).

XVIII. We complain of the world, but its evil lies in ourselves (1311–12). The world [and time] are both indifferent to man, and we judge them according to our fortunes (1313–52). Man only is to blame for

9

the evils which he suffers. He is the most dangerous creature in the world, he is more dangerous than the beasts (1353–80).

XIX. In praise of the poet's pen under the allegory of the Faithful Servant (1381–1422).

XX. In praise of saying 'No' (1423–6).

XXI. The ideal king: his qualities are seen in King Peter (1427–42). The dangers of the abuse of power (1443–50). Two things essential to world order: law and kingship (1451–6). An expression of loyalty to the king closes the poem (1457–62).

The poet's expository method consists in enunciating an apothegm and then expatiating on one or more of the points involved. These digressions are mildly doctrinal in content and sometimes assume the form of a vivid illustration. Many are in the nature of after-thoughts and they occur without transition between the main themes. In several cases they are well-developed similes, whilst a few are of a satirical and picturesque character.

III

DESCRIPTION OF THE MANUSCRIPTS

The text of the *Proverbios* has reached us in four manuscripts. Of these, two have not been hitherto studied: the remaining two have been the subject of separate editions. As has been stated earlier, these editions are unsatisfactory and notoriously insufficient for the purposes of philological study.[1]

1. MS *C* (Cambridge University Library, Add. 3355, fols. 1–53). A description of this manuscript was included in my edition of the *Coplas de Yoçef*, pp. xii sqq. From it I extract the following data: The manuscript consists of 61 paper leaves, 10 × 8 cm. It is written in single columns, as prose, 14 lines to the page as a rule. The writing is Rabbinic

---

[1] A MS of our text belonged to the library of the duke of Benavente about 1440. The notice occurs in the catalogue, no. 46: 'Los Trabajos de Hercoles, con las Coplas del Rabi Santo...En papel çebti menor, con tablas cubiertas de cuero cardeno' L. Sanz, *Demostración...del verdadero valor de las monedas que corrían en Castilla durante el reynado de...don Enrique III* (Madrid 1796), p. 378 (in Baer, *Handschriftenschätze*, p. 106).

Spanish. Only some 60 words have been provided with vowel points by the scribe. The writing is by one hand throughout. The watermark shows that the codex dates from the first half of the fifteenth century. Originally it consisted of at least eight quires of 16 leaves. At present, however, five quires only remain, of which three are defective. The present fifth quire comprises all that remains of the *Yoçef* (fols. 54–61); eight leaves are missing in this quire. It preceded the remaining four, as was explained in my description. In other words, the *Proverbios* were copied after the *Yoçef*. Our text comprised four quires of 16 leaves. The 15th leaf of the first quire is loose: as the catchword איל at the bottom margin coincides with the beginning of the following page we conclude that the first leaf of the quire is missing. The second and third quires consist of 16 leaves. The catchword איל (fol. 31ᵛ) fits in with the beginning of the third quire. At the end of the quire the syllable איש, namely the first syllable of the word *escureza* 1227, occurs. This would be the beginning of the following page. Five leaves are missing in the first half of the fourth quire and five at the end. Thus six leaves only of this quire remain.

The present fol. 1 begins in the last hemistich of stanza 89. The average number of stanzas per leaf being 10–11,[1] the missing leaf would begin in stanzas 78–9. At the end of the codex, immediately below the word תם, the scribe copied from the beginning of the work, and fol. 53ᵛ ends in line 41 of our edition. Thus the five missing pages at the end of the fourth quire probably included the remainder of the *Prólogo*, whilst stanzas 608–63 must have formed the contents of the five leaves now missing at the beginning of the quire.[2]

The MS copied by *C* was already defective when the copy was made; in fol. 50ᵛ there was left a blank of about half a page in which the scribe noted in Hebrew that a leaf was missing in his original.[3] Both the place where the passage occurs in the other MSS and the subject of the omitted stanzas show that the missing leaf was the last of the text in the parent copy. Moreover, the first seven stanzas of the dedication have also been omitted by *C*, whilst the insertion of what probably was the beginning of his copy, after the word 'the end', seems to show that several leaves—possibly a whole quire—were misplaced at the end

---

[1] There are 17 pages including 6 or 6½ stanzas.

[2] The gap occurs between the present fols. 47–8. Fifty-five stanzas are missing in this part of the text.

[3] The leaf must have included stanzas 718 sqq.

of the parent copy. These leaves, including the Praise of the Pen (sts. 686–705), were also wrongly placed in his exemplar after the Praise of King Peter (sts. 708–25) as is shown by the order in which they occur in *C*. Finally, the omission of the second line in stanza 9 would seem to show that the passage was illegible (*C* inserted a straight broken line here) or else that a page was missing at the time. In conclusion, *C* was copying from a MS from which one or two leaves were missing at the beginning and one at the end of the codex, whilst others were loose and some from the beginning had been wrongly placed at the end.

In its present state *C* comprises 560 stanzas.[1] Originally it must have included 670 to 680. But the parent copy was longer still. Apart from internal evidence, the regular sequence of the text points to fidelity of transcription in the parent copy. But *C* was also on the whole a careful scribe, as such details as regularity of punctuation and the corrections inserted after revision reveal. Errors of transcription imputable to the scribe are less frequent than in the other MSS. Several pages, however, are badly soiled, and a few leaves are worn at the top edge and have been damaged by moisture to the extent of rendering the text illegible in places. *C* and the remaining MSS do not show any divisions of the work proper into sections or chapters.

2. MS *M* (Biblioteca Nacional, Madrid, MS 9216, fols. 61–81ᵛ). This MS has been described by A. Paz y Melia.[2] It is a paper codex of 94 leaves, some of which are in blank, 285 × 205 mm. It is bound in leather, and it contains several works besides our text.[3] Except for the binding leaves, the paper is of the same texture throughout. The *Proverbios* comprise two quires, with signatures,[4] of 12 and 10 leaves. The last leaf of the second quire (fol. 82) is in blank and the whole has been foliated in Roman figures (lxi-lxxxii) by the scribe or a contem-

---

[1] Three stanzas are defective.

[2] RABM, I, 161.

[3] They are as follows: (*a*) Fols. 5–56: *Libro de Consejos*, by Pero Gómez Barroso (see NAntonio, *Bibl. Hisp. Vetus*, II, 163; Rz. de Castro, *Bibl. Esp.* II, 725; Amador de los Ríos, *Historia*, IV, 89); (*b*) Fols. 83–91: *Libro de la consolación de España*, an early fifteenth-century anonymous tract (see Amador, ibid. p. 91); and (*c*) Fols. 1–4ᵛ: an anthology of 'sayings of the Philosophers' entitled *Libro de los Sabios Judíos*.

[4] They are as follows: Quire 1: fols. 61 (i), 62 (ii), 63 (iii), 65 (v), 69 (iiii). Quire 2: fols. 73 (i), 74 (ii), 75 (iii) 76 (iiii), 77 (v). For checking several points in this description I am indebted to Dr H. Thomas.

porary hand. The paper shows two watermarks: (*a*) Scissors, and (*b*) Fleur. The former shows a pair of scissors with joined blades and a letter S crossing the handles. It has been described by Briquet, no. 3754, and according to this authority it occurs in makes of papers from Palermo (1456), Perpignan (1457), Catania (1459) and Arles (1465–7). The mark occurs in 10 different leaves.[1] Mark (*b*) corresponds closely in size and design to Briquet, no. 6643 (Utrecht 1446). It occurs in fol. 82, that is, in the same sheet as fol. 73.[2]

The handwriting is a roundish calligraphic minuscule prevalent in Spanish codices of the first half of the fifteenth century.[3] Taking into consideration the palaeographic characteristics and the watermarks we can safely ascribe the copy to the middle of the century, probably not later than 1460.

The incipit runs: *Libro del Rab dō ſantob*, preceded by a red *calderón* (fol. 61*a*).[4] The explicit reads *Aqui acaba el Rab* | *don ſantob dios ſſea loado* (fol. 81*d*). The text is written two columns to the page, 32 or 35 lines to the column. There are blanks for the capitals both at the beginning of the Commentator's prologue and the dedication (fol. 62*a*). The spaces for the rubrics at the beginning of the stanzas have been filled in with *calderones* in some pages.[5] There are eight stanzas per column. They are written out in four lines. No separation between the various sections of the poem is shown in the copy.[6]

The hand is plain and inelegant. As will be shown later the copy abounds in errors of transcription. Owing to the quality of the paper the ink has often come through. In some places (noticeably fol. 80) this makes reading difficult, even to the point of illegibility in a few places. The copy is by one hand throughout. A few corrections in a contemporary hand occur.[7] Some obvious mistakes were noticed by the scribe (possibly by a reader), who struck out redundant words.[8] The unusual rime arrangement of stanzas 34–9 was remarked by another reader, who wrote the letters *acbd* opposite the beginning of the line

---

[1] Fols. 61, 64, 65, 66, 70, 71, 78, 79, 80, 81.

[2] The mark appears also in fols. 16, 23, 26, and others.

[3] See Millares Carlo, *Paleografía española* (²1932), facsimiles, no. lxxxv.

[4] Gayangos copied *el libro*...by mistake here (Ticknor, *Historia*, IV, 33).

[5] Fols. 62, 63*a*, 71ᵛ, 72ᵛ, 73ʳ, 74ʳ, 74ᵛ, 75ʳ, 76ʳ, 77ʳ, 78ᵛ, 79ᵛ, 80ᵛ, 81ᵛ.

[6] But see the indication regarding the length of the *Prólogo* at the end of the Commentator's introduction.

[7] In fol. 62*b*, *d*.

[8] In fol. 62*d* and a few other places.

in stanzas 34, 35 and 36 (fol. 62*d*).[1] These letters were subsequently cancelled.

The *Proverbios* are preceded by a prologue in prose by a commentator. It is missing in *E*, and was probably missing also in *C* and *N*. The text comprises 627 stanzas, but the sequence is often interrupted, chiefly owing to defects in the parent copy. The fourth leaf of the first quire in *M* was transposed and wrongly numbered 69 (the folio in question is really the 64th). The mistake is apparent from the signature at the bottom of the page in the present fol. 69[r]. But the transposition has upset the sequence of two sets of 32 stanzas each.[2]

A study of the text and a comparison of the order of the stanzas in *M* and the remaining MSS reveal some of the defects of the parent copy. The concordance appended to the present volume shows that *M* has omitted 24 stanzas at one spot, 20 in another place, at least 15 at the end.[3] At regular intervals precisely five or six stanzas are omitted in five places,[4] obviously pointing to missing leaves in the parent copy (X''), whilst a clue as to the normal length of the page in that copy is provided by this recurrent omission. Evidence of misplaced leaves in X'' is forthcoming in the case of stanzas 279–310, which (in *M*) occur between stanzas 181–2 of our edition. These 32 misplaced stanzas would constitute the contents of six leaves in X''. We have here a clue as to the normal composition of the quires in that copy: assuming that the quires in X'' normally consisted of six leaves, we shall be able to locate several places where misplaced leaves occurred and account for the confused state of the text in *M* in those places. Misplaced leaves occurred mainly in the four last quires of X''. The quires must have been loose at the time when the copy of *M* was made. From the breaks in the text of the three last leaves in *M* (assuming we are dealing with six-leaf quires in X'') we conclude that three leaves were misplaced in one of the quires, whilst the last quire (excepting its last leaf), the last but one (except its first leaf), and the three first leaves of the preceding quire were lost at the time when the copy of X'' was undertaken by *M*.[5] From the context we thus conclude that the beginning only of chapter xx in the present

---

[1] The letters are in a contemporary hand, not by the corrector mentioned earlier.

[2] Sts. 209–41 thus replace 75–112, whilst the latter follow upon st. 208 in the present text.   [3] Sts. 661–84, 527–46, 708–22.

[4] Sts. 12–16, 40–4, 77–82, 311–15, 398–403.

[5] The lost leaves probably included some 70 stanzas.

edition has reached us (in *M*),[1] whilst the last chapter was also missing in *X"*. The latter was not so faulty at the beginning of the work. The context, however, shows that the beginning of the prologue in prose was not copied by *M*. Stanzas 8–9 and 12–16 were also missing. Stanzas 10–11 were possibly contained on the verso side of the leaf in *X"*, whilst the following five (which are missing in *M*) may well have been included in a loosely attached leaf which was subsequently lost: thus *M* was able to copy stanzas 10–11 only, whilst the transposition of that passage to the place where these stanzas occur in *M* (after st. 619 of the present edition) might have compelled the change of redaction.

Assuming that *X"* consisted of some 24 six-leaf quires[2] at the time when *M* undertook the copy it must have had the following defects: Quire 1: the first leaf possibly was missing. Quire 2: the last leaf (sts. 40–4) was missing. Quire 4: the first leaf (sts. 77–82) was missing. Quire 10 (sts. 279–310) was misplaced between quires 6 and 7. Quire 11: the first leaf (sts. 311–16) was missing. Quire 13: the last leaf (sts. 398–403) was missing. Quire 20: several leaves were loose and the third (sts. 12–16) was missing. Quire 21: several leaves were loose, whilst the third, fourth and fifth were misplaced after the first leaf of quire 23. The last leaf (sts. 662–7) was missing. Quire 22: several leaves were loose, the three first (sts. 668–84) were missing, the remainder of the quire thus following upon the second leaf of quire 21 (namely, st. 646 was followed by st. 685 sqq.). Quire 23 was missing except for the first leaf (approx. sts. 702–7). Quire 24: the last leaf only remained, including the last three stanzas of the poem.[3]

[1] The only stanzas from that chapter remaining in *M* (sts. 706–7) are missing in the other MSS.

[2] If we assume that the quires were of 12 leaves, the loss of certain leaves (which in the hypothesis of normal 6-leaf quires mostly fall either at the beginning or at the end of a quire) would be difficult to explain. Moreover, the presence of 6-leaf quires explains the transposition of a long passage in the middle of the text, whereas if a 12-leaf quire were assumed there we would have to conclude the transposition of precisely half a quire: a not so likely hypothesis, as the displacement of one quire is more likely than that of half a quire.

[3] The following stanzas have also been omitted by *M*: 58, 217, 329, 588, 648, and 32–3. These gaps may be due to oversight on the part of the copyist. The omission of sts. 527–46, as well as the transposition of sts. 128–34, must have arisen at an earlier stage than *X"* or its parent copy.

3. MS *N* (manuscript in a private library at Madrid).[1] It is a paper quire of 11 folios belonging to a codex at present missing. There are no signs of pagination or signatures. Leaves of 21·50 × 20 cm. Three columns (with a total of 30 stanzas) to the page, except for the last page which consists of one column (eight stanzas), whilst the last stanza heads the second column. The first leaf of the copy is missing and the last is loose. Explicit: *Deo gratias et virgini inmaculate et anne eius genitrici beate*. Stanzas of four lines, as in *M* and *E*. The hand belongs to the Spanish cursive prevalent in the age of John II and Henry IV of Castile. If my explanation of the variant *buen rrey don Alfonso* 1436 is correct, the date of the MS must be later than 1465.[2]

The stanzas are preceded by *calderones* or a cursive equivalent roughly resembling a large φ. The handwriting is plain, even clumsy at times. It is by one hand throughout. It shows traces of hurried copying and dittographies are comparatively frequent. Sometimes a mistaken transcription has been cancelled and the correct reading has been stated in the margin. On a few occasions the mistake affects a whole stanza which the scribe copied anew below.[3] Often having written a six-syllable verse he continued along the same line with the next verse.[4] On one occasion he copied a whole stanza as prose in a single line, thus spoiling the three column arrangement of the page.[5] Mistakes are, as a rule, indicated by underlining the words concerned. The under-lining shows at times redundant words or lines.[6] Omissions are often indicated by the sign [∧]: the omitted word is then written in the margin.[7] Finally, not a few mistakes (ranging from single letters to full lines) have been simply crossed out. The sign of a hand with a pointing finger has been provided by a contemporary reader to draw attention to

---

[1] Photostats were obtained from its owner by Professor A. González-Palencia. To both the editor's thanks are due.

[2] See below, p. 22, n. 8.   [3] As in fol. 9 *d*.

[4] This case is too frequent to be explained by oversight: it occurs at least 30 times, invariably involving the first two lines of a stanza, that is, two hemistichs in the first line of a stanza in the present edition.

[5] In fol. 4ᵛ (st. 255 of the present edition). The stanza was subsequently rewritten in the usual four-line disposition.

[6] This device functions as the suspension points under letters or words in non-cursive script. Sometimes, however, the function of this device is not clear (as in fol. 4 *d*, between sts. 199–200, in *N*).

[7] Comp. fol. 4 *d*, st. 197 *d* (of *N*). The scribe also uses the line with a dot underneath. Some of these omissions, however, have not been corrected and a blank was left in the places concerned (as fol. 3 *d*, st. 141 *d* [*N*]).

some particular passage.[1] In fol. 1 the ink has percolated to the verso side and vice versa, thus blurring the writing in a few places.

The MS which includes at present 609 stanzas, begins at stanza 61 of the present edition. The missing leaf, judging by the average length of the page, must have contained 51 stanzas, namely the beginning of the poem, but not the Commentator's prologue. Allowing for a margin (for the incipit) at the top the recto page must have held about 27 stanzas, the remainder (up to st. 51) forming the contents of the verso side, a number higher than either M or E up to our stanza 61. But if the passages in E which were omitted in M were included in the missing leaf, stanzas 8–16 of the present edition must have been omitted. At the stage when the copy was made stanzas 527–46 were missing in the parent copy. The MS, however, has some affinity with E, as will be shown later. On the other hand, the omission of stanzas 569–78 points to a missing leaf in the parent copy (if a leaf was not skipped by N). Supposing the average contents of a leaf in that copy to be 10 stanzas, the omission of stanzas 527–46 and 685–705 in N would imply the loss of two leaves in each case in the parent copy. Apart from these omissions no important breaks or transpositions in the order of the stanzas are noticeable.[2]

4. MS E (Biblioteca Escurialense, b. iv. 21, fols. 1–86). It is a miscellaneous codex from several hands, all of the fifteenth century. It has been described in detail by the late C. Carroll Marden.[3] The foliation is in Arabic numerals in a modern hand. The leaves are of 198 × 140 mm. The paper is of several makes. Two watermarks have been detected in the section which concerns us: (*a*) Hand with cross in the hollow, surmounted by a star, and (*b*) Hand with a letter B in the hollow. These marks belong to the second half of the fifteenth century, more precisely to the period 1465–79.[4] The text of the *Proverbios* comprises six quires

---

[1] As in fol. 4*d* (opposite st. 201 [*N*]).

[2] The scribe omitted two stanzas at the end and one in the middle of the copy (sts. 624, 724–5 of the present edition).

[3] FGz, pp. xiv–xviii. The MS includes (apart from the *Proverbios*) the following works: (*a*) The *Poema de Fernán González* (fols. 136–90); (*b*) *Tractado de la Doctrina Christiana* (fols. 88–108); (*c*) *Dança general de la Muerte* (fols. 109–29ʳ); and (*d*) *Reuelaçion de vn hermitaño* (fols. 129ᵛ–35).

[4] At this point I am indebted to Fr. J. Zarco Cuevas, who kindly checked on the MS Marden's statement (op. cit. p. xvi). Thus mark (*b*) does not appear in the folios including the *Fernán González*, whilst the ring surmounted by the crown (which occurs frequently in the latter folios) has not been detected in fols. 1–87.

of 12 leaves, one quire of eight and another (the last) of six leaves. The signatures, whenever stated, have been written at the bottom left-hand margin of the verso pages, apart from the first leaf.[1] Incipit (fol. 1ʳ): *Comiençan los versos del Rabi don Santo al Rey don Pedro.* Explicit (fol. 86ᵛ): *Deo gracias.* The text is written out in single columns of four stanzas to a page as a rule,[2] the stanzas having been transcribed in sets of four lines to the stanza. Regular spaces of about two lines' width have been regularly kept between the stanzas. Apart from the phrase *Acaba el prólogo y comiença el tratado* (between stanzas 46–7 of the present edition) the text gives no indications as to the various divisions of the poem.

Although the palaeographical note included in the following pages will make this point clear, it should be now stated that the handwriting of *E* is later than that of *M*: the complicated flourishes which in the former MS ornate certain letters belong to the Isabeline age.[3] The hand is very regular throughout and the transcription is the work of a single scribe. The incipit, capital and initials of the stanzas in fol. 1ʳ, the statement *Acaba el prólogo* and the capital of the stanza immediately below (fol. 5ʳ), the explicit, as well as the *calderones* usually marking the beginning of the stanzas, are all rubricated. Cancelling dots affecting individual letters, and sometimes whole words, occur in several places: they are in a darker ink than the rest and appear to be modern. Missing words in the text have been added here and there by a reader whose hand is obviously later than that of the original scribe.

The MS comprises 686 stanzas. The Commentator's prologue has been omitted. On the other hand it includes a passage missing in the other MSS (sts. 527–46). But *E* depends on a defective copy, as some passages included in *C*, or *M*, or both, are missing. These omissions

---

[1] They appear as follows: Quire 1: fols. 1 (*ai*), 2ᵛ (ii), 3ᵛ (iii), 4ᵛ (iiii), 5ᵛ (v), 6ᵛ (vi), 7ᵛ (vii), 8ᵛ (viii), 9ᵛ (ix), 10ᵛ (x), 11ᵛ (xi), 12ᵛ (xii). Quire 3 (fols. 25–36) has sign. ii–xii on the verso pages of fols. 26–36. Quire 5 (fols. 49–60) has sign. ii–ix on fols. 50ᵛ–57ᵛ, fol. 58 has no signature, and fols. 59ᵛ–60ᵛ have sign. xi and xii. Quire 7 (fols. 73–80) has sign. i–viii on the verso pages. Quires 2, 4, 6, and 9 (fols. 81–6) have no signatures.

[2] Fols. 3ʳ and 86ʳ include three stanzas per page only.

[3] The handwriting is very similar to that of some well-known codices of the second half of the fifteenth century, such as MS 829 at the Biblioteca Nacional (see García Villada, *Paleografía*, II, no. 101), particularly in the flourishes in the main stroke of certain letters, as *l*, and the exaggerated length of the main stroke of *l, j, f*.

amount to no less than 39 stanzas, 16 of which occur at the beginning, 23 towards the end of the work, whilst a lacuna of four stanzas (52–5) provides a clue to the average length of the page in the parent copy.

IV

THE RELATION OF THE MSS
TO THE ARCHETYPE

By the time that the existing copies were made the original must have gone through a long manuscript tradition. A period of at least three-quarters of a century separates the original from our earliest MS.

How far does the text thus transmitted correspond to the original redaction? In the first place it should be said at once that no valid reasons have so far been advanced against the authenticity of the text as a whole. The question of the doubtful authenticity of certain passages (hitherto undefined) rests only on the interpretation placed on a phrase in the Commentator's prologue by the scholars of the last century. The passage reads as follows: 'Declarare algo enlas trobas de Rabi Santob, el judio, de Carrion, en algunas partes que paresçen escuras. Avn que non son escuras, saluo por quanto son trobas. E toda escriptura rrymada paresçe [escura], e non lo es entrepatada: que por guardar los consonantes algunas vezes lo que ha de dezir despues diese lo antes. E esto quiero yo trabajar en declarar...para algunos que pueden ser que leeran e non entenderan syn que otri ge las declare.'[1] The writer simply says that as the work is written in verse he intends to add a *declaración* to the *trobas* of Santob, in view of the ambiguity or obscurity of poetical diction, particularly hyperbaton (which imposes restrictions and alterations of the normal word order of the phrase so as to comply with metrical requirements). It seems clear that the Commentator's avowed aim was to explain certain passages of the poem by paraphrases or by simply rendering certain passages in plain prose so as to clarify their meaning.

The statement thus implies the existence of a prose commentary. But it has been interpreted in the sense that the present text of the *Proverbios* includes this commentary,[2] by those who forget the Commentator's specific

[1] p. 63, ll. 59–65.
[2] The misunderstanding seems to arise from the following note by Pérez Bayer in his edition of Nicolás Antonio: 'R. Don Santo de Carrion...cuius

declarations, since if it is assumed that the passages of an explanatory nature occurring in the work are the commentary its purpose is thereby contradicted.

That the present text to a large extent consists of considerations upon certain maxims is obvious. But it seems hardly credible that the maxims only are from the pen of Santob whilst the rest is the work of a commentator.[1] The style of those sections which are clearly of an explanatory nature shows no distinguishing characteristics of thought or language when compared with passages of a doctrinal or sententious content. They are both by the same author. And this conclusion is strengthened when we discover that several amongst the former passages (which might have been taken for later additions) are based on Ibn Arduṭiel's Hebrew writings.[2]

The hypothesis of a double authorship of the text thus rests on a misinterpretation. The prose commentary possibly was included in the archetype and was omitted in later copies,[3] or else if it was not embodied in the archetype it may have been added at a later stage, thus remaining unknown to the parent copies of *CNE*. Probably it was included in the parent copy of *M*, whilst the latter transcribed the Prologue in prose and left out the commentary,[4] owing perhaps to the comparatively small size of the page.

extant Poemata varia Hispanica in codice Escurialensi...atque in Regia Matritensi, Anonymi Hispani metrica item eorundem poematum expositio, in cuius prologo Interpres auctorem appellat Rabbi Santob' *Bibl. Hispana Vetus* (Madrid 1788), II, 189a, n. 2. The end of this statement, which refers to our MS *M*, was accepted by Amador de los Ríos, op. cit. IV, 484, and Janer, op. cit. p. xlii, and repeated by Menéndez Pelayo, op. cit. p. cxxxvi.

[1] The expository nature of the work has been stressed at the beginning of the poem.

[2] Relevant passages will be included in our commentary.

[3] The copyist of the Paris MS of the *Cancionero de Baena* transcribed the prologue to Santillana's *Proverbios*, but omitted nearly altogether the commentary in prose. In that prologue the writer says: 'E por quanto esta pequeñuela obra me cuydo contenga en sy algunos prouechosos metros aconpañados de buenos enxenplos...pense de fazer algunas breues glosas comentos.'

[4] The transcription of the stanzas in short lines may have been due to the need to leave space and would imply the existence of the prose commentary around the text in the margins in the parent copies of *M* as well as *NE*. In one of the Florence MSS of the *Divina Commedia* a similar need led to the same result, the hendecasyllables having been transcribed in two lines: such is the *codice Poggiali* (Colomb de Batines, no. 163), which

The defective state of the manuscripts precludes a definite statement regarding the various stages of the transmission of the text. We are able to advance, however, the following conclusions on this subject:

1. The present MSS as well as their respective parent copies are independent of one another. Our MSS differ in the inclusion or omission of several passages: E includes a passage unknown to CM,[1] whilst the latter transcribed another which was omitted by E,[2] and N has omitted both passages. M and C include stanzas unknown to NE,[3] whilst the Commentator's prologue appears only in M.

2. The text of E amounts at times to a new redaction.[4] The variants reveal that the chief purpose of the redactor was to perfect the rime of his original; this led him to alter the phrasing and introduce new rime words whenever the original ones were deficient according to his standards of pronunciation or his idea of prosodic accuracy. In the cases involved—and they are numerous—the changes occur mainly at the end of the lines; they affect dialectal diphthongisation and aim at substituting full rimes for assonances.[5] This process of revision necessarily involves the structure of the line as a whole, the original adhering to hiatus and the later redactor often adopting synaloepha when he felt compelled to rewrite the sentence. The changes of redaction concern the style no less than the language and metre, and alliterations, and other parallelistic effects which are a marked feature of Santob's technique, have often disappeared in the new redaction.

To sum up, elimination of dialectal peculiarities, modernisation of the vocabulary, preference for synaloepha and full rime to hiatus and assonance, are unmistakeable proof of the later date of this redaction as compared to that of CMN. The argument advanced by Menéndez Pidal,

includes the glosses by Jacopo di Dante. The small number of stanzas per leaf in the exemplar of M seems to imply that the commentary was included in the margins.

[1] Sts. 527–46. This passage is not a later addition as the text (in CMN) shows a break at this spot.   [2] Sts. 685–705.   [3] Sts. 706–7, 8–16.
[4] Such was the view of Gayangos after a cursory collation of M and E (Ticknor-Gayangos, op. cit. IV, 430). But he was strangely reported by Amador de los Ríos, ibid. n. 1, where it is stated that the text of M constitutes a paraphrase of the original (which that writer thought to have been preserved in E). This view was later repeated by Janer, op. cit. p. xlii and Menéndez Pelayo, op. cit. p. cxxxvi.
[5] The redactor states this when he alters to [sermon] *rrymado* the earlier reading *trobado* in line 3.

who when dealing with the two versions of the *Libro de Alixandre* upholds the priority of *O* over *P*, can be applied here: 'No sería explicable...que un copista se hubiese molestado en introducir leonesismos de rima en el manuscrito de Madrid al copiar un texto castellano.'[1]

It is not surprising that in those passages in which the archetype had a full rime the variants of *E* are as a rule of little importance.[2] Sometimes, however, the redactor seems bent upon 'improving' his text and he feels compelled to rewrite full lines and even stanzas. He is not always successful and eventually the context becomes meaningless through these changes of redaction.[3] At times the change shows dependence on the earlier text.[4]

The new redaction is not due to *E*. This is revealed by the omission in the latter of stanzas 36–7 (one of which must have existed in the parent copy as the new redaction of st. 38 shows).[5] On the whole *E* is a careful scribe. But in spite of his steady, clear hand the MS contains a fair number of misreadings and dittographies.[6] In some places, however, he reproduced the original when the other MSS gave a wrong transcription.[7]

3. The text of *N* shows a closer affinity with the parent copies of *E* than with *C* or *M*.[8] This affinity does not amount to immediate relation-

[1] RABM XIV, 135.

[2] This applies to more than 90 of the first 411 stanzas in *E* (up to l. 866 of the present edition).   [3] Comp. l. 342, etc.

[4] Comp. sts. 223–4 (in *E*): 'El peon desque avança Calças ha por quebranto Andar de pie camino, Y va buscar rroçin: De calçar calças vino Su cobdiçia syn fyn.' The word *avança* (for *calça* in *O*) was introduced so as to obtain the rime, but the phrase becomes meaningless. The word *calçar* was left in the following line, as it does not occur in rime.

[5] St. 38 runs (in *E*) as follows: 'Segund el peso, asy Abaxa toda via La mas llena, otrosy Ensalça la vazia.' The allusion is to the word *balança*, which was probably included in the missing stanza, the contents of which must have been different from the present st. 37.

[6] Comp. *loa la persona* (for *lo apersona*) 214, *terçero* (for *çertero*) 225, *atendades* (for *entendades*) 334, *pessa* (for *priessa*) 336, *queda la buena fama* (for *fincar la* ['le ha'] *b. f.*) 539, *non venia* (for *non uvia*) 426. See also 708, 979, 1273, 1292, etc.

[7] Comp. ll. 1122, 1267, 1329, etc.

[8] An important variant common to *NE* is *rrey don Alfonso* (*rrey don Pedro* C) 1436. It is unlikely (*a*) that Santob would have intended to personify in Alfonso XI the perfect king in a work dedicated to Peter the Cruel; and (*b*) that assuming he had in mind Alfonso he did not trouble to substitute *vimos* for *veemos*, when he is addressing King Peter, not King Alfonso (comp. *fino* 5). It seems clear that *Alfonso* is a later variant,

ship in view of the omission of stanzas 527–46 in *N*. The simile of the Pen as the Faithful Servant is missing in both *N* and *E*.

Affinity between *N* and *M* is shown by bad readings common to both.[1] These variants, however, are not always a sure indication of relationship, in view of the difficulty of distinguishing in *E* between certain readings arising from the new redaction and those transmitted from earlier copies.

The collation of *C* and *N* reveals a more remote connexion. Readings common to *C* and *N* are sometimes earlier forms which have been modernised or misread in *ME*.[2] But *N* is much less careful than *C*, and on this ground we cannot claim for it any marked superiority over *M*. It also shows text revision to a slight degree.

In establishing the text *N* has proved of great help, chiefly because it has preserved several important original readings which have been transcribed in a more modern way in *M* and *E*, and even in *C*. These readings confirm certain assonants and apocopes, thus filling in unpointed transcriptions of *C*.[3]

4. From the preceding description of *M* the fact of a complicated MS tradition emerges. Between *M* and the source it has in common with *C* two intermediate copies at least are postulated. On the other hand, the defective state of *C* and its parent copy makes it impossible for us to state with any degree of probability the various stages of divergence

and that by that name the son of John II of Castile is very likely meant. That prince was indeed proclaimed king by the nobles who rose against Henry IV in 1465. This variant would thus seem to provide a *terminus a quo* for the exemplar from which *N* and *E* derive. Other variants showing a common source for these MSS include: *niego* (*auiengo* M) 179, *cosa* (*casa* CM) 955, *-prestada* (*-presentada* CM) 769, *bastara* (*abondara* CM) 473, etc. The reading *deue honbre mudar | Costunbres y maneras* 306 (in *E*) is connected with one of the ancestor copies of *N*, as it was probably prompted by a wrong division of the line in that copy (comp. *a menudo deue mudar | todas sus costonbres* N): as *a menudo* spoiled metrical regularity *E* replaced by *honbre* the adverb, whilst *costonbres* gave way to *costunbres*, *maneras* then being added so as to provide a suitable rime.

[1] Variants common to *MN* include the following: *sabrosa* (*lazrosa* C *penosa* E) 444, *otras* (*atras* CE) 500, *antes por* [*ante p.* M] (*tyenes por* CE) 632, *manera* (*moneda* CE) 978; omission of *non* (spoiling the metre) 1054; *saya* (*suya* CE) 1136, etc.

[2] Such are *errado* [*yer-* C] (*yrado* ME) 609, *conçejo* (*consejo* ME) 775, *en mundo* (*en el m.* ME) 663, 979, etc.

[3] Comp. *entendudo* (*-ido* CME) 831, *costonbre* (*-unbre* ME) 829, 889, etc.; *lonbre* 298, *crozes* 425, *treste* 1329, etc.

between C and M. A collation of lines 437–618 only shows that M is equidistant between C and N: in a set of some 70 variants M coincided with C in 37 cases[1] and in 39 with N. Not unexpectedly M agreed with E in 39 only. The simile of the Pen is included in both C and M, but the Commentator's prologue and stanzas 706–7 occur only in M. The copyist altered his text in places where owing to transposed leaves in the parent copy the sequence was interrupted. A few, but important, readings, peculiar to M, can thus be accounted for.[2] A number of variants have been prompted by the need of bringing into line the language of the original with that of the scribe. This occurs in respect of dialectal vowels, apocope, and other linguistic features which will be recorded later.[3] These variants may of course have originated in earlier copies. For the most part they either destroy the assonance or upset the metre.[4] Others are simply misreadings.[5] Finally, words have been skipped and dittographies also occur.[6] There are also some wrongly divided lines.[7]

[1] These variants involve minor textual points only: *a mano* (*a la m.* NE) 512, *diz* (*dize* N *dixo* E) 519; *nin saber* (*nin el s.* N) 522, *en la su buena andança* (*en la su prosperança* N) 588, etc.

[2] In sts. 10–11, which in the parent copy were included after l. 1250 (at the end of the chapter dealing with Speech and Silence), the context probably led to the changes of redaction in M. A still clearer example is provided by the reading *ante por astroso* 632, which must have been introduced at the bottom of the page in the parent copy, whilst the next leaf was missing. In the original the phrase was continued in the next stanza; M read as if the phrase ended with the stanza in which it occurs.

[3] The forms *granda, -as* 483 and passim; *fezieste, obreste* 1027–8; *bieven* (which became *vienen*) 797, etc. were not familiar to M, who by his corrections upset the assonance.

[4] A few readings may have been prompted by the lack of assonance resulting from the adoption of forms familiar to the scribe. A case in point may be *auienta* replacing *toman* (*tueman* in O) 190, the substitution entailing further change. Then *ha* was added, but the metre was upset.

[5] The ambiguous *consejo* 337 was possibly *condesijo* in the parent copy and M transcribed *conde fijo*; *fasta quel fazen tuerto* (596) became *fasta que el f. t.*; for *tyen de la loçania el seso tal despecho* (567) we have *tyene la loçania el seso tan desfecho*. More clumsy still are the following: *que el tenga de todo onbre* (for *que lengua de tod omre*) 546, *grande de topar* (for *graue de topar*) 1023, *saber* (for *fablar*) 1234, 1238; *fasta* (for *fascas*) 1122, etc.

[6] In *non se vende a dinero* (1022), *vende* became *falla* through attraction by the line above, etc.

[7] Thus l. 357 was written out *pues por rregla | derecha el mundo non se guia*. Comp. 711, 1291, etc.

5. The text of *C* is more faithful to the archetype than either *M* or *N*. As the linguistic analysis will show, *C* has preserved several dialectal or archaic forms which the remaining MSS have either modernised or wrongly transcribed, but which being mostly metrically correct we must assign to *O*. The present MS comprises seven stanzas which do not appear in any of the remaining MSS. Two stages at least separate the present copy from the archetype. The text here and there betrays modernisation, which is easily detected when the assonance or metre has been upset.[1] Some passages suppose blurred or illegible spots in the parent copy.[2] There are also errors of transcription, oversights and mechanical omissions of letters.[3] In several places the text has been altered.[4] These imperfections are, however, outweighed by excellent readings in all parts of the text.

6. The presence of archaic or dialectal forms in *C*, to a lesser extent in *MN*, and in a few cases in *E*, enables us to get back to the archetype when disagreement exists between the MSS, whenever those forms are confirmed by the assonance or the metre. A displaced leaf in the archetype has been located in the passage consisting of stanzas 128–34 (which occurs between sts. 178–9 in the MSS): possibly it was the first of a quire including about four stanzas to the page.[5] The restitution of the original reading *pudo* (N) in l. 466 has revealed an omission in the archetype between stanzas 226–7. No indication of chapters or headings were included in that copy, except in the *Prólogo*.[6]

---

[1] Lack of assonance shows the following points: the original diphthong has been omitted in *byƀe^y* 1000, *po^{w}ne^{y}n* 951, *ko^{w}mo^w* 589, *ko^{w}me^{y}n* 220, *mu^{w}ǧo^{w}s* 203, etc.; the diphthong was introduced in *de^{y}nu^{w}e^{y}sto^w* 887, *'e^{y}nku$^{w'}$e^{y}ntro^w* 362; *-udo* was changed to *-ido* in *e^{y}nte^{y}ndydo^w* 206; *grandas* was altered to *grande^{y}s* 309; and forms in *-ie* were modernised into *-ia* (400 and passim).

[2] Comp. *nu^{w}nka^h gran sabe^{y}r* (for *no^{w}n k[unple] g. s.*) 219; *e^y bye^{y}n e^y sabe^{y}r* (for *e b[u]en [seso] e s.*) 1007, etc.

[3] Comp. *'e^{y}spre^{y}çyada^h* (for *esforçada*) 705; *kye^{y}ra^h* (for *querra*) 871; *naçyo^w* (for *naçe*) 1403; *ke^{y}re^{y}lyo^{w}s* (for *querellos[os]*) 1351, etc.

[4] Thus *agora* 894 was suggested by *despues* in the following line. This reading destroys the original rime, which the reading *aves* (N) has obviously preserved.

[5] Other passages in the archetype, involving transposed leaves, were perhaps misplaced likewise: thus sts. 428–38 might have come in between sts. 445–6, whilst here and there individual stanzas seem to occur in the wrong place (comp. st. 332).

[6] A further lacuna is shown by the context between sts. 659–60. Possibly

7. The foregoing considerations show that between the original and the MSS must have existed a comparatively large number of copies, whilst the often quoted appreciation in Santillana's *Carta Proemio*[1] and the less known Hebrew quotation in Ibn Saba''s commentary are valuable testimonies to the popularity of Santob's poem among both Christian and Jewish men of letters in the course of the fifteenth century. A further indication of the diffusion attained by the *Proverbios* is shown by the circulation of the work in Hebrew *aljamiado* characters.

V

THE LANGUAGE OF MS *C*

The palaeographic account included in the *Coplas de Yoçef* (pp. xiv et seq.) is valid for the *Proverbios*, as the manuscript is from one hand throughout.

(A) With regard to the system of transcription shown by *C* our earlier statement should be supplemented by the following remarks:

1. In the middle of a word א has no phonetic significance in טיישׁאורו *te^ys'o^wro^w* 531, פֿאליאו *faly'o^w* 982, פִּירִיאו *fyry'o* 253, פֿאריאימוש *fary'-e^ymo^ws* 256, etc. A more definite function of this letter denoting hiatus, the diphthongs *ei*, *ue*, or *-ee-*, can be seen in שׁיאיר *se^y-'e^yr* 197 (but also שׁופריאינסה *so^wfre^y'e^ynça^h* 556), אאינה *a-'yna^h* 838, ליאי *le^y'y* 230, דישׁפּואיש *de^yspu^w'e^ys* 279.[2]

2. Spanish fricative *b̃* and *f* have not been regularly transcribed by

the end of that part of the *Prólogo* which may be described as doctrinal (ll. 25–90) was indicated in the copy. The statement in *E* to this effect would thus seem to go back to the archetype. But this would exclude ll. 105–50, which *M* declares to belong to the *Prólogo*. On the other hand, the statement in the latter MS that the prologue comprises 23 stanzas coincides with the extension of this part of the work in *M* (up to our stanza 46) if the dedication is excluded from the count. The only explanation of the statement in *M* regarding the length of the *Prólogo* (if the rubric of *E* does go so far back) would be to assume two rubrics in the archetype, one after our st. 39 and another after l. 150.

[1] 'Concurrio en estos tienpos vn Iudio que se llamo Rabi Santo: escriuio muy buenas cosas, e entre las otras *Prouerbios Morales*, en verdat de asaz comendables sentençias' CProemio xvi (RHi, vol. 55, p. 41).

[2] See also *Yoçef*, Introd. IV, § I.

ב and פ, and the diacritic has been omitted in a number of cases. We are thus led to conclude that the mark was yet not in regular use.[1]

3. A diacritic (without a clear function) has been adopted several times in connexion with ד and ר.[2]

4. A few ligatures occur: (a) between א and ל ; (b) between ל and י. (c) The י embodied in certain letters (ב, ד, ר).[3]

5. In the word פֿינו‎ fe‍ᵍǧoʷ 349, 595, 743, 1192, the dash replaces the diacritic on two different letters. The dash shows abbreviation by contraction (as in the Latin abbreviation system) in ג‍יאל‎ ǧeʸ[ner]al 1141.

(B) 1. The MS does not provide vocalic points except in isolated words.[4] Sometimes the word has been pointed when the omission of a *mater lectionis* would cause confusion.[5] Elsewhere the pointing shows an unusual pronunciation.[6] The omission of the vowel points makes it difficult to interpret at times the spellings, particularly when diphthongs and unstressed vowels are involved: thus the diphthong *ie* is usually transcribed by יי.[7] But these letters, with a supporting א, sometimes stand for *ee*,[8] whilst in other cases they denote the consonant *y* and may also stand for *iy*.[9] The diphthong *ei* is normally represented by יא

<hr>

[1] Comp. פֿאז‎ *faz* 735, פֿבלאר‎ *fablar* 1149, שופֿריר‎ *soʷfryr* 322, פֿריאה‎ *faryaʰ*, פֿיישטה‎ *fyeʸstaʰ* 452, פֿולגאר‎ *foʷlgar* 485, etc. Also in contemporary texts (comp. JCSp, II, p. 281, passim). Our MS also includes some 40 examples of fricative *ƀ* (*v*, *u*, in Latin orthography) = ב (for ב, or ו). On the other hand, the diacritic has rarely been omitted in connexion with ג (=*j* or *ch* of Latin orthography): גינטי‎ *geʸnteʸ* 387, נוגי‎ *noʷgeʸ* 478, and a few others.

[2] Comp. דישאנטירו‎ *dysanteʸroʷ* 454, אשטרושיאה‎ *astroʷsyaʰ* 501, גראנד‍יזה‎ *grandeʸzaʰ* 579, אישפריסייאלה‎ 'eʸspreʸçyʸadaʰ 205, etc.

[3] Comp. Yoçef, p. xv; MAe, VII, 19.

[4] Some 60 words in all have been pointed in the MS.

[5] Comp. שְׂנִיור‎ *senyoʷr* 619, שְׂטוּבֿו‎ *setuƀoʷ* 559 (the *ṣere* was included because of the omission of a י after the initial consonant), קַרו‎ *karo* 195 (the *pathaḥ* replacing an א, which letter is normally adopted for stressed *a*), etc.

[6] See the examples of final *-u* recorded below.

[7] Comp. ייראדו‎ *yeʸradoʷ* 609, טיינישטי‎ *tyeʸneʸsteʸ* 612, etc.

[8] Comp. שופֿריאינסה‎ *soʷfreʸ'eʸnçaʰ* 556. This spelling is normally used in Portuguese *aljamiado*.

[9] Comp. רְיֶינדו‎ *riyendu* 829.

(rarely by וו), but -uei- is -ויי-.[1] In doubtful cases the rime, the metre, or the context, afford some guidance.[2]

2. The transcription of the palatals ll, ñ is לי, ני (or ליי, ניי).[3] ני is ambiguous in אישקארניו $'e^yskarnyo^w$ 383, 388, 634, as ny may equally stand for nį or ñ.[4] The symbol לי is used not only for ly and ll, but for the consonant y as well. The latter occurs in אליא alya (=aya) 406, אפיליאר afe^ylyar (=afeyar) 1029, 1179, 1225, 1226 (and comp. 864),[5] whilst in other cases it is impossible to detect the presence of yeísmo.[6]

3. The archaic spelling -mr- is normal throughout the MS.[7] The forms -mbr-, -nbr-, however, are not rare.[8] Similarly -mp- alternates with -np-.[9] The spelling -bt- is generally used, in isolated cases only has it been simplified.[10]

4. The letter ת only occurs in final position. At first it was very likely intended for the spelling th. In our MS, however, it obviously stands for -t of Latin orthography, whilst ט transcribes t at the beginning and in the middle of a word. Final -nt, -nd are not adopted by the scribe.[11] Final -d is rare.[12]

---

[1] See Yoçef, p. xvii. Comp. פלייטו ple^yto^w 647, קוייטה $ku^we^yta^h$ 33.

[2] Comp. ייראדו ye^yrado^w 609, etc.

[3] Comp. Yoçef, p. xix.

[4] The spelling has been interpreted in accordance with that of the remaining MSS in the passages concerned.

[5] Comp. אייא ay^ya 832, איא aya 913. In modern JSp the consonant y is rendered by לי, whilst examples of ll (=y) occur in OArag and OLeon MSS.

[6] The addition of an א after לי in ליאינה $ly'e^yga^h$ 947, פֿאליאו $faly'o^w$ 982, and a few more examples, was perhaps intended to denote yeísmo concerning לי (in the present edition these words have been transcribed in the light of the remaining MSS). On the other hand, אלינאר ale^ygar 635 seems to show a survival of the archaic spelling of ll by a single l.

[7] See Yoçef, p. xxiii, and ARo, II, 283.

[8] Comp. מיינברה mye^ynbra^h 617, שינברו se^ynbro^w 925, אומברי $'o^mbre^y$ 289, קושטומברי $ko^usto^mbre^y$ 290.

[9] Comp. קונפניא $ko^unpanya$ 1105, and קומפניא ko^mpanya 704; שינפלי $synple^y$ 578, and שימפליזה $simple^yza^h$ 580, etc.

[10] Comp. אישקריבטו $'e^yskrybto^w$ 927, רייבטו rye^ybto^w 1156, אאיבטו $A'ybto^w$ 944 (see Yoçef, p. xxiii), and אישקריטורה $'e^yskrytu^wra^h$ 704. The spelling bt is otherwise not rare in Latin orthography.

[11] Comp. גראן gran 580, קואן ku^wan 1383, etc.

[12] Comp. ליאלטאד le^yaltad 717.

5. Both voiced and voiceless *s* are uniformly transcribed by שׁ.[1] The palatals *ś*, *ž* (and *č*) are שׁ and ז respectively.[2]

(C) The following phonological features are clearly shown by the spellings of the MS:

1. Excess of diphthongisation: ye^yrado^w 609, ye^yrar 420, $ye^yrança^h$ 917;[3] tye^yngo^w 497, tye^ynga^h 884, tye^yngas 903, vye^yngo^w 498.[4] Reduction $ie > i$: $prysa^h$ 584, po^wkylyo^w 1410, $Kastyly^ya$ 1421.[5] Also the following: sye^yrbe^y 475, 1384, 1391; $fe^yzye^yste^y$ (in rime with *obreste*) 1027, $naçye^yste^y$ 651, $ve^ynye^yste^y$ 652.

2. $o > ue$ in unstressed position: $e^ynpu^we^ysty$ 1029. Unreduced diphthong: $ku^we^yyta^h$ 33, 510, etc.; in unstressed syllable: $ku^we^yydando^w$ 239, 791; $ku^we^yydado^w$ 450. But $ku^wydando^w$ 488, ku^wde^y 743; ku^wyda^h 1115, 1119; ku^wydar 1125.[6]

3. Umlaut is shown by the scribe in פִּירִיאוֹ $fyryo$ 253 and רִיסִיבִיו $re^yçybyo^w$ 1346. Loss of the pretonic: קוֹנשִׂיגוֹ $ko^wnse^yğo^w$ (< *condesejo*) 537; אֵישפרִישוֹ $'e^yspryto^w$ 616;[7] אֵישפּרִיטוֹאַל $'e^ysprytu^wal$ 968, 983.[8]

4. Changes in the pretonic: אַרגוֹלִיו $argu^wlyo^w$ 573, אַלִימִינטוֹ $ale^yme^ynto^w$ 685, פִּיאַדּאַה $pyadath$ 723, וִילוֹנטאַד ve^ylu^wntad 1212.

5. The following have been pointed with final *šureq* ($= -u$)[9] by the scribe: אַגִּינוּ age^ynu 774, אַטַנטוּ $atantu$ 842, דּאַנִיוּ $danyu$ 600, דֵּירִינוּ $dereğu$ 720, אֵינֵימִינוּ $enemygu$ 871, אֵישטאַדּוּ $'e^ystadu$ 851, פֵּינוּ $feğu$ 877, רִיֵינֵדּוּ $riyendu$ 829, וֵיזִינוּ $vezynu$ 606, גִינאַארלוּ אש $negarlu$ as 928, and possibly טוֹדּוּ to^wdu 1194. The following have been pointed with final *holem* ($= -o$): פֵּישוֹ $peso$ 198, 370; פִּירִיאוֹ $fyry'o$ 253, שִׁישׁוֹ $seso$ 369, שׁאַבִּיוֹ $sabyo$ 707.

6. Vocalic epenthesis: טִירִיבִּירִי $te^yre^ybe^yrye^y$ 508, קוֹרִיסִיר $ke^yre^yçe^yr$ 993, קוֹרִיסִיאַה $ke^yre^yçya^h$ 565, קִירִיאִיר $ke^yre^y'e^yr$ 572, בּאַדִּירִיימוּשׁ $balde^yrye^ymo^ws$ 1196. But the additional vowel in all these examples is contrary to the metre.[10]

---

[1] See Yoçef, p. xx.　　　　[2] See ibid. p. xvii.
[3] But אִיראַראַשׁ $'e^yraras$ 637.
[4] No trace of the diphthong in these cases subsists in the remaining MSS.
[5] Comp. p. 45 below.　　[6] See Cantar, II, § 6, 2.　　[7] Comp. 111.
[8] In קרִיאַה 681, קרִיאִי 1108, ק should be pointed with *šewa mobile*. Accordingly I transcribe k^erya^h, $k^ery'e^y$ respectively. This spelling reveals the Portuguese pronunciation of pretonic *e* between an occlusive and *r*.
[9] See Orígenes, § 35, 3; Staaff, Léonais, p. 215; Yoçef, p. xxi.
[10] On this subject, see Orígenes, p. 215; MPhil, XIII, 642; Staaff, Léonais, § 26; Yoçef, 1. 167, note. Comp. below, pp. 41, 47.

7. Apocope, on the other hand, whilst showing archaic or dialectal features, as a rule does not spoil the regularity of the line. It occurs: (a) In connexion with -o, in קום ko^wm 244, 288, 303, 705, etc.;[1] שול so^wl 200;[2] קואן ku^wan 193, 322, 423, 1346, 1383; טוד to^wd (in *tod el mundo* 798, *tod omre* 544, 687, 1193).[3] (b) With the exception of פרינסיף $pryn\varphi e^yp$ 563 and אישט 'e^yst 1346, apocope of -e concerns only the conjugation:[4] שאב *sab* 651, פואיד pu^we^yd 263, 557, 1020, 1176, etc.; ואל *val* 192, 668, 984, etc.; שאל *sal* 1051; פון po^wn 418, טיין tye^yn 220, 503, 720, etc.; מנטיין $mantye^yn$ 524, 573, 729, etc.; ויין (or ביין) vye^yn 427, 504, 730, etc.; קונביין ko^wnbye^yn (or קונביין ko^wnbye^yn) 299, 323, 328, etc.; קייר kye^yr 338, 633, 1149, etc.; פֿאז *faz* 205, 603, 969, etc.; דיז *dyz* 311, etc.; פלאז *plaz* 1017, etc.; פֿיז *fyz* 34; לואר lo^war (fut. subj.) 1027, אושאר 'u^wsar 294, פואיר fu^we^yr 745, קישייר $kysye^yr$ 337, קישייש $kysye^ys$ 1125.[5]

8. Syncope. Apart from *espryto*, *esprytual*, already mentioned, a noticeable dialectal trait is shown in the fall of the post-tonic e in אויירמוש '$o^wye^yrmo^ws$ 1147, פֿאבלאשמוש *fablasmo^ws* (possibly a scribal error for *fablarmos*) 1196;[6] of the pretonic after φ and b in the future tense of several verbs in -er (קונוסראש $ko^wno^w\varphi ras$ 659, פריסרה $pare^y\varphi ra^h$ 662, ביבראן be^ybran 303, etc.).[7]

9. Elision. Several particles may lose the final -e before the article *el* and certain pronouns beginning with e, i, o: דיל de^yl ('de él') 653, 975; דישטי de^yste^y 1346, דישטאש de^ystas 1254, דוטרו do^wtro^w 1361; דינדי de^ynde^y 238, די *dy* (or de^y) = 'de hi' 925; אינטריליוש '$e^yntre^ylyo^ws$ 1051, קאבילֿיוש $kabe^ylyo^ws$ 1182; קיל ke^yl 197, קי *ky* ('que y') 957; שוברֿיל so^wbre^yl 1158, שוברֿיליא so^wbre^ylya 636, etc. Loss of -e also occurs with the pronouns *te*, *se*, *le*, *la*, when proclitic to forms of the verb *aver* in the future and conditional tenses: טאן *tan* ('te han') 642, פֿינקארלה $fynkarla^h$ 539, טינירשיאה $te^yne^yrsya^h$ 511.[8] The original reading דישטי de^yste^y 1340 was subsequently altered to שישטי $syste^y$ (?).

---

[1] On the forms *com*, *cum*, see Cantar, II, § 45, 3. Comp. below, p. 46.

[2] In 1164 the scribe wrote first שול so^wl, then added a ו (-o). There is little doubt that *sol* is the original reading.

[3] For these and other similar forms, see Cantar, p. 201, FAragón, p. xli. The present MS also includes ליש *lys* 1021, a corrupt reading, as the metre clearly shows.

[4] *Est* however is unmetrical and the omission of final י is probably an oversight. [5] Comp. below, pp. 41, 46.

[6] See Staaff, Léonais, § 63; Infantes, p. 403.

[7] See Cantar, II, § 99. [8] See Yoçef, p. xxii.

10. Enclisis of the personal pronouns. (*a*) Apocope with the pronouns *me, te* occurs in קים *ke*^{y}*m* 36, אינטריגום *'e*^{y}*ntre*^{y}*go*^{w}*m* 897; קונוייניט *ko*^{w}*n-vye*^{y}*ne*^{y}*t* 916; and with voicing of *-t*, נוד מיננואי *no*^{w}*d me*^{y}*ngu*^{w}*e*^{y} 493.[1] (*b*) Apocope of the pronouns *se, le*, when enclitic to the particles *de, sy, non, que*: דיל *de*^{y}*l* 503, שיש *sys* 842, נול *no*^{w}*l* 481, 506, 824, 861, etc.; קיל *ke*^{y}*l* 473, 740, 870, etc.; נוש *no*^{w}*s* 468, 481, 508, etc.; קיש *ke*^{y}*s* 1047. With verbs: דאל *dal* 505, דיול *dyo*^{w}*l* 405, דאש *das* 1014, פֿאזיל *faze*^{y}*l* 505, ויינדול *vye*^{y}*ndo*^{w}*l* 424, דואיליל *du*^{w}*'e*^{y}*le*^{y}*l* 783, מואיבול *mu*^{w}*'e*^{y}*bo*^{w}*l* 1109, טראשׁול *traxo*^{w}*l* 802, באשׁאש *baxas* 585.

11. A nasalised vowel was often transcribed by *n* after the vowel in the archetype. *C* has respected this spelling in the preposition *so*, sometimes also with *sy* and the copulative *e*: שון *so*^{w}*n* 262, 538, 836, etc.; שין *syn* 649; אין *'e*^{y}*n* 393, 863, etc. Nasalisation is shown by means of a duplicated vowel in שופריאינסה *so*^{w}*fre*^{y}*'e*^{y}*nça*^{h} 556 (comp. 921), whilst *re*^{y}*pe*^{y}*ndye*^{y}*nça*^{h} 922 possibly stands for *repeendença* in the original.[2] A similar pronunciation of the final vowel is no doubt indicated by means of an *-m* in שיגום *se*^{y}*gu*^{w}*m* 19, 201, 644, 797, 1144.[3]

12. Hiatus in *seer, veer* is normal (comp. שיאיר *se*^{y}*'e*^{y}*r* 197, 250, 691, 868, 1143, 1199; ויאימוש *ve*^{y}*'e*^{y}*mo*^{w}*s* 1436). In this connexion the form אואי *'o*^{w}*'e*^{y} 716 should be mentioned. Solution of the hiatus by means of a *y* occurs in אפיליאר *afe*^{y}*lyar* 1029, 1179, 1225, 1226.[4]

13. Initial *f-* is general, and it may be assumed that הינגי *hynǧe*^{y} 436 (*fynche* in the remaining MSS) is a scribal modernisation.

14. The following probably denote the survival of the archaic spelling of *ll* by *l*: לינאר *le*^{y}*gar* 338, 1046, אלינאר *ale*^{y}*gar* 635.[5]

15. A *g-* arising from the semiconsonant in the diphthong *ue-* is normal in *C*: גואישוש *gu*^{w}*'e*^{y}*so*^{w}*s* 625, גוארטו *gu*^{w}*'e*^{y}*rto*^{w} 463, etc.[6]

---

[1] See Cantar, p. 254, 25. The existence of this archaic usage in Santob has been denied by Staaff, Pronoms, pp. 12, 143; Juan Ruiz employs forms similar to the present ones (see Cantar, pp. 254–5).

[2] See Staaff, Léonais, § 41; Huber, §§ 50, 52.

[3] See Staaff, Léonais, p. 248; Cantar, p. 269; Ro, xxx, 435; and for OPort, Huber, § 158 (*e*). To the examples quoted in these works, add FLeoneses, pp. 80, 3; 83, 9, and passim; Yoçef, l. 62.

[4] See Cantar, II, § 28; Apol, II, p. 6; FAragón, p. xl.

[5] See Orígenes, §§ 5, 7; Yoçef, p. xix; SGFr, II, 34. For לוביאה *lu*^{w}*bya*^{h} 425, see Crews, p. 181, n. 21.

[6] FAragón, p. xli; Yoçef, l. 70; Luria, § 46 (*a*).

16. Confusion between the fricative and occlusive v, b is widespread, both in initial and intervocalic position, as shown by the use of ב‎, בּ‎ and ו in the MS: בֿאשׁוֹשׁ *baxo^ws* (*vaxos* in current contemporary orthography) 578[1] and בֿאשׁוֹשׁ *baxo^ws* 580; ליבֿנטאר *le^ybantar* 603, שׁירבֿיר *se^yrbyr* and שׁירבֿלאן *syrḃan* 640; פרובֿיגו *pro^wbe^yǵo^w* 722; and the following examples of the verb *aver*: אבֿראה *abra^h* 678, אבֿריאה *abrya^h* 1215, אובֿייישׁי *'o^wbye^yse^y* 1213, etc. But שׁובֿירוייאה *so^wbe^yrvya^h* 638.

17. Confusion between s and $ç$ is not so frequent:[2] אסקונה *açko^wna^h* 234, קונוסקה *ko^wno^wçka^h* 592, סירביסייאל *çe^yrbyçy^yal* 725. *Me^yçkyno^w* 792 still adheres to etymological $ç$ against the prevalent form *mesquino*.

18. Several times d intervocalic, and after n, has been transcribed by t. This particularly Aragonese trait must be ascribed to the archetype:[3] בּיאטו *byato^w* 1428,[4] אין קואנטו *'e^yn ku^wanto* ('e quando') 863,[5] whilst קואנדו *ku^wando^w* 27 possibly stands for *quanto*.

19. Palatalisation of s: ליגֿאדו *lyǵado^w* 748, טיגֿיראשׁ *tyǵe^yras* 1041.[6]

20. Absorption of i: קומפרו *kompro^w* ('comprio') 348,[7] and the just mentioned *lyǵado* 748.

21. Fall of intervocalic fricative: פריאדו *pryado^w* 775,[8] אאיבטו *'Aybto^w* 944, אפרואה *apro^wa^h* 195, פרואיזה *pro^we^yza^h* 285.

22. Consonant groups: (*a*) Reduction of $mb > m$ is normal in *camio* and its derivatives, *amos*, etc.:[9] קאמייאן *kamy^yan* 834, 875; קאמיושׁ *kamyo^ws* 826; קאמייאמיינטושׁ *kamy^yamye^ynto^ws* 833. (*b*) Voicing of plosive in $n't > nd$: ריפינדירשׁיאה *re^ype^yndyrse^ya^h* 878, ריפינדיינסה *re^ype^yndye^ynça^h* 922.[10] Comp. אמיזדאת *amyzdath* 1040, 734.[11] (*c*) Dialectal hesitation between pl and pr: טינפראדה *te^ynprada^h* 352, קומפרו *ko^wmpro^w* 348.[12]

---

[1] See Cantar, II, § 32, 2.
[2] See Cantar, II, §§ 32, 36; Espinosa, p. 15; Ford, Sibilants, pp. 68–72.
[3] See p. 42 below.
[4] See Yuçuf, p. 281; Orígenes, § 46, 2–3; FAragón, p. xlii. For *viado*, see RFE, x, 133.
[5] In view of *et quando* MN ad loc.   [6] See Cantar, p. 128, 23.
[7] This reading must be traced back to the archetype, as it occurs also in E. Comp. *cojo* 'cogio' (ME) 919.
[8] Comp. Yoçef, 1. 82, note.
[9] The remaining MSS invariably adopted *-mb-*. On the points involved, see Orígenes, § 52.
[10] Comp. *rrependença* (M) 1258.
[11] See Cantar, p. 190, 14.   [12] Comp. p. 42 below.

23. Palatalisation of -r + lo, le, enclitic to a verb, is rare: דינושטאלײ deᵞnoʷstalyeᵞ 199. But לייאמארלי lyᵞamarleᵞ 200, and comp. 469, 470, 898.

24. Prosthetic d-: דיישטאר deᵞstar 1057.[1] Epenthetic r: סילישטריאל çeᵞleᵞstryal 686.

25. Simplification of spelling of consonants in sandhi: טורנה שין דיטינינסיאה toʷrnaʰ syn deᵞteᵞneᵞnçyaʰ ('torna[s] s. d.') 849.[2]

(D) 1. The plural ריאיש reᵞ'ys 1442 has been retained by the scribe, whilst the remaining MSS adopted reyes.[3] On the other hand, לה שיניורה laʰ seᵞnyoʷraʰ 604 is a modernisation, as both the metre and M show. The Portuguese article a was mistaken for a feminine ending in l. 15.

2. The dialectal tendency to provide with a feminine ending the adjectives in -e[4] has been observed by the original with regard to grande. Thus C transcribed גראנדה grandaʰ 24, 487, 525, 980; גראנדאש grandas 483; but wrote גראנדיש grandeᵞs 309, thus spoiling the assonance. The form וינטי vynteᵞ appears in 248.[5] Among the pronouns the relative el quien (אלקיין al kyeᵞn 499) is particularly noticeable.[6]

3. Conjugation. (a) Present: שו soʷ 970, אואי 'oʷeᵞ 716, 1414; טיינגו tyeᵞngoʷ 497, טיינגאש tyeᵞngas 903; ויינגו vyeᵞngoʷ 498. (b) Preterite: פיז fyz 34; אוברישטי 'oʷbreᵞsteᵞ 1028, נאסײשטי naçyeᵞsteᵞ 651, veᵞnyeᵞsteᵞ 652, קיישישטי keᵞsyeᵞsteᵞ 795. (c) The imperfect and conditional tenses show some 17 examples of desinence ie against over 50 of desinence ia (comp. דיזיי dyzyeᵞ 1157, טיריביׅרי teᵞreᵞbeᵞryeᵞ 508, פודריי poʷdryeᵞ 470, קריאי kᵉry'eᵞ 1108, קומפליי kuʷmplyeᵞ 447, שיריי seᵞryeᵞ 1119, etc.).. Although ie has been changed to ia by the scribes,[7] most examples of this termination in the present MS must belong to O. (d) The infinitive קאיר 1120 stands for kayr. (e) The verb reir shows the form רִיֵינדֻ riyendu 829.

4. The Aragonese adverb יֵיר yer appears in 249.[8] But ayer is also used (comp. 850). The pronominal adverb y occurs in a few places

---

[1] Comp. RFE, xv, 154. Comp. dentro ('entró') 1048.
[2] See Cantar, ii, § 46.   [3] Comp. Yoçef, l. 26.
[4] See Pietsch, in MLN, xxv, col. 208; RABM, vi, 282; Umphrey, § 2.
[5] See Staaff, Léonais, p. 282; RHi, lxxvii, 458; MPidal, Leonés, iii, § 16, 3.
[6] See Apol, ii, 41, 158; JCSp ii, pp. 182–5, passim.   [7] Comp. p. 48.
[8] Comp. Apol, 418d, BProv (Knust, pp. 45; 23; 46; 12, etc.).

(504, 937, 1370): it was omitted or replaced by *alli*, *ay*, in the remaining MSS. *Desy* was wrongly transcribed (דישׁו *de^y so^w*, or *de^y su^w*) in 573. The present MS includes some 12 examples of פורה *po^w ra^h* (461, 482, 516, etc.) along with פרה *para^h* (447, 624, 625, 932, etc.).[1]

5. *C* shows some preference for the prefix *es-* (for *des-*) in derivative verbs. This dialectal trait[2] must go back to the archetype (comp. אישׁקובריר *'e^y sko^w bryr* 733, 880; אישׁקונטאר *'e^y sko^w ntar* 988, אישׁפריסיא *'e^y spre^y ça ya* 850; אישׁפֿוֹרמַדה *'e^y sformada^h* 708, etc.). Prefix *des-* (*de-* MNE): דישׁפארטמיינטו *de^y spartymye^y nto^w* 1002. Derivative verbs without the prefix *a-*: ריפינדיר *re^y pe^y ndyr* 878, פרוביניארה *pro^w be^y ğara^h* 881, קונׁאשׁ *ko^w ğas* 1037, פירסיביר *pe^y rçe^y byr* 1223.[3]

6. The JSp forms אאיבטו *A'ybto^w* 944 and אטימאר *ate^y mar* 970 occur in *C*, but not in the remaining MSS. *C* has also retained the preposition *de sin* 985, 989.[4] On the other hand, the scribe does not adopt the characteristic *Dio*, he uniformly transcribes דיושׁ *Dyo^w s* 37, 272, 343, 394, etc.[5]

7. Our MS omits the definite article in the expression אין מונדו *'e^y n mu^w ndo^w* 226, 663, 821, 1020, etc. This usage goes back to the original.

8. The MS uses *que* instead of *ca*. In view of the agreement on this point between *C* and one or more of the remaining MSS in several passages, *que* should in most cases be ascribed to the archetype (comp. 471, 544, 1038, etc.), whilst in a few it seems to be due to the scribe (comp. 752, 1192, 1223). But *ca* must be the original form in 733 and 1005.

9. The omission of *que* after *fasta* (conjunction) occurs in a few places. The practice goes back to the original: פשׁטה רוטו אישׁ *fasta^h ro^w to^w 'e^y s* (*fasta que r. e.* MNE) 954, פשׁטה ליואיבֿה *fasta^h lyu^w e^y b̆a^h* (*fasta que llueva* MNE) 956, פֿאשׁטה ביין פואישׁטו איא *fasta^h bye^y n pu^w 'e^y sto^w aya* (*fasta que b. p. a.* MNE) 913.[6]

---

[1] See Yoçef, 1. 148, note.

[2] See Umphrey, § 23; FAragón, vocab. s.vv. *espedir*, *espullar*, *esnudo*, etc.; 4Dotores, 438, etc.

[3] Comp. below, p. 49.

[4] Comp. YuçufA, 93a (see RABM, VI, 288).

[5] See Yoçef, 1. 58.

[6] Although chiefly Aragonese this usage is not unknown in Leonese texts (comp. AlexO, 1805d). See Cantar, p. 395, SGFr, II, 50.

VI

THE LANGUAGE OF MSS *M*, *N* AND *E*

(A) The following palaeographic features of MSS *M*, *N* and *E* call for special mention:

1. The distinction between *b* and *v* in the handwriting of *M* is not always easy. The chief difference between these letters consists in the direction of the first stroke, which is vertical in *b* and slanting in *v*.[1] In *M*, however, the main stroke in *b* is at times scarcely distinguishable from the slanting stroke of *v*.[2] The confusion is more marked still in *E*, as in that MS *v* not infrequently shows an almost vertical main stroke similar in length to that of *b*. In *N* (in which *v* regularly assumes a cursive character) the distinction is always clear.

2. Minuscule *ch* is regularly written with a tilde which is placed either across the top of the *h*, or next to that letter, in *M* and *N*. This sign often occurs in *M* just before the *ch*: in such cases the scribe subsequently added a thin dash across the *h*, thus joining this letter to the tilde and avoiding confusion between the symbol under discussion and the general sign of abbreviation standing for *n*. Whenever the additional dash is missing the tilde has been interpreted as an abbreviation, as in *mucho*, *muncho* (comp. 1262, 1270, 1320, etc.).

The tilde in connexion with *ch* was often adopted in contemporary MSS.[3] At the close of the century Nebrissa attempted to bring this symbol into general use.[4] In *E* it has been simplified to a dot placed above the *h*, not only in *ch*, but in *ph* and *th* as well. It is also used instead of the tilde over the *n*, thus denoting the palatal *ñ*, in that MS.

3. Uncial *d* (with slanting stroke) alternates in *M* and *N* with the cursive variety. In *E* the terminal stroke of the cursive is shorter than in *M* and is roundly shaped.

4. Apart from the non-cursive *g*, which is generally adopted by *M* and *N*, a variety of that letter, betraying the influence of the humanistic handwriting, is noticeable in *E*.[5]

---

[1] For a full account of this and other points arising from the handwriting of the MSS studied in the present chapter, see Kuersteiner's introduction to RPal.

[2] Comp. *q̄brāto* (fol. 64*b*, 24), *brio* (ibid. 4), *pesebre* (ibid. 31).

[3] See RPal, I, p. xii.   [4] See Nebrija, pp. li and 28, 23.

[5] Comp. *mengua* (fol. 3ʳ, 11), *lengua* (ibid. 14), *ganase* (fol. 30ᵛ, 18), etc.

5. Minuscule *s* is long shaped (ſ) at the beginning and in the middle, round at the end of a word, in *M*. Duplicated initial *s* (ſſ) is rare in that MS.[1] Both types of *s* are used by *N* along with the cursive varieties σ, ς.[2] The latter (denoting *s*) also occurs in *M*.[3]

6. The distinction between ς and ʒ (OSp *s*, *z* respectively) has been generally observed in *M*, the prolongation of the upper stroke as a rule being more pronounced and the stroke as a whole perfectly straight when *z* is intended.[4] On the other hand, *N* exhibits some confusion in regard to these characters and ς is sometimes undistinguishable from ʒ. In *E* ς does not occur, and ʒ (*z*) is of the shape which is normal in the *escritura redonda* and resembles an *s* with a flat upper stroke slightly protruding to the left.[5]

(B) Orthography. 1. The vowel *i* has been transcribed by *i*, *j*, *y* in the middle and at the end of a word, and uniformly by *y* at the beginning of a word, in *M*: *yjada* 363, *vestyr* ib., *caydos* 580; *tyen* 574, *tien* 325; *sy* 576, *ſi* 471; *piel* 279, *glorya* 665, *villano* 799; *teñj las*, *mjs* 101. Preference for *y* is possibly more marked still in *N*, whilst a wider use of *i* is apparent in *E*. The consonant *y* is generally transcribed by this letter. Here and there both *M* and *E* introduce a slightly modified *ɟ*, which is used·denoting the vowel *i* and the consonant *y*.[6]

2. The consonant *v* and the vowel *u* are both transcribed regularly by *v* at the beginning and *u* in the middle of a word in the three MSS. Examples from *M*: *vsa* 209, *vyno* 429, *vuia* 426, *oluidado* 481; but *enves* 276 (*enues* N), *aventura* 356, etc. Examples from *E*: *viene* 427, *vmanidad* 1348, *vuiese* 1213. *Avn*, *aver* are generally written with *v*. Confusion between *b* and *v* in *M*: *Viblia* prol. 15, *vien* (for *bien*) 583, 1321; *valdon* 418, *vestias* 1196, etc.

3. Ç is transcribed by this letter or *sç*. The cedilla is not always used by *E*, as *crece* 1009, *Recrece* 1010. The spellings of *N* show *seseo*:

[1] Comp. *ſſe* 794 (fol. 73*b*, last line).
[2] Comp. *ſoberuja* 638 (fol. 5*d*, 12), *ſana* 656 (5*e*, 8), *coſtonʋʒ* ib. (ib. 7); σerujr 640 (5*d*, 15), σabe 651 (ibid. 37); q̃σierō 647 (ibid. 29) and *qujſieres* 641 (ibid. 18); *mjentō* 653 (5*e*, 1), σus *petafios* 676 (5*f*, 7); *deſtos doſ* 692 (ibid. 39); σe 233 (1*f*, 26), *aſcona* 234 (ibid. 28), *rreueς* 260 (2*b*, 4), etc.
[3] Comp. *ſabroſa* 821 (fol. 73*c*, 30).
[4] On this point, see Ro, XXX, 436; Millares, *Paleografía* (¹1929), I, 242.
[5] Comp. *vazia* 100 (fol. 4ᵛ, 16).
[6] Comp. *ɟaz* (M) 618, *ɟnfinta* (E) 93, etc.

pereʃoʃo 387, *veojnaʃ* 264, *fiʃiereʃ* 650, *faʃ* 647, *rreʃa* 217, *torpeʃa* 218, and in the desinence *-eçer*: *enpobreʃe* 163, *adoleʃe* 164, etc.

4. As a rule no distinction is made between voiceless and voiced *s* in the orthography of *M* and *E*. But *N* often makes use of *ʃʃ* (for voiceless *s*): *plogujeʃʃe* 643, *cũpljeʃʃe* 644, *hueʃʃoʃ* 682, etc.[1] Final *s* has been transcribed by *x* in *rrex* (ME) 886—whilst *N* spells this word with *-ʃ*—and *moxquito* (ME) 615.

5. Palatal *g* has been transcribed by *-gc-* in *vestigclos* (M) 1312, whilst *engeridos* (N) 1290 shows a survival of the speiling *-ge-* for *-gue-*. A few examples of the spelling of *ž*+front vowel by *g*, and of *-ga-* by *-gua-*, occur in *M* (*avaga* 84, *vaguarosa* 159).[2]

6. The palatals *š* and *ž* are denoted by *x* and *g*, *j* (or *i*). A variant of capital *ℐ* is also used for the latter, in *E* (*enoℐo* 424, *oℐo* 423, *sobeℐo* 103). The spelling of *ll*, *ñ* does not deviate from normal fifteenth-century practice. *E* regularly uses *-p̄n-* in a few words (*dap̄o* 601, etc.). On the other hand, *çinjeron* (N) 1036 possibly goes back to the archetype.

7. At the beginning of a word *rr-* (or *R-*) for the multiple *r* is regularly used. Also after *n*. But *M* also includes examples of *rr* for the single *r* (*bozerro* 136, *aguerro* 120, *guarresçer* 344, and at the end of a syllable, particularly before *n*: *yerruas* 603, *pierrna* 1210, *terrna* 861), and of single *r* for *rr* (*baragania* 556, *terenal* 997, etc.).[3]

8. Final *l* is doubled in *mill*. This practice has been extended to *-l-*, ending a syllable, in *E*: *humilldança* 553, *alcallde* 753, etc.

9. The spelling *ph* has been adopted by *E*, not only in learned words (*phylosophya* 4, etc.), but in one or two cases in popular words as well (*rephollado* 'refollado' 1274). Similarly in that MS initial *t* is spelt several times *th* (*theme* 535, *therrenal* 685, *thener* 479, etc.).

10. Final *-t* is normal in *M*, whilst *N* and *E* generally adopted *-d* (*verdat* 629, *poridat* 630, *grant* 489, *algunt* 900, *ningunt* 1417; and *-d* NE in all these examples).[4]

---

[1] Even at the beginning of a word in cases such as *la ʃʃyma* 618 (comp. *desso padre e dessos tios* PCG, 20*b*, 49).

[2] See Orígenes, §§ 7, 2; 2, 1; RFE, I, 177; AOR, VII, 131; Huber, § 58, 2; Griera, § 32*c*. The second of these spellings, although not unknown in the West, is more widespread in Aragonese MSS.

[3] Examples of *r* for *rr* are not rare in AlexO and 4Dotores. They are numerous in the Galician charters edited by Sponer (AOR, VII).

[4] Comp. above, p. 28.

11. Nasalisation of some sort is no doubt meant in certain cases by *n* after a vowel. This spelling is comparatively frequent in *M*:[1] *syn* ('si') 129, 195, 511, 786; *en* ('e') 1013, 1416, 1422; *han* ('ha') 1388, *ovieren* (in rime with *fuere*) 1262; *pisan* ('pisa') 122; *tablan* ('tabla') 1224.[2] This letter or an equivalent tilde on the vowel also occurs instead of *r*: *arbon* (for *arbor*) 19, *yazen* 81, *quien* (for *quier*) 1149; *conporal* 967, *conporales* 985. This pronunciation eventually led to omission of -*n* by ultra-correction: *si* ('sin') 879. The spelling has been retained in a few places by *N* (*en* 515, *forten* 1372) and even *E* (*mereṣçen* 1243).[3]

12. The spelling -*gn*- in *magnifestaçion* ME 60, *magnifesta* E 573, *sygno* ('sy no') NE 265, 1264, may be interpreted as a variant of the usage just described.[4]

13. Nasal at the end of a syllable followed by *p*, *b* is always *n* in the orthography of *M* and *E*. Although -*np*-, -*nb*- are also used by *N*, this MS shows a preference for -*mp*-, -*mb*-.[5]

14. The semiconsonant in the diphthong *au* has sometimes been transcribed by *b* in *M* (comp. *cabsa* prol. 31).[6]

15. Inorganic *h* often occurs in *N* and *E*. It is rare in *M*. In the middle of a word this symbol appears to have been intended to show hiatus. *M* and *N* spell *omne* and *ome*, whilst *E* uses exclusively *honbre*. Other examples from *E* include *honrra* 505, *horgullo* 573, *herraras* 637, *herrança* 917; *traher* 477, *aproha* 1188. Examples from *N*: *honça* 983, *caher* 167, 603, *honrrase* 604, etc.

16. Abbreviations. (*a*) The coordinating conjunction is generally denoted by the ampersand in *M* and *N*. At the beginning of a stanza *e* is comparatively frequent in these MSS. On the other hand, *E* normally uses *y*.[7] (*b*) The abbreviated form of *que*, *qui* is a *q* with a stroke

---

[1] See also above, p. 31.

[2] This practice in our text betrays a Western pronunciation, and examples of it occur in AlexO, FLeoneses, 4Dotores and other Leonese texts (for OPort, see Huber, § 52). But it should be noted that the spelling in question also appears elsewhere (see Glosarios, p. xlv).

[3] Epenthetic and paragogic *n* in *obendiente* 594, *en non* 58 (both in *M*) and other similar examples are in a different category, the additional *n* arising from Vorklang. [4] See Staaff, Pronoms, p. 97; SGFr, II, 27.

[5] Comp. *senbrar* (CM), *sembrar* (N) 267, *mienbra* (ME) *miembra* (N) 617, *canbios* (ME) *cambios* (N) 826, etc.

[6] This spelling frequently occurs in fifteenth-century MSS.

[7] In that MS the ampersand is very rare.

over it. In *M*, *q* with a horizontal stroke denotes *que*, whilst *q* with a slanting stroke stands for *qui*, as in *syquier* 429 (fol. 64*a*, 1), *quien* 447 (fol. 64*b*, 1), *qui* 415 (68*d*, 5), *poquilla* 121 (63*b*, 21), *quisiere* 363 (66*d*, 1), *moxquito* 615 (67*d*, 17), etc.[1] The distinction between the abbreviations for *que* and *qui* has been regularly observed by *E*.[2] *N*, on the other hand, uses *q̄* for both *que* and *qui*, as in *q̄en* (=*quien*) and, *q̄man* (=*queman*) 189, *Reliq̄as* (=*rreliquias*) 425, etc. (*c*) The dash over the *m* in *om̄e* and *com̄o* has been transcribed by *n* and *m* respectively (comp. *commo* 43, *omne* 147).[3] *Omne* occurs in *M* and *N*, but not in *E*. *E* and *N* use *honbre, onbre*. The latter form (also *omes*) appears occasionally in *M* (comp. 103, 121). (*d*) In *E* the general symbol of abbreviation is often a dot. That MS also uses a dotted *y* whenever this letter stands for the consonant *y*, and in the diphthongs *ay, oy*.

17. The prepositions *a, de, con*, occasionally *entre*, are written together as one word when they precede the definite article and the pronouns *el, ella, ellos, ellas*. In *M* and *E* this practice is often extended to *a* followed by certain nouns and verbs. Leaving for a later note those cases involving elision, we shall mention examples illustrating the orthographic aspect of the question: *delo* (M) 958, *conel* (M) 487, *conello* (MN) 958, *conlo* (M) 472; *amano* (M) 512, *aegibto* (M) 944, *aojo* (ME) 423, *amandado* (MNE) 1206, *acobdiçia* (M) 460, *aerrar* (M) 420, *afallesçer* (M) 436, *aperderse* (ME) 487, *adescresçer* (E) 436.

(C) Phonology: Vowels. Dialectal traits under this heading, particularly in *M* and *N*, are of considerable importance. Some confirm certain rimes in the unpointed text of *C*. They also provide a basis for emendation.

1. The following examples of *e, o* instead of *i, u*, in the syllable of the accent confirm the assonant and must be transcriptions of the original: *costonbre* (N) 289, 656, 770, 892, 1006, 1249; *costonbres* (N) 889, 1142; *crozes* (N) 425, *gosta* (M) 1411, *lonbre* (N) 298, *nonca* (N) 1054; *treste* (N) 1349, *juezyo* (N) 752.[4]

---

[1] See RPal, I, p. xxii.
[2] The spelling *q̄* (=*qui*) 415, 1364 in the MS shows that the scribe was not familiar with this form of the relative pronoun.
[3] Comp. Cantar, II, § 37, 1.
[4] For these and other similar forms, see Llera, I, §§ 39, 40; II, s.vv. *costombre, nonca*; Borao, p. 38; Staaff, Léonais, § 14; Cantar, II, § 8, 2; Huber, §§ 17, 4; 244, C, b; Nunes, III, 696. See also § 5 below.

2. By the spelling *eillo* (M) 1242 the diphthong *ei* is probably intended. On the other hand -*ill*- possibly perpetuates a well-known OAragonese spelling of the palatal *l̦*.[1]

3. Non-diphthongised *e*: *obedençia* (M) 555. Diphthong *ie* > *i*, even in *poquilla* (M) 121, riming with *ella*. This *ie*, however, has been retained by *M* and *E*, in *priesa* 202, 336, 584, 916, 922, whilst *CN* adhere to the simplified form. Dialectal diphthongisation of non-stressed syllable: *nienbraria* (M) 490. The readings *viene* (E) 853, *vienen* (M) 797 are wrong transcriptions of *bieue, bieuen*.

4. Non-diphthongised *o*: *conte* (N) 1375, *a troque* (E) 1088. Irregular diphthongisation: *nueves* (E) 368.[2] Diphthong in unstressed syllable: *fuerçado* (M) 804.

5. Verbal forms with *o* in the stem: *conple* (N) 1200, *conplia* (M) 464,[3] *conplidos* (NE) 1432, *descobryr* (MN) 733, *enpoxa* (N) 1433, *escosa* (N) 1202, *gosta* (M) 1411, *forten* (N) 1376, *sobida* (NE) 1286.

6. The following changes (which are characteristic of the Western dialects) appear in *M*. They have been usually rejected by *N* and *E*: (*a*) *a* < *e*, *pasado* 115, *paresçer* 184 (instead of *pesado, peresçer*);[4] (*b*) *e* < *a*: *perlando* 121, *escona* 234, *pensaria* (CE) *pesaria* (M) 506, *trespase* (CM) 942;[5] (*c*) *e* < *o*, *escoresçen* 89; (*d*) *i* < *e*, *sigurança* 300, (*e*) *e* < *i*, *devyna* prol. 39. The etymological vowel appears in *dizyr* 709,[6] whilst the rare form *dobdosa* occurs in 704.[7]

7. Umlaut of pretonic *e*, *o* + *i̦* in weak preterites and their derived forms is general in *E*, but not in *M* and *N*: whilst *ovo, ovieron, oviese, oviere*, etc. are constant in the three MSS, we have *podiese* (MN) 1214 and *pudiese* (NE) 966; *estouier* (N), *estuuiere* (E), *estudiere* (M) 1241, *ploguiese* (N) 643, *seruiese* (M) 1383, *arrepentyo* (M) 1260, but *fizyeran* (NE), -*ra* (M) 571, -*res* (MNE) 648, 650, etc.[8] Umlaut in *apriçias* (N) 632,

---

[1] Comp. *deillo, eillos* BEscur (Lev. 7, 3; Deut. 25, 1), and VRo, II, 283. For *eillo* in Modern Leonese, see MPidal, Leonés, II, § 4, 2.

[2] See Cantar, p. 150, n. 1. Comp. *rruestro* (N) 178, *cuesta* (ME) 1207, *cuestas* (M) 79.

[3] But *cunplia* (NE).

[4] See Umphrey, § 5; SGFr, I, p. xxviii; Huber, § 258.

[5] Huber, § 113.

[6] See Umphrey, § 13; Luria, § 4 (*a*).

[7] See Cantar, p. 148, 15; Staaff, Léonais, § 15.

[8] For absence of umlaut in OLeonese, see MPhil, XIII, 369.

in view of the rime *cobdiçias*, is traceable to the original.[1] *M* includes *vista* 207, *vistias* 1196, whilst *niçio* 805 (riming with *viçio*) occurs in *N*.[2]

8. Final -*e*: *fisique* 217, *torrne* ('torna') 436. Both are peculiar to *M*.[3]

9. Epenthetic -*e*-, against the metre, occurs in *M*, in *peredello* 478, *perediesse* 526, *peredon* 321.[4]

10. Original apocope has been eliminated comparatively often in the three MSS. Out of over 50 examples quoted in section v in which original apocope has been respected by *C*, the following have also been included in *M*, *N*, or *E*: *sol* (MN) 511, 1273; *tyen* (M) 574, 728, (NE) 899; *mantyen* (MN) 524, (M) 573, 729, (N) 735; *sal* (N) 1282; *pon* (MN) 1274; *val* (N) 434, 1004; *vyen* (MN) 332, (N) 428, 444, (M) 730, 785; *conuien* (MNE) 328, *cuydas* (N) 511, *fiz* (ME) 34, etc.; and *faz, diz, plaz, quier* (in *M*, *N*, or both) 50, 157, 593, 1017, 1036, etc. Occasionally these MSS have respected the apocope where *C* introduced the full form (comp. 208, 973, 974). Apart from rime words *E* avoids the apocope, adoption of the full form often resulting in irregular lines.

11. Syncope. *Myntroso* (MN) 711 became *mentiroso* in *E*, whilst the examples of dialectal syncope mentioned in section v have been brought into line with current usage in *M*, *N* and *E*.

12. Elision. Proclisis is prevalent in all three MSS: (*a*) Between prep. pron. *del* 616, *dello* 61, *della* 428, *dellas* 402, *desto* 1084, *cabellos* (N) 1182. But *entre el* (MNE) 251, 252; *de estas* (E) 692, etc. (*b*) Between *la* (atonic pron.) + 3 p. pres. ind. of *aver*: *la* prol. 43, *dola* ('do la ha') MN 1298. But *te han* NE (*tan* C) 642. (*c*) Between *que* + *el*: *quel* (MN) 857.[5]

13. Enclisis. (*a*) *M* shows enclisis of the article *el* to the 3 p. s. of *aver* in *plazer al ojo del lobo* (instead of *plaz al o. d. l.*) 340. (*b*) Apocope of the enclitic pronouns *se, le* occurs in *N*, even in cases in which the remaining MSS (including *C*) exhibit the full form. *M* and *E* admitted apocope of *le* only; *quel* N (*que lo* M, *que le* E) 420, (*que le* M, *quien le* E) 423, (*que le* CE, *q̄ el* M) 596, etc.; *nol* (MN) 1264, (CN) 793, 824; *nos* N

---

[1] Comp. p. 46 below.
[2] Comp. *bestha* Huber, § 61, 7; *beesta* TArcaicos, p. 42, 14; *uistia* GSilenses, no. 312.
[3] See MPhil, XIII, 371; Staaff, Léonais, § 27.
[4] Comp. p. 29 above.
[5] Elision in the passage in question is contrary to the metre. Comp. 150.

(*non se* CME) 353, (CN) 646; *sel* N (*se* ME) 189; *semejal* N (*-le* ME) 159; *fazel* N (*le faze* E) 175, *digol* MN (*-le* E) 1110, *diol* CN (*diole* M, *le dio* E) 405, *tienel* N (*lo* ME) 1322, etc.

14. 'Impure' *s*: *aquel sprito* N, *el spritual* NE (616, 968).

Consonants. 1. Initial *f-* has been generally retained by *M* and *N*. Exceptions are rare (comp. *onta* 14). On the other hand, *h-* (< *f*) was often introduced by the scribe in *E* (comp. *la haz* 276, *humo* 602, *hemençias* 780, *harta* 820), even omitted, as in *rraez* (*rrafez* CN) 815, *azer* (*fazer* CMN) 893.

2. Examples of *n* < *m* in initial position occur in *M*: *nenbrara* 454, *nienbraria* 490.

3. Cons. + *l* instead of cons. + *r* and vice versa: *plado* (M) 188, *compro* (CE) 348, *bieluas* (M) 1392.

4. Metathesis of *r*: *presona* (M) 130, *apresona* (M) 214.

5. The spelling (in *M*) of intervocalic *g* by *gc* (*vestigclos* 1312) appears to be intended for the voiceless pronunciation of that consonant. Comp. *quanto* (M) 1319 (*quando* NE), (N) 190 (*quando* M).[1]

6. The group *dį* in *medietate* gives *myatad* (M), *meatad* (E), and *meytad* (N) 1147.[2]

7. Palatalisation of *-gn-* in *coñeçe* (*conneçe*) 837 is shown by the misreading *conueçe* (N).

8. The group *-dg-* has been retained by *CMN* in *judgue* 754, but appears in its modern form (*juzgar*) in *E*.

9. Voicing of *-n't-* > *-nd-* has been retained by *M* in *rrependençia* 1258. This form, however, has been generally rejected in the three MSS: *rrepentençia* (NE) 1258, (MN) 922; *rrepentymiento* (MN) 919; *arrepenti-miento* (E) 919, 922; *arrepentençia* (E) 1258; *rrepentyr-* (N), *arrepentyr-* (M) 878.[3]

10. Absorption of *į* by the preceding consonant: *compro* (CE) 348, *cojo* (ME) 919, *fuzia* (M) 1267, 1297; *vista* (M) 207, etc. Palatalisation of *-lį-* is shown by the spellings *callente* 268, *sallo* 560, in *E*.

---

[1] See also p. 32 above.   [2] See Orígenes, § 48.
[3] Comp. p. 32 above.

11. Final *d* falls in *oy* (M) 1.

12. Palatalisation of *-r* in the infinitive + enclitic pronoun is very rare. It occurs in *M* (*loallo* 55, *afeallo* 156, *peredello* 478), in *ME* (*nonbrallas* 897, *traello* 477), in *E* only (*contaḷḷas* 898); whilst all the MSS have *llamar lo* 470, *dezyr las* 899, *oyrlas* 900. The Leonese assimilation of *-n*, *-s* to the *l-* of an enclitic pronoun appears only in *M*: *nollo* 1300, *ella* ('es la') 1258.[1]

13. The following examples of Vorklang and Nachklang occur only in *M*: *gualardron* 759, *mintrieron* 375. To these *el alongar* ('e alongar') 42 should be added.[2]

(D) Morphology, vocabulary. 1. An important feature of *E* is the modernisation of the vocabulary of the original. A list of examples follows, the readings of our edition being given first:

(*a*) Nouns. *acuçia*: *cobdiçia* 697; *algo*: *fazienda* 516, *dineros* 778; *consejo*: *rrincones* 537; *çyma*: *fyn* 712; *cuerpo*: *vmanidad* 1348; *joyas*: *gozos* 1035; *merchandia*: *mercaderia* 514; *rrebato*: *la priesa* 919; *sofryença*: *sufrimiento* 921; *sabiençia*: *çiençia* 683; *synpleza*: *llaneza* 1008; *venga*: *vengança* 795; *mansedat*: *mansedunbre* 281, etc. (*b*) Adjectives. *byltado*: *ensuziado* 613; *alto e loçano*: *soberbio muy hufano* 586; *granda*: *altiva* 487; *lueñe*: *luenga* 1329; *lazaroso*: *penoso* 444; *tortiçiado*: *agraviado* 750. (*c*) Verbs. *aver*: *tener* 1148, 1262; *a*: *ay* 355, 531, 788, 1059, etc.; *cunplir*: *bastar* 447; *falleçer*: *descreçer* 436; *fartarse*: *contentarse* 468, 469 (original unaltered in 481); *fyncar*: *quedar* 10, 11, 539, 541 (but *quedar*: *tardar* 258); *lazrar*: *trabajar* 386, 391, 654 (but *lazrar* was left in 400, 404, 472, 518); *meçer*: *andar* 401 (but *meçer* was left in 402, 403, 616); *meter mientes*: *parar m.* 653, 1041, 1043, etc.

2. The plural *señores* (sing. *la señor*) 766 has been modernised to *señoras* in *E*. Similarly *mi señor* 1425 became *mi señora* (M), and *rreys* 1442 was changed to *rreyes* in *NE*. No trace of the fem. *granda*, *as*, remained in *MNE*. But *granada* (M) 487, (MN) 525—which in both passages is contrary to the metre—clearly betrays that form.

3. Pronouns. (*a*) The analogic *mos* 1328 appears in *M* and *N*. *Con nusco* 1220 has been replaced by *con nosotros* in *E*. (*b*) The relative *qui* has been retained by *M* in 415, was replaced by *quien* in *E* (461),

---

[1] Comp. Staaff, Léonais, p. 257; Cantar, II, § 48, 1.
[2] Comp. SGFr, II, 106.

and was avoided in 1030 by all three scribes. (*c*) The indefinite *otri* appears in *M* (451, 1031, 1246, 1294) along with *otrie* (404, 624, 1291), whilst *N* adopted *otre* in 1246. Both *otre* and *otrie* have been excluded from *E* and replaced by *otro* (comp. 404, 624, 1246, 1294).

4. Conjugation. (*a*) *So* has been replaced by *soy* (N) in 970.[1] Thematic *e* appears in *fablemos* ('fablamos') 1196 in *M*.[2] Intervocalic *-d-* in 2 p. pl. is general, but *E* writes *veres* 594, *fallares* 694. (*b*) The desinence *-ie* in the imperfect and conditional tenses occurs in *N* and *E* in some passages in which *M* has *ia* (comp. *entrarie* N 142, *podrie* N 1216, *avien* E 1160, etc.). On the other hand, *-ia* has been adopted in all three MSS (instead of *-ié*, as *C*) in 1119 and a few other places, whilst the reduction *-ie > -i* (*avri* 123, 286) occurs in *M*.[3] (*c*) Pret. 1 p. *fyz* 34, whilst *N* has 3 p. *fez* 694, and *NE* adopted *cojo* (*cogio* CN) 919. (*d*) Inf. *dizyr* has been adopted by *M* (709), and *E* included the analogic *llevar* 757. (*e*) Part. *-udo* has been eliminated from all the three copies, but *N* retained this form in 831 and 1019. (*f*) The forms *rriyendo* 829, *veyendol* 424 appear in *E* and *M* respectively.[4]

5. Particles. The pronominal adverb *y* 1370 became *allí* in *N*, whilst *E* rewrote the sentence so as to omit the adverb. Elsewhere all three MSS omitted *y* (as in 925). *E* rejected *desi* and *aves* (comp. 259, 573, 894). The parent copy of *E* probably included without apocope such particles as *com*, *sol*, *end*, as the new redaction altered the phrasing so as to obtain a line of standard length in passages involving these adverbs (comp. 199, 200, 288, 297, 299, etc.). The abbreviation p stands for *para* in these MSS, as this form only appears whenever the word has been written in full. *Ca* is used in preference to *que*, particularly in *NE* (comp. 471, 575, 873, 1192, etc.).[5]

[1] For early examples of *soy* in Leonese charters, see Staaff, Léonais, § 69.
[2] See Yoçef, p. xxiv.
[3] See Cantar, p. 288, 3; Hanssen, p. 106.
[4] Comp. p. 33.   [5] Comp. p. 34.

VII

THE LANGUAGE OF THE ORIGINAL

The correspondence between the linguistic features of the MSS and the metrical and stylistic methods of the author allow us to reach several conclusions regarding the language of the original redaction of the poem. The dialectal peculiarities occurring in varying degree in the MSS are partly confirmed by the metre, and there is little doubt that for the most they belong to the original.

The evidence afforded by the dialectal treatment of the vowels in particular shows the original reading in numerous passages in which the scribes introduced standard or modern forms whilst archaic or dialectal solutions are postulated by the rime or the normal isosyllabic structure of the line. The extent of dialectism in the language of the poet thus appears to be greater than the study of any single MS would lead us to assume.

There follows an enumeration of those language features which provide a basis for textual emendation as required mainly by the metre.

(A) 1. Diphthongisation of *e, o* was more widely adopted than the MSS show. The diphthong can thus be detected in certain words in which it had become obsolescent or was inadmissible in literary Castilian. The presence of the diphthong mainly in certain verbal forms is due no doubt to ultra-correction. The following, which have been transmitted without diphthong in the MSS, are postulated by the rime: *cuemo* 174, 389;[1] *muecha* 1304, *muechos* 203; *tuerpes* 1118, *pueca* 931,[2] *sienple* 'simple' 658, 789,[3] *uembre* (or *uemne*) 461, 475.[4] Diphthong in the conjugation: *bieve* 476, 853, 1000; *bieven* 797;[5] *dieze* (inf. *dezer*) 1062;[6] *piede* 168; *cuemen* 220, *cuenple* 657, 790; *fuerta* (inf. *fortar*) 1370; *puenen* 951, *puenga* 1267; *tueman* 190, *tuemen* 1368. The diphthong is also exacted by the rime in *adueze* (inf. *adozir*) 1061, *escucha* 1161, *fynca* (inf. *fencar?*) 932.[7] Unreduced diphthong: *poquiella* 121 (but *Castilla* 1421, in view of the rime word).

---

[1] See Cantar, II, § 103, 1.   [2] Ibid. p. 150; Llera, II, s.vv.
[3] Also in CCastilla, I, 240. Comp. *liebre* 'libre' BEscur, 151*a* (Lev. 16, 53).   [4] See Cantar, II, § 6, 3; Orígenes, p. 316.
[5] See p. 40. Comp. AlexO, 1162.   [6] Comp. *diese* Prol. l. 63.
[7] The rime *syenpre* : *costumbre* (st. 242) points to *costuembre* (a false diphthong based on *costombre*). Comp. p. 55. On the subject of anomalous diphthongisation, see MPidal, Leonés, II, § 3; Llera, I, § 36.

45

2. In *buena* 129, 1025, 1111, *denuesto* 887, *encuentro* 362, the diphthong is contrary to the rime, and we should thus read *bona, denosto, encontro*. MS *N* includes *conte* 1375, *forte* 1376, and these are the original readings.[1]

3. Tonic *e* (for *i*): *juezyo* (as 752) 183; *treste* 796, and *trestes* 222 (comp. *treste* 1349); *mesmo* (comp. 158, 390, etc.) 173. Tonic *o* (for *u*): *algona* 1112, *conple* (as 1200) 1462, *nonca* (as 1054) 433, *polso* 7, *segoro* 532.[2]

4. Umlaut: *prisçio* 1385, *despriçia* 1138 (comp. *apriçias* 632, *niçio* 805).

5. Apocope. (*a*) Of *-o*: *com, quan, sol, tod*, occur (in *C* or *MN*) 14, 5, 4 and 4 times respectively, against 26, 14, 19 and 4 examples of *como, quando, todo, solo*. But these words were more often apocoped in the original than the MSS show, and the metre exacts *com(o)* in 286, 1280, 1284; *quand(o)* in 177, possibly also in 116, 1291; whilst *sol(o)* 570, and *tod(o)* 50, 252, 437, 1250 (in view of 544, 687, 798, 1193) are likely, and *segur(o)* in 1293 is possible. (*b*) Of *-e*: *sab* occurs in 651: it is also needed in 131, 243, and it is likely in 71 and 1089. *Pued* is found in 11 different passages in the MSS, but it is also postulated by the metre in 397, and is probably the original form in 441, 845, 1272. There are two examples of *pon* (3 p.); *sal* (3 p.) also occurs twice, whilst *tien, val, vien* (and *convien, mantien*) are prevalent throughout the text. Apocope of *-e* after *r* in the conjugation: to *quisier* 337, *vsar* 294, *loar* 1027, *fuer* 745 must be added *fuer(e)* 669, and *dixier(e)* 1031, as required by the metre.[3] The MSS show two examples only of apocope of *e* after *s* in the pluperfect subjunctive: *cuydas* 511 and *quisies* 1125.[4] After *z*: *faz* occurs 23 times, but the full form is required in 174*b* (notwithstanding *faz* N); *fiz(e)* is the original reading in 93 (comp. 34); *diz, plaz, yaz* occur in 12, 6 and 2 passages respectively, in the MSS.[5] Apocope after *p*: *prinçep* 563.

---

[1] In view of the rime word *sordo* the original possibly read *morto* (*muerto* M) in 1129. The variant *mudo*, however, cannot be rejected since it is the reading of all the remaining MSS.   [2] Comp. p. 39.

[3] See Cantar, II, § 78, 9; MPidal, Leonés, § 18, 2; Staaff, Léonais, p. 286; Llera, I, §§ 169–82; Gassner, §§ 445–7; SGFr, II, 52; Lecoy, p. 108.

[4] See Cantar, II, § 78, 7.

[5] Against the preceding must be placed the following examples of non-apocope in the MSS. These examples are all consistent with the metre, and their respective frequencies are given in brackets: *conuiene* (3), *dize* (3), *faze* (26), *fize* (1), *fuere* (5), *mantyene* (2), *plaze* (10), *pone* (1), *puede* (12), *quisiere* (5)—and some further 25 examples of fut. subj. *-re* —*sabe* (12), *sale* (3), *tyene* (10), *vale* (4), *vyene* (8), *yaze* (6). *Estouier* (N) 1241 is contrary to the metre.

Apocope after *-nd, -nt*: *por end(e)* 191, 199, possibly also in 1170 and *comunal ment(e)* 3.[1] (*c*) Apocope of enclitic pronouns: *nom(e)* 141 (comp. 36, 897) and possibly *sym(e)* 1087, *quet(e)* 607, 1027, *not(e)* 883 (comp. 623); *nol(e)* 96, 474, 490 (comp. 481, 506, 786, etc.); *quel(e)* 423, 447 (comp. 473, 870, etc.); *el(e)* 388;[2] *fallol*,451, *semejal(e)* 160;[3] and possibly *syenprel(e)* 865,[4] *mensajerol(e)* 755, *partel(e)* 1006, *manol(e)* 1138;[5] *nos(e)* 401 (comp. 414, 468, 508, etc.), *ques(e)* 246, *ques* 820 (comp. 1047, 1099);[6] possibly *guardes(e)* 439, 440 (comp. 585, 849, 1014), *fazyendos(e)* 825, *desques(e)* 1357.[7]

6. In addition to the examples mentioned on p. 30, syncope is required by the metre in *obiesemos* (perhaps a scribal alteration of *obiermos*) 277, *met(e)rien* 162, *aprend(e)ran* 900, *end(e)reçar* 917,[8] whilst the poet's adherence to hiatus favours *laz(e)rado* (as 339, 444) in 564. If these examples of syncope are favoured by the metre, the introduction of an epenthetic *e* in certain words in *C* and *M* may well have arisen in the archetype.[9] If the practice does go back to the original, it has no syllabic value in the metrics of the poem.

7. The recurrence of epenthetic and final *n* in connexion with the preceding vowel in all the MSS[10] shows that this usage goes back to the archetype.

8. Hiatus: *se-er* (197, 250, 691, etc.), *ve-er* (688, 682, 923, etc.), *ve-emos* (1436), *o-y* 'to-day' (1079), *çelestri-al* (686), *ju-yzyo* (730, 731, and *ju-ezyo* 752), *pi-adat* 723, are all confirmed by the metre.[11] We should read *se-er* also in 57, 147. On the other hand, contraction should be effected (notwithstanding *C*) in this infinitive in 631, 1129, 1130, etc. The following should be pronounced with synaeresis: *rrey* 1457, *rreys* 1442, *cuydar* 909, *cuydauan* 7, *cuydas* 511, *cuydado* 814, 840, *cuydados* 855,

[1] See Yuçuf, § 4; Cantar, II, § 40, FAragón, p. xli, RFE, XXXII, 8.
[2] See SGFr, II, 184.　　　[3] Cantar, II, § 73, 3.
[4] Ibid. p. 252, 20.
[5] Ibid. p. 252, 24. Apocope of a pronoun suffixed to a noun does not occur in the MSS. Its existence in the original, however, is not impossible judging by other archaic features in the language of the poem.
[6] See Cantar, p. 253, 20.
[7] If it were so Santob's practice in regard to apocope of *se* would perpetuate an earlier usage (see HTroyana, p. xxxix).
[8] Comp. *fablasmos* 1196. These spellings indicate Portuguese, or at least Western pronunciation.
[9] Comp. pp. 29, 41.　　　[10] Comp. pp. 31, 38.
[11] See Cantar, II, § 27, 2-3.

camyaria 960, *myatad* 1147, etc. Vowel 'embebida': [*e*] *en su tienpo sale* 9, [*e*] *en todo su fecho* 1071, *del algo que* [*a*] *auer lo* 479, *fabla* [*a*] *que* 1179, whilst *nunca* [*a*]*cojas* 1037, *va* [*a*] *entregar* 1343, *va* [*a*] *furtar* 1372 are not unlikely (comp. 487, 515, 991).

9. The isolated transcriptions of *quando* by *quanto* in *M* and *N* must, in view of the recurrence of this practice in *C*, go back to the archetype.[1]

10. *Mester* (*menester* MSS) was the original reading in 422 and 799 (comp. 492). The variant *rreprehende* (N) 1255 is a scribal misreading for *repiende* (*arrepiente* ME). Since similar examples of *n't* > *nd* occur in *C* and *M*,[2] this phonetic development in this particular stem must belong to the archetype. Very likely, however, it goes back to the original.

(B) 1. As noticed earlier,[3] fem. *la señor* was not familiar to the copyists, who either adopted the form *señora* (against the metre) or took the original form for a masculine and thus wrote *el señor* (comp. 604, 1425).

2. In the passages mentioned on p. 33, fem. *granda* goes back to the original. Moreover, the ending -*a* should be restored in 49, and *grandes* should read *grandas* in 309.

3. The relative *qui* appears in 415, 461, 871, 1030, 1364.[4]

4. The termination -*ie* in the imperfect and conditional occurs altogether in 22 passages,[5] whilst *M* includes two examples of *i* < *ie*.[6] On the other hand, there are 75 examples of -*ia*. In some of these, however, the desinence is contrary to the metre. They are as follows: *buscarian* 1050, *comeria* 1103, *derian* 408, *faria* 501, *mentirian* 375, *meterian* 162, *pasarian* 1099, *podria* 1395, *seria* 49, 400. Possibly we should also read -*ie* in *andaria* 32, *seria* 37, 55; *auia* 1426, *querria* 1116, *sabria* 892. The participle desinence -*udo* has been eliminated almost completely from the MSS, but the assonance shows that it existed in the original not only in 831, but in 206 and 1019 as well.

5. The apocope and the spelling of certain particles to which attention has been drawn earlier in these pages[7] belong to the original. To our

---

[1] Comp. pp. 32, 41.

[2] See ibid. Comp. *rreprĕedimento* (for *rrepĕedimento*) in MS *A* of the *Castello Perigoso* (TArcaicos, p. 49, 21).   [3] Pp. 33, 43.

[4] On the subject of *qui* in OSp, see A. Par, in RFE, XIII, 337; XVI, 113; XVIII, 228.   [5] See also pp. 33, 44.   [6] See p. 44.

[7] *Com, quan, syn, son* (see pp. 30–1, 44).

previous remarks we should now add that the adoption of the prep. *de syn* by Santob seems to confirm its Semitic basis.[1] The variant *por* (M) perhaps shows that *pora* (not *para*) was the original reading in 391 and 537.[2] Apart from *y* and *yer*[3] the following adverbs (among others) occur in our text: *aves* 259, 894;[4] *çiertas* 977; *desende* 952,[5] *entonçe* 1372, *fascas* 1122, *lueñe* 238,[6] *priado* 775, *de ligero* 378, 659; *de mano* 592, *de rrafez* 167, *de rrezien* 1084, *de vagar* 915; *en mundo* 'anywhere' 226, 694, etc.; *todo tienpo* 'always' 1347.[7]

6. (*a*) Derivative verbs without prefix were more generally used in the original than the MSS show. In this respect *C* seems to adhere to the original better than the remaining MSS. Thus besides the verbs *cojer* 1037, *escrebir* 1224, *perçebir* 645, 1223; *provechar* 881, 1303; *rependir* 878, 1255, the following are probably the original forms as demanded by the metre: (*a*)*conteçe* 1161, (*a*)*contesca* 1294, (*a*)*perçebido* 1288, 1290; (*a*)*perçebidos* 1289, and (*a*)*biltado* 1285. Possibly we should read *se* (*a*)*rrepentio* (or *se rependio*) in 1260, whilst *acata* 77 is incompatible with metrical regularity. (*b*) As stated earlier the prefix *es-* in derivative verbs often appears in *C*, and there is little doubt that the use of the prefix in some passages at least goes back to the archetype.[8] Thus we should perhaps read (*d*)*espiende* 778, and (*d*)*espartimiento* 1002. (*c*) Prefix *en-*: *enmentar* 1389, *entronpeçar* 1291.

7. The following words further characterise the language of the text: (*a*) Nouns: *biervas* 1392,[9] *desçendida* 'decline' 1285, *joyas* 'joys' 1035,[10] *merchandia* 514,[11] *peçio* 604, *prínçep* 563, *serbiçial* 1385, *suzia* 'stain' 502,[12]

---

[1] See p. 34.   [2] See pp. 31, 44.   [3] See p. 33.
[4] Current in thirteenth-century texts (see Cantar, III, s.v.). It also occurs in Don Juan Manuel's works (BAE, LI, 247*b*, 33; 285*b*, 26, etc.).
[5] Comp. Llera, II, s.v.; SMissa, 56*d*, etc.
[6] Also used as an adjective in 1329 (see Hanssen, § 630).
[7] Examples of these adverbs occur in thirteenth and fourteenth century texts. But I have been unable to find *en mundo* outside our text (but comp. Catalan *enlloc*).
[8] Comp. *esformada* 708, of which both *es formada* (M) and *e formado* (N) are misreadings.
[9] Comp. *vierbo* Milg, 60*d*, BProv, 10, 16; *vierba* SLaur, 92, *biervos* AlexO, 1291*d*.
[10] Obsolescent by the middle of the fourteenth century (see Mz. Pidal, introd. to HTroyana, p. ix). Comp. FGz, 277*d*, and see RR, VII, 399.
[11] Comp. AlexO, 1704*c*, 1769*c*; PCG, 768*a*, 22; Lucanor, 27, 9; JRuiz, 1040*c*; JCSp, no. 156 (Seville 1332), p. 153, 14.
[12] Comp. FJuzgo, 145, var. 16 (MS Escur. 4); Viduy, 45 (p. 401).

tardada 'tardiness' 1237,[1] *venga* 'revenge' 795, *yerra* 44, *yerrança* 917; (*b*) Adjectives: *entrego* 750, *lueñe* 1329; (*c*) Verbs: *atemar* 970, *caber* 1008, *coñeçer* 837, *entender* 1130, *losanjar* 725, *meçer* 616, *quedar* 977, the part. *tuerto* 'bent' 197, etc.

8. The use of the definite article in the original was to a certain extent subject to metrical considerations.[2] One of the causes of metrical irregularity in *M* (to a lesser extent in *N* and *E*) is the inclusion of the article in certain passages.[3] In connexion with possessive + noun the definite article was more widely used in the original than the MSS show, whilst its omission in a number of places was no doubt prompted by the poet's adherence to isosyllabism.[4]

9. *Tanto*, when used in connexion with a cardinal number in the formation of multiplicatives, agrees with the noun to which it refers, as *dos tanta [mal andança]* 587, *dos tantos [bienes]* 864, *mil tantos [son los torpes]* 1219, etc.

10. Substantivated numeral: *que estas dos fazia* 185, *destas dos me agrabio que anden por vn preçio* 692, *dos son mantenimiento mundanal* 1451.

11. Omission of the unstressed complement pronoun: *acInsteçe al que escucha a mi, quando yo fablo* 1161.

12. The possessive follows a noun modified by the definite article in *la debda mia* 13, *la obra suya* 45, *la obra tuya* 46, *el amigo suyo* 892.

13. Verbal paraphrase. (*a*) With *fazer*: *f. enojo* 1314, *f. pleytesia* 153, *f. senblante* 165, *f. çoçobra* 186, *f. se alto e loçano* 586, *f. escuro* 1277, *f. franqueza* 523, *f. pesar* 645, *f. prieto* 172, *f. tuerto* 197, 596; *f. vazio* 95. (*b*) With *aver*: *a. consejo* 781, *a. mejoria* 123, *a. pesar* 108, *a. pobreza* 824, *a. querella* 203, *a. tristeza* 852. (*c*) With *andar*: *a. camino* 459. (*d*) With *tomar*: *t. agrabio* 1340, *t. alegria* 1292, *t. acuçia* 180, *t. entençion* 668, *t. esfuerço* 845, *t. plazer* 25, *t. tyento* 153. (*e*) With *tener*: *t. daño* 1339, *t. ojo* 165, *t. pro* 861, *t. tuerto* 793, etc.

[1] Comp. Cantigas, 1 (p. 2, 5). Also in Aragonese, although with a different meaning (see Borao, p. 316).

[2] Comp. 690, 751–2, 1155–6, 1418, etc.

[3] Comp. *enel mundo* (MNE), *en mundo* (C) 226, 663, 694, 1020, etc.; *conla saña* (E), *con saña* (C) 874; *el plazer dela s.* (ME), *plazer dela s.* (N) 1257, etc. The use of the article with an ablative, also with abstract nouns, in the original is largely dependent on the metre (comp. 763, 767, and 600, 811, etc.).

[4] Amongst some 85 examples in 555 lines (281–380, 631–1064, 1105–27) the text shows that the article was used in 21 cases and was omitted in 64.

14. Nominal infinitive is often used with article, a feature of popular style:[1] *el mucho dubdar* 344, *el meçerse dellas* 402, *el caer del rroçio* 603, *el meçer del omre* 403, *el dezyr syn fazer* 901, *el destar en vno* 1048.

15. Infinitive used instead of an imperative: *semrar cordura* 341, *dexar la mayor parte* 547, *dezyr sienpre verdat* 709.[2]

16. Omission of the conjunction *que*: *verna dia avra su libra tal Presçio commo solia valer el su quintal* 113–14, *e fallo tres dolençias non pueden guareçer* 779.[3]

17. The interpolation of an adverb between a complement pronoun and a verb in thirteenth and fourteenth century texts is a Leonese trait.[4] Two examples of this usage occur in our text: *e las armas tener los que las non defyenden* 777, *e el algo aver los que lo non despyenden* 778.

From the preceding enumeration the variety of dialectal elements in the language of the *Proverbios* becomes apparent. They are on the whole characteristic of Western usage. Apart from the inclusion of a passage in Portuguese—a not uncommon occurrence in fourteenth-century Castilian poetry—our text includes Portuguese elements. Its phonology—particularly its extensive use of ultra-correct diphthongisa-tion—betrays a Portuguese basis and recalls the conventional Spanish of the *Cancioneiro Geral*.

A detailed study of the language of Santob would very likely confirm the archaic features which the preceding notes reveal. There is indeed at times a close correspondence between the learned elements in the vocabulary of the *Proverbios* and the thirteenth-century Spanish versions or adaptations of Arabic anthologies. The work of Santob, however, is something more than a mere continuation of that tradition and amounts at times to a personal interpretation of that style. But it should be stressed that the process of re-adaptation to which the materials handled by the poet have been subjected was effected through a language less normalised than that of contemporary learned poetry.

[1] See Elena, § 19.
[3] Comp. p. 34.
[2] See Cantar, p. 202; Keniston, § 37, 85.
[4] See RFE, I, 84.

VIII

THE METRE

1. With the exception of stanzas 34–9 the *Proverbios* were originally written in strophes of two lines of 6 + 6 syllables in which not only the endings of lines form a rime, but in which internal rime is also used. Santob's stanza form is thus of the type *ab-ab*. The line undoubtedly is the result of the disintegration of the Alexandrine.[1] The strongly marked pause in the middle of the line must have led to the introduction of rimes in the hemistichs.

How the caesura has resulted in the segmentation of a long line is a wider question which would call for separate discussion. We shall only note here that Spanish manuscripts often adopt a graphic device in order to show the hemistichs of the Alexandrine, as in the *Libro de Alixandre* (MS. *O*),[2] Berceo's *Sacrificio de la Missa*,[3] and the *Libro de Buen Amor* (MS. *S*).[4]

The Catalan Guillèm de Cervera wrote his *Proverbis rimats* (ca. 1217) in Alexandrine couplets with internal rime.[5] The tetrastich with internal rime occurs in a passage of over 200 lines in Messire Thibaut's *Roman de la Poire* (middle of the thirteenth century).[6] The *Coplas de Yoçef* have shown the existence of a similar metre in a Spanish poem possibly earlier than the *Proverbios*,[7] whilst internal rime appears incidentally in several other works of the thirteenth and fourteenth centuries.[8] Our

---

[1] See Yoçef, pp. xxiv–xxix. [2] See ed. Willis, facs. i and iv.
[3] Ed. Solalinde, facsimile. [4] Ed. Ducamin, p. xiv and facsimile.
[5] See Massó Torrents, *Repertori de l'antiga literatura catalana*, I (Barcelona 1932), 179 sqq. The couplet of 6 + 6 lines with occasionally internal assonance or rime is also the metre of two North Italian gnomic works, namely Girard Pateg's poem and the anonymous *Proverbia que dicuntur super natura feminarum*, both edited by Tobler, in *Abhandl. d. königl. preuss. Ak.* v (1886) and ZRPh, ix respectively. The metre is based on Medieval Latin precedents (see Manitius, *Geschichte d. latein. Litteratur d. Mittelalters*, III, 714–19).
[6] Ed. Stehling (Halle 1881), pp. 11–14.
[7] See Yoçef, p. xxix.
[8] Apart from the *Misterio de los Reyes Magos*, in which some 30 lines have been provided with internal rime, this device occurs in Berceo (see HR, III, 135), whilst the Alexandrine couplet with internal rime has been used in the *Cantigas*, Lucanor, 67, 18; 167, 14; 180, 5, and JRuiz, 1046–66. These examples should be connected with the hexasyllabic quatrains in HTroyana, pp. 128 sqq.

poet is not then an innovator. But his adoption of the Alexandrine couplet with internal rime in a Spanish work was not likely to find many adepts. The rhythm of the Alexandrine was felt by the poets of the following generation to be too heavy. Thus it is not surprising that if the literary genre illustrated by Santob did survive, his metre did not appeal to fifteenth-century writers. When Santillana took up this type of poetry in his Maxims dedicated to the future Henry IV of Castile, he adopted the *copla de pie quebrado*.

In conclusion, the form of stanza in which the work has been transcribed in *M*, *N* and *E* should not be taken as a sure indication of the original structure of the line. A possible reason for the transcription in quatrains has been advanced earlier.[1] It should be added at this point that *C* includes some 170 stanzas and a total of 370 lines which have been transcribed as Alexandrines, whilst the dot marking the end of a hemistich has been omitted in over 70 of these lines. Finally, a few hemistichs of 5 and 7 syllables in the earlier version (*CMN*) when taken two together result in a line of $5 + 7$ or $7 + 5$ syllables.[2] Such lines may be described as Alexandrines with a variable caesura.[3]

The poet introduced brisure in line 694, internal rime being provided by the first syllable of the word *es-to*.[4] The pause in the middle of a

[1] See p. 20, note 4. The same practice was adopted by the scribes in the transcription of certain parts of the *Rimado de Palacio*: several sections of that work were originally written in tetrastich stanzas with two different rimes at the end of the lines and internal rime in the hemistichs (*ab:ab:ac:ac*), a couplet with internal rime alternating with a four-line stanza (comp. RPal*N*, st. 839 sqq.). The couplets as well as the tetrastichs in question were written out in short lines in MS *E* (RPal*E* st. 855 sqq.). On the other hand, a few couplets were transcribed in quatrains by *N*, whilst the original arrangement was retained in *E* (comp. RPal*N* st. 851 and *E* st. 867).

[2] A few lines in *CMN* may be considered as consisting of $8 + 4$ syllables. But the text is probably corrupt.

[3] Comp. 8, 102, 451, etc. See also Yoçef, p. xxviii.

[4] The original reading occurs in *C* only: *ke^y 'a^h 'e^{y}n mu^{w}ndo^w 'e^{y}s to^w 'e^{y}s çye^{y}rto^w syn faly^{y}a*, the scribe omitting the usual mark which separates the hemistichs in the MS. The parent copy of *N* and *E* must have included *esto* in the second hemistich (or the fourth line of the quatrain) as *N* transcribed *esto* in that line, but added a verb *-se fez-* and dropped *es* after *esto*, whilst *E* recast the sentence in order to avoid the awkward *esto*. On the other hand, *M* took *es-* for the 3 p. pres. ind. of *ser* and omitted *-to es*.

line is often very weak and at times non-existent, thus showing the fundamental structure of the line.[1]

Enjambement between the two lines of a stanza and between two consecutive stanzas was deliberately adopted by the poet as a stylistic ornament. Furthermore, the comparatively frequent recurrence of a clause which begins in one stanza and overflows into the next appears to indicate that the poet's thought tended to express itself in terms of the tetrastich stanza.[2]

A departure from the normal disposition of the lines occurs in stanzas 34–9, the scheme of which is *aabb*. Internal rime there has led not only to the segmentation of the Alexandrine, but to the disintegration of the stanza as well.[3]

2. In our poem *rima llana* is preponderant. In 298 hemistichs only *palabras agudas* have been used as rime words, this number being almost evenly divided between internal rimes and rimes at the end of the lines (141 and 157 cases respectively), 28 stanzas including masculine rimes both in the hemistichs and at the end of the line.[4]

The study of the rimes reveals irregularities of several types. Along with full rime the poet adopted assonance, whilst full rime is often imperfect owing to the presence of *l*, *n*, *r* before or after the consonant following the stressed vowel, or to the use of different diphthongs in the tonic syllable, or to a combination of these factors. Imperfect rimes and assonances of the types illustrated by the following examples occur in some 180 hemistichs: *laso : manso* st. 50; *nada : granda* st. 12; *sañudo : mundo* st. 157, *levanta : amata* st. 295, *obra : sonbra* st. 413, *naçe : calçe* st. 696, *alma : cama* st. 611, *largo : fago* st. 65, *torna : açcona* st. 111, *versos : gruesos* st. 67, *alto : tanto* st. 22, *guarde : ande* sts. 213, 684; *çierto : sarmiento* st. 63, *algo : largo* st. 628, *pleito : çierto* st. 318, etc., and assonances such as *establo : malo* st. 680, *daño : agrabio* st. 664,

[1] Comp. 769, 1147, 1148, etc.
[2] There are over 80 examples of enjambement involving two consecutive stanzas and complete and incomplete clauses comprising four lines (two stanzas).
[3] The exceptional arrangement of the rimes is not a proof against the authenticity of the passage in question. For the problem of the disintegration of a long line and the survival of the original rhythmic scheme in later derivative developments, see D'Ovidio, *Sull' origine dei versi italiani* (in *Versificazione Romanza*, Napoli 1932, pp. 162–73).
[4] No rimes with *palabra esdrújula* occur in our text.

yjadas : espaldas st. 134, *ellas : muelas* st. 518, *feria : soberbia* st. 167, *zebro : Pedro* st. 712, *rregno : ageno* st. 451, *fyto : Aibto* st. 466, *obra : otra* st. 319, *glorya : joya* st. 327, *joya : propia* st. 379, *pongan : coman* st. 722, *busca : nunca* st. 519, etc.[1]

A number of irregular rime words in the MSS resulting from the elimination of dialectal vowels and diphthongs are due to ultra-correction in the original.[2] Nevertheless a few of these rimes are irreducible to a common tonic vowel, and we are led to conclude that in such cases only the unstressed final syllable rimes. These imperfect rimes—which occur mainly in the hemistichs—are as follows: *digan : fagan* st. 188, *naçe : meçe* st. 201, *noble : conuenible* st. 283, *dizen : fazen* st. 424, *dize : yaze* st. 459, *naçe : creçe* st. 499, *rreja : çerraja* st. 648, *acuçia : malyiçia* st. 343, etc. *Alto : Santo* (viz. *Santo[b]*) st. 1, and *vee : oe* st. 701, fall within the same category.[3]

The preceding list shows that homoioteleuton was not excluded from the poet's versification. But the following may well conceal dialectal forms of pronunciation of the tonic vowel in one or both of the rime words: *vsa : cosa* sts. 99, 140; *otro : quatro* st. 389, *quantas : preguntas* st. 558, *furta : farta* st. 404, whilst as stated earlier anomalous diphthongisation is likely in *escucha* 1161, *aduze* 1061, *fynca* 932, possibly also in *costumbre* 496.[4]

The following 'embellishments' have been employed in the original: (*a*) Rimes between the same word used in two or more than two grammatical meanings: *muda* (adj. and verb) st. 54, *fuera* (v. and adv.) st. 113, *çerca* (noun and adv.) st. 121, *cobdiçia* (n. and v.) st. 241, *presente* (n. and adj.) st. 324, *libro* (n. and v.) st. 339, *parte* (n. and v.) st. 533, *sol* (adv. and n.) st. 631, *val* (n. and v.) st. 634, *non* (n. adv. and conj.) sts. 706–7. Nor is it felt necessary that the rime words should have a different meaning, as *ganado* st. 365, *omre* st. 475. (*b*) Homophonous rimes: *çyma : syma* sts. 303, 412; *conçejo : consejo* st. 382; *vyen : byen* (n. and v.) sts. 387, 670. The following involve poetic licences of the types exemplified above: *corto : coto* st. 65, *çierto : çiento* st. 169, *çelo : çielo* sts. 388, 657; *mester : meter* st. 394, *claro : caro* st. 505, *gruesos : guesos* st. 307, *gosta : gota* st. 700, *onrres : omres* st. 315; whilst

[1] For similar rimes in Juan Ruiz, see Lecoy, p. 53.
[2] See pp. 45–6.
[3] This practice is no doubt connected with Provençal technique. See Tobler, *Vom französischen Versbau* ([5]1910), p. 10, note.
[4] See p. 45.

mendrugo : *madrugo* st. 546, *manjar* : *mojar* st. 699, *puede* : *pierde* st. 677, *fablara* : *fallara* st. 330, *fablares* : *fallares* st. 459, fulfil the same stylistic purpose. (*c*) Rimes between a simple word and one of its compounds, or between two compounds of the same word, or between the same word included in two different phonetic units (and between a word and a homophonous ending in a different word): *a si* : *otrosi* st. 38, *a si* : *desi* st. 617, *ansy* : *a sy* st. 282, *apro* : *syn pro* st. 58, *dar* . . . *pro* : *echaria* . . . *pro* st. 244, *destajo* : *Tajo* st. 117, *ojo* : *enojo* st. 61, *ojos* : *enojos* st. 555, *a ojo* : *enojo* st. 206, *bien* (n. and adv.): *conuien* sts. 145, 158, 162, 258, 545, 595 (*con bien* : *conuien* st. 156), *allega* : *llega* st. 125, *meter* : *cometer* st. 279, *tierra* : *atierra* st. 714, *mantyen* : *tyen* st. 281, *sostiene* : *mantiene* st. 714, *dezyr* : *desdezyr* st. 490, *es* : *non es* st. 495, *llega* : *non llega* st. 468, *en que* : *se que* st. 481, *fuera* (v.) : *afuera* st. 58, *afellartelo a* : *costumbre a* st. 509, *allende* : *aquende* st. 181, *mal andança* : *buen andança* st. 279, *mas* : *jamas* sts. 227, 254, 592; *de mas* : *jamas* sts. 182, 240; *pues* : *despues* st. 442, *el* : *del* sts. 665, 670; *ael* : *del* st. 434, *ael* : *non el* st. 574, *del* : *porel* st. 321, *conel* : *ael* st. 503, *conella* : *della* st. 208, *enella* : *porella* st. 250, *conellos* : *aellos* st. 503, *dellas* : *d.* st. 519, *vno* : *ninguno* sts. 511, 652; *en vno* : *vno* st. 523, *ninguno* : *alguno* st. 616, *a dos* : *dos* st. 523. The following homophonous rimes should be included: *con pro* : *compro* st. 168, *las yerbas* : *las sierbas* st. 296, *subida* : *su vida* st. 248 (also *quieres* : *que eres* st. 299, *castigarse* : *castigase* st. 577). The rime only applies to the last unstressed syllable in *temas* : *jamas* st. 29, *miatad de* : *porende* [*e*] st. 568, *lebantarse* : *perderse* st. 293, *cobrirse* : *fuese* st. 116. Finally in the following examples of rich rime homophony has also been intended: *villa* : *maravilla* st. 12 (*marabillas* : *villas* st. 305), *nada* : *penada* st. 24, *tal* : *quintal* st. 51, *galope* : *don Lope* st. 303, *topar* : *par* st. 506, *cosa* : *escosa* st. 595, etc. (*d*) 'Grammatical' rimes: *era* : *fuera* st. 118, *quieres* : *quisieres* st. 297, *quiere* : *quisiere* sts. 231, 428.

3. The metre of the original was isosyllabic. Hiatus, even between identical vowels, was widely used by the poet. Examples: *e rrespuesta | abra* 678, *faga | al enemigo* 746, *e va | a mejoria* 1016; *en que come | e beve* 999, *e | engaños e | arte* 1013, *entro | e | el su dedo* 1048, *que | enojo faria* 117; *tan onrrado | ofiçio* 736, *sy rrico | o sy pobre* 854; *o-y | este sermon* 1, *quanto | el tu estado* 53, *de | alma | e de cuerpo* 807, *con saña | enemigo* 874, *por algo | alegar* 635, *por bebyr tu | en paz* 793, etc.[1] Synaloepha was also adopted in the original. But it can safely be stated

[1] Comp. Yoçef, p. xxvii.

that this method of scansion is demanded by the metre in a comparatively small number of lines.[1]

If hiatus, elision, enclisis and apocope are adopted, the number of
lines which depart from the regular 6+6 measure is not large. Thus
of 200 hemistichs (ll. 549–648) there are 125 regular hemistichs
which do not involve hiatus, elision, apocope, or synaloepha. Hiatus
accounts for a further 46 regular hemistichs. Synaloepha is possible at
most in 20 of the remaining hemistichs.[2] Apocope, syncope, and
synaeresis regularise six lines. Finally C is irregular in four places
where M or N provide satisfactory variants.[3] In the passage under
consideration the metre was thus regular throughout.

Other passages for which C provides the basic text would lead to
a similar conclusion in regard to the regular adoption of hiatus by
the poet. They would also show that the number of irregular lines which
are not susceptible of emendation is small.

On the other hand, if we consider ll. 1065–1104, which have been
preserved only in E, we shall notice that whilst 51 hemistichs (which
do not involve hiatus or synaloepha) conform to the normal pattern, in
five only of the remaining 29 the counting of syllables is based on
hiatus, whilst in at least 11 it is based on synaloepha.[4]

It has been stated earlier that synaloepha was often adopted by E
when the author of this redaction felt compelled to rewrite the line.[5] But
hiatus was not by any means eliminated in the new redaction, at least not
always in those lines in which the original rime was deemed sufficient
by the redactor. Thus in ll. 723–822, against 48 examples of hiatus in
the present edition, 32 appear in E, whilst the redactor introduced

---

[1] Whilst *el d(e) aquella valor* 828, *syenpre d(e) vna color* 827, *est(e) otro
poco vale* 768, and other similar hemistichs should be scanned with elision,
synaloepha is required in the following: *que ture⌣o que se⌣acabe* (or *ques(e) a.*)
964, *de fyno⌣azero sano* 131, *pobreza⌣es la su çima* 835, also in the caesura:
vna lengua por ende⌣[e] dos orejas auemos 1148, etc.

[2] Five of these hemistichs should probably be scanned with elision
of *-e* in proclisis.

[3] Of the remaining hemistichs one only (l. 604 *a*) is difficult to make
regular.

[4] Two of the remaining hemistichs may be scanned with elision, in
one apocope may have been used in the original, in another both hiatus
and synaloepha should be adopted if metrical regularity has to be
preserved. The remainder include hemistichs of 5, 7 and 8 syllables, even
if synaloepha is admitted in the scanning of them. Emendation of a few
of these hemistichs is difficult.   [5] See p. 21.

57

synaloepha in 24 passages. Moreover, in three further readings peculiar to *E* in the section of the work under consideration synaloepha is likely.[1]

Apart from the wider use of synaloepha, which clearly shows a definite contrast to the regular adoption of hiatus in the earlier version, it should be mentioned that *E* often substituted heptasyllabic hemistichs for original ones of six syllables.

In conclusion, the versification of Santob, by its retention of hiatus and apocope, reveals a marked degree of conservatism, and the repeated use of enjambement not only between the two lines of a couplet, but also between two consecutive stanzas, may be taken as an indication that the poet is thinking in terms of the *quaderna via*. This device at any rate became a feature of the thirteenth-century *clerezia* style.[2]

IX

THE EDITION

The conclusions reached in the preceding pages have determined the method adopted in establishing the text of the present edition: *C* has thus been taken as the basic text as far as was practicable, and those parts of the poem which are missing in that MS have been supplied from *M*. Stanzas missing in both *C* and *M* have been included from *N*, whilst *E* has provided the passages missing in *CMN* (sts. 32–3, 40–4, 527–46). When the text has been based on *M*, the strophic disorder prevailing in that MS has been corrected to the sequence of *NE*. Elsewhere the order of stanzas as in *CNE* has been adhered to, except in stanzas 128–34, which were obviously transposed in the archetype. Stanzas 685–705 (which are missing in *NE*) have been included where they probably occurred in the parent copies of *C* and *M*.[3] Finally, the passage which was included by *C* after the end of his copy, but originally belonging to the beginning of the poem, goes after stanza 7 in the present edition.[4]

The vowels in *C* have been supplied by the remaining MSS, preference being given to *M*, unless the metre, or other considerations stated in the commentary, demanded otherwise. For the consonants,

---

[1] In the present section of the work in *C*, synaloepha is exacted by the metre in 18 passages, of which 13 also appear in *E*.

[2] On this subject see the remarks by Menéndez Pidal in HTroyana, p. xlix.　　　　[3] See p. 12 above.　　　　[4] See p. 11 above.

whilst the method of transcription adopted in the *Yoçef* has in the main been followed, a degree of uniformity with the orthography of the remaining MSS has been deemed necessary in the present text.

The following remarks will show the points at which our adoption of the text of *C* in the present edition has involved orthographical differences as compared with the transliteration of that MS which will be published later (the transliterations are enclosed in square brackets): (*a*) Whilst ב has been transcribed by *b*, both in the separate edition of MS *C* and the present text, בֿ [*b̄*] = *v*. Consonant ו [v] = *v* at the beginning, but *u* or *v* in the middle of a word; and vowel ו = *v*, or *o*, at the beginning, *o*, *u* in the middle, and -*o* at the end of a word: all in accordance with the orthography of *M* (or *N*, *E*).[1] (*b*) ג [g] = *ga*, *gue*, *gui*, *go*, *gu*.[2] (*c*) ג̇ [g] = *ja*, *ge*, *gi*, *jo*, *ju*; or *ch-*.[3] (*d*) ק [k] = *ca*, *que*, *qui*, *co*, *cu*.[4] (*e*) י [y] = *y*, or *i*, *e*, in accordance with the readings of *M*, or *N*, *E*.[5] (*f*) לי, ליי [ly, ly^y], ני, ניי [ny, ny^y], when they stand for the palatals, = *ll*, *ñ*, in accordance with the other MSS. The spelling *ll* has also been adopted for לי in the cases mentioned on p. 28 (§ 2).[6] (*g*) ר [r] = *r*, or *rr*, in accordance with *M* (or *N*, *E*).[7] (*h*) -ת = -*t* (as in *M*). The orthography adopted for the rest of the text has also been followed for stanzas 8–9, 12–16 (which appear only in *C*): for those words which

---

[1] Examples: אוביירי [’o^wbye^yre^y] = *obyere* (*ouyere M*) 422; לוביאה [lu^wbya^h] = *lubia* (*lluuia MNE*) 425; אוביא [’u^wbya] = *vbia* (*vuia MN*) 426; ביבין [by̆be̊^yn] = *biven* 807; ביבֿי [be^ybe̊^y] = *beve* 820; ביסיושו [by̆çyo^wso^w] = *viçioso* 829; ויסיו [vyçyo^w] = *viçio* 806, ויזינו [ve^yzyno^w] = *vezyno* 488, etc.

[2] Examples: ליינה [lye^yga^h] = *llega* 262, לואינו [lu^w’e^ygo^w] = *luego* 279; פלוגיישי [plu^wgye^yse^y] = *pluguiese* 643.

[3] Examples: ג̇אמאש [ǧamas] = *jamas* 492; מינשאג̇ירו [me^ynsaǧe^yro^w] = *mensajero* 660; ג̇וייה [ǧo^wya^h] = *joya* 769; מירג̇אנדיאה [me^yrǧandya^h] = *merchandia* 514.

[4] Examples: קי [ke^y] = *que*, passim; [ky] = *qui* 415; קולפה [ku^wlpa^h] = *culpa* 409.

[5] Examples: קאידה [kayda^h] = *cayda* 840; קוידאדו [ku^wydado^w] = *cuydado* 840; אינטיינדי [’e^yntye^ynde^y] = *entyende* 825; פֿין = *fyn* 435.

[6] Examples: ביליאנו [by̆ly^yano] = *vyllano* 856; אישקארניו [’e^yskarnyo^w] = *escarño* (as *N*) 634, but *escarnio* (as *MNE*) 383, 388; טמניא [tamanya] = *tamaña* 703; אליא [alya] *alla* 406.

[7] Examples: טיירה [tye^yra^h] = *tierra* 704; ריגלה [re^ygla^h] = *rregla* 356, אונראר [’o^wnrar] = *onrrar* 329; טירנה [te^yrna^h] = *terrna* 861 (according to *M* or *MNE*); טיריניאל [te^yre^ynal] = *terenal* (as in *M*) 997.

do not occur in *M*, *N*, or *E*, conjectural vowels have been provided. No notice has been taken of redundant duplicated י, or a supporting א, or final ה.[1]

When the text is based on *M*, *N*, or *E*, *n* tilde has been transcribed by *ñ*. Whenever in the modern orthography it is not used as a capital, *R*=*rr*, whilst the various types of *s* have been dealt with according to the observations on this point (cf. p. 36). Neither long *j* (=*i*) nor long *ſ*, and duplicated *ff*, *ſſ* (heading a word) have been reproduced: these letters have thus been transcribed by *i*, *s*, *f* and *s*, respectively. The abbreviations have been expanded.[2] The ampersand (τ) when it stands for the copulative, has been expanded to *e*, except in stanzas 32–3, 40–4, 527–46, the text of which has been provided by *E*, *y* only appearing in that MS.

The poem has been edited in stanzas of Alexandrine couplets with internal rime, and the transitional nature of the line has been shown by the introduction of capitals at the beginning of the hemistichs. The composition of the stanza, however, has ruled out this arrangement in ll. 63–86. The poem has been divided into chapters, and headings have been provided in a few places. The modern punctuation has been adopted. Corrections by means of borrowings from a MS other than the basic MS, also editorial emendations, have been printed in italics. Suppressions have been shown by italicising the letter immediately preceding or the letter immediately following the omitted element. Editorial emendations have been indicated in the apparatus by a square bracket after the word in question. The variants of *C* have been quoted according to our vocalised transliteration of that MS. Although *C* is generally unpointed, it has been thought convenient to state this in the variants whenever an alternative vocalisation is possible. In such cases the abbreviation *unp.* has been added to the variant.

---

[1] Comp. Yoçef, pp. xvi–xviii. Thus גׁושטיסייאה [ǧuʷstyçyʸaʰ] =*justyçya* 27; פֹּאליאו [faly'oʷ] =*fallo* 982, etc.

[2] See pp. 38–9, 44.

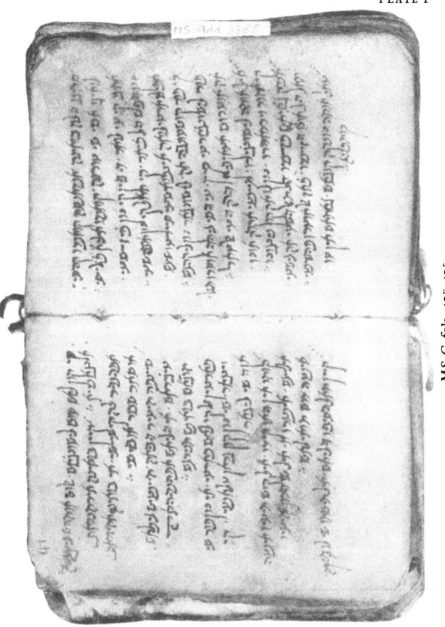

PLATE I

MS C, fols. 40ᵛ–41ʳ

PLATE II

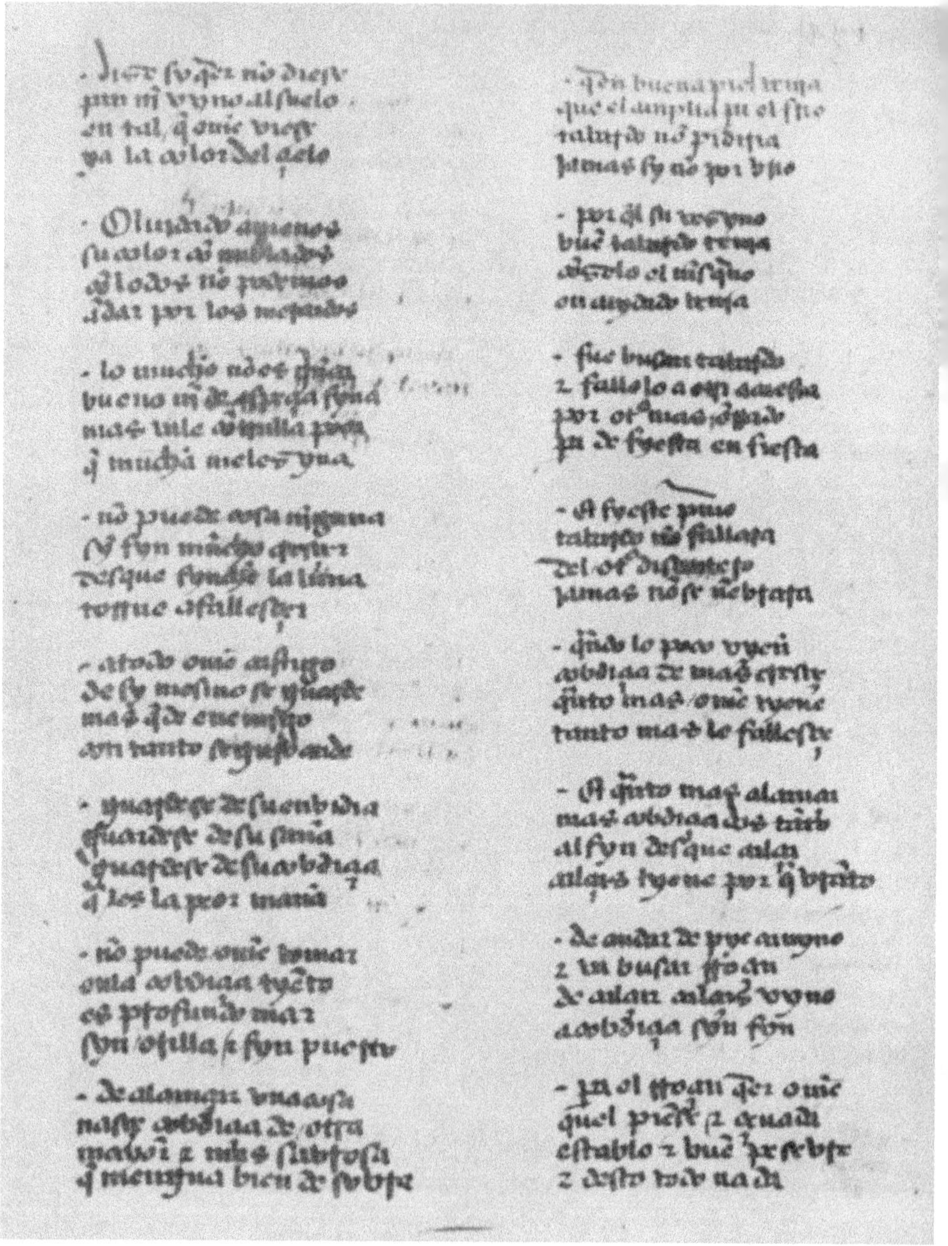

MS *M*, fol. 64[r]

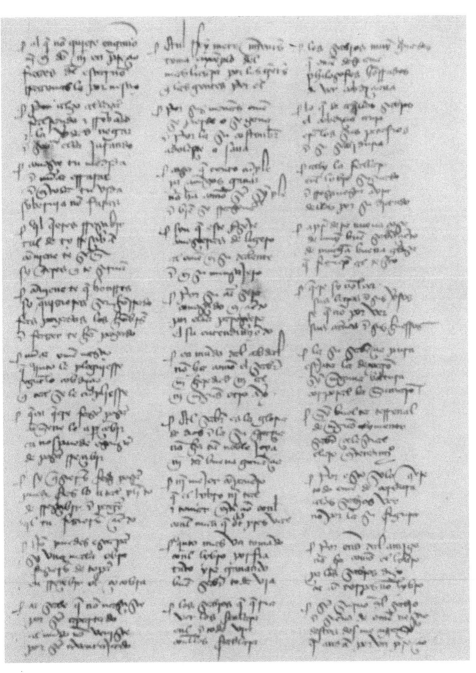

PLATE III

PLATE IV

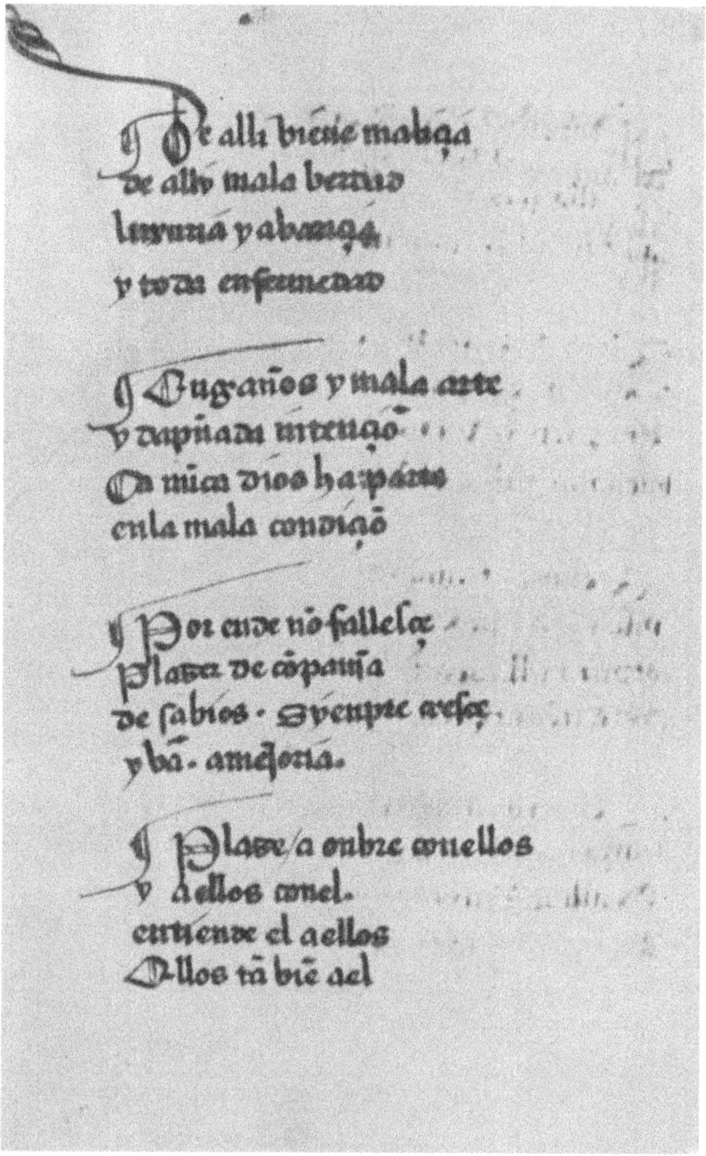

¶ De alli viene maliça
De allj mala berça
luxuria y avariçia
y toda enfermedad

¶ Enganos y mala arte
y capñada entengo
ca nuca dios ha parte
enla mala condiçio

¶ Por ende nõ falleçe
plaça de cõpaña
de sabios · sÿenpre areçe
y vñ · amejoria

¶ plaze/a onbre conellos
y a ellos conel ·
entiende el a ellos
Ellos tã biẽ ael

MS *E*, fol. 61ᵛ

LIBRO DEL RAB DON SANTOB

[PRÓLOGO DEL COMENTADOR]

. . . .

M 61a] *E* commo quiera que dize Salamon—e dize verdat—enel Libro delos
Prouerbios: "Quien acreçienta çiençia, acresçienta dolor." Pero que yo 5
entyendo que aesto que el llama dolor, que es trabajo del coraçon e del
entendimiento. E asi non lo deuemos tener el tal dolor por malo, ca
el non lo dixo mal dolor. Nin por que omne deu*e* escusarse dela
çiençia e dela buena arte? Ca la çiençia es causa al entendido pone*l* le
en folgura corporal e espiritual. 10

E avn digo que Salamon, ante*s* e despues que escriuio e dixo enlos
dichos Prouerbios "El que acreçienta çiençia, acresçienta dolor", *el*
acresçento çiençia. Amos ... dela de oy vista enla Viblia—que leemos
el dicho Libro de Prouerbios, e el Libro delos Cantares, o Canticores;
e el Libro de Vanidades, o Clesiasticas—e fizo el Libro de Sapiençia: 15
M 61b] "Amad justiçia los que judgades la tierra. E se_nçades ..." Asy que se
entiende que non lo dixo por mal dolor, ca sy lo el syntiera por dolor,
non se trabajara de acresçentar çiençia. Pero este dolor es asemejado al
trabajo de bien fazer: que trabaja omne en yr luengo camino por alcançar
conplimiento de su deseo, e es aquel trabajo, folgura, gloria, e non dolor, 20
avn que pasa por el; pero lo mucho del bien faze ninguno aquel *trabajo*,
o dolor.

E asi que dixo "acreçienta dolor", por que quien muncho lee, muncho
trabaja; e mientra mas acresçienta el estudyo, mas acreçienta trabajo

*The prologue in prose occurs in M only. The context shows that the beginning
is missing.* 4. e. *Empty space for capital* || quiera. *Wrote* quiere, *then
corrected* -e *to* -a. 8. por que omne deue escusarse] por que omne
deue causa e. *The scribe uses a stroke across the line between* que *and* omne,
whilst causa *is due to attraction by the line below.* 9. ponelle] poned
le *ms.* 11. antes e despues] a. tual e d. *ms.* tual *was subsequently cancelled
by means of dots.* 12. el] al *ms.* 16. sençades] seça *ms.* 18. asemejado.
Wrote asemejança, *then changed* n *to* d, ç *to* o, *whilst* -a *was struck off.*
21. trabajo *om ms.*

para ... El fruto que el entendido saca del tal trabajo, o dolor, es de 25
tamaña gloria, que el trabajo e dolor con que se alcanço es ninguno, e
cosa oluidada e non sentyda nin enpeçible; mas antes fue, e es, cabsa
de bien. E es afigurado commo sy dizen a omne contar doblas para
el: çierto es que trabaja enel contar, pero mas pro saca mientra mas
contare.   30

M 61c]   Asi que non lo ‖dixo por dolor enpeçible nin malo. Ca dolor ay que
omne desea alas vezes, que conel avrie grant folgura, e non syn el: asi
que es munchas vezes deseado dolor. Et commo la tan ... muger mañera,
que toda via cobdiçia aquel dolor mas que todas las folguras e viçios
del mundo, por que es causa de todo su deseo. Asi que es dolor 35
nesçesario, o prouechoso.

E por esto non deue çesar de fablar çiençia el que sabe, por cuyta
de sofrir trabajos, o dolor. Mayor mente que es notorio que vyene por
devyna ynfluyda de Dios enel omne que la. Asi que non la da Dios
para que la calle, nin para el ynfluydo solo, saluo para fazer bien: commo 40
la Santa Ley, que dio a Muysen, non sola mente para el, mas para su
pueblo de generacio en generaçion; e avn para todos los nasçidos que
asu Ley se allegaren, commo dize Ysayas enel capitulo ...... El linaje
M 61d]   que lo seruiere sera contado ‖ael por publico suyo. Asi que el Señor da
sabiduria a vno para enseñar la a muchos.   45

E puede aqui dezir qui vyen quisiere: Pues el Señor Dios, commo da
la sabiduria a vno para enseñar la a munchos, tan bien la podria dar
alos munchos; e en verdat, para que o por que es esto? Diria yo ael:
Respondote que tan bien podria dar Dios la Ley syn que se enseñase por
escritura a cada nasçido; pero non se le entendia nin seria sabido que 50
le bynya de Dios nin por acarreamiento del Espiritu Santo. Asy que
non seria Dios tan conosçido.

E por esto es enel secreto de Dios vien lo que a nos non se entyende.
Ca el Señor, todas las cosas que El fizo ... e son con sabiduria acabada,
que es enel. Asi que deuemos creer que es bien aprender de quien 55
aprende e entender del que entyende, e punar enel tal trabajo, que naçe
dello gloria e folgura. Asi que non es dolor doloroso, mas es dolor
prouechoso.

25. entendido] -didos ms. ‖ trabajo o dolor] t. para El fruto o d. ms.
Dittography through attraction by the preceding line. 31. enpeçible] es
peçible ms. 33. tan ... muger. *There is no sign of a lacuna in the ms, in
which* tanger *occurs.* 43. capitulo. *There is a blank of one line's length
after this word.* 46. qui] que ms. 51. bynya] byuya ms. 55. de quien]
que q. ms. 56. aprende] a- om ms.

Pues asi es, plazyendo aDios, declarare algo enlas trobas de Rabi
Santob, el judio, de Carrion, en algunas partes que paresçen escuras. 60
Avn que non son escuras, saluo por quanto son trobas. E toda escritura
M 62a] rrymada paresçe *escura*, e non lo es entrellpatada: que por guardar los
consonantes, algunas veses lo que ha de dezir despues diese lo antes.
E esto quiero yo trabajar en declarar, conel ayuda de Dios, para algunos
que pueden ser que leeran e non entenderan syn que otri ge las declare, 65
commo algunas vezes lo he ya visto esto. Por quanto, syn dubda, las
dichas trobas son muy notable escritura, que todo omne la deuiera
decorar. Ca esta fue la entençio del sabio rraby que las fizo: por que
escritura rrimada es mejor decorada que non la que va por testo llano.
E dize asy el prologo de sus rrymas—*E* es veynte e tres coplas fasta do 70
"Quiero dezyr del mundo":—

59. Rabi Santob (Rabis- *ms*). 61. toda escritura] todas es- *ms*. 62.
escura *om ms* ‖ entrepatada e non lo es *transp ms*. 63. consonantes
algunas] c. diese a. *add ms*. 66. lo he] lahe *ms*.

[PROVERBIOS MORALES]*

[DEDICATORIA AL REY DON PEDRO]

M 62*a*]   1   SEÑOR, Rey noble, alto: Oy este sermon
                  Que vyene dezyr Santo,   Judio de Carrion;

          2   Comunal mente trobado   De glosas moral mente
               De filosofia sacado,   Segunt aqui va syguiente.   4

M 62*b*]   3   Quando el rrey don Alfonso   Fyno, fynco la gente
                  Commo quando el polso   Fallesçe al doliente;

          4   Que luego non cuydauan   Que tan grant mejoria
               Aellos fyncaua,   Nin omne lo entendia.   8

          5   Quando la rrosa seca   E en su tienpo sale,
               El agua della fynca,   Rosada, que mas vale.

          6   Asi vos fyncastes del   Para muncho turar
               E fazer lo que el   Cobdiçiaua librar: 12

* proverbios morales *SANTILLANA* (*cf.* Introd. 26, n. 1): comiençan los versos del Rabi don Santo al rrey don Pedro *E.* (*No title in M.*) 1–14. om *C.* 1–132. om *N.* 1. señor noble rrey *trans E* ‖ oy *M* (-d *add E*). 2. vyene om *E* ‖ dezyr *M*: vos dize *E* ‖ santo *M*: don s. *add E.*
    3. mente *M* (*cancelling dots under* -e *E*) ‖ trobado *M*: rrimado *E* ‖ glosas moral *M*: g. y m. (y *added by a modern hand*) *E.* 4. de f. *E*: dela f. (la *crossed out by a modern hand*) *M* ‖ aqui (a- *crossed out by a modern hand*) *M* — s. a. va s. *M*: es el dezir s. *E.*
    5. quando om *E* ‖ don om *E* ‖ Alfonso (*cancelling dots under* -o *E*) fyno *M*: fynando *E* ‖ fynco *M*: asy f. *add E.* 6. polso] pul- *ME* — el p. q. *trans E.*
    7. que *M* (ca *E*) ‖ luego om *E* ‖ non c- *M*: ninguno c- *E* — -uan (-ua *E*) ‖ grant *M* (-nde *with cancelling dots under* -e *E*). 8. aellos f. *M*: enel Reyno f. *E* ‖ entendia *M*: creya *E.*
    9. quando la rrosa seca *M*: q. es seca la r. *E* ‖ en su tienpo s. *M*: que ya su sazon s. *E.* 10. della om *E* — el agua d. fynca rr. *M*: queda el a. olorosa rr. *E.*
    11. asi vos fyncastes *M*: a. que quedastes v. (que *crossed out by a modern hand*) *E* ‖ muncho *M* (mucho *E*) ‖ tur- *M* (dur- *E*). 12. e fazer lo *M*: y librar lo *E.*

7   Commo la debda mia,   Que avos muy poco monta,
      Conla qual yo podria   Beuyr syn toda onta.

C 52ᵛ] 8   Señor, a merçe vosa   Gradeçer non me trebo,
      Que por muyto que...rosa,   Non dyria o que debo.   16

9   Merçe sen fyn, con rrymas,   Ja moro esto ...

   ·   ·   ·   ·   ·   ·   ·   ·

C 53] 10   Segum qual rrayç tyen   El *arbon asy* creçe;
      Qual es *el* omre o quien,   En *sus* obras pareçe.   20

11   Qual ventura obyere,   Tal señor servyra,
      Que qual señor syrvyere,   Tal gualardon abra.

12   Por que toda la villa,   Que faze algo de nada,
      Vean la maravilla   De Dios, quanto es granda   24

   ·   ·   ·   ·   ·   ·   ·   ·
   ·   ·   ·   ·   ·   ·   ·   ·

[PRÓLOGO]

13   EL CUERDO non consyente   Tomar de sus bondades
      Plazer quanto en myente   Le vyenen sus maldades.

14   Que quando es del punto   Ala rrueda justyçya
      Non monta del mas justo   Ante la su maliçya.   28

15   El loco es *su* soçobra   Que anda muy pagado,
C 53ᵛ]   .... *bue*na obra   Se fizo no ....

16   Quantas malas a fecho, ... obyese seso,
      Andaria con derecho,   Tryste, mal apreso.   32

14. podria *M*: podia *E.*
15–18. *om M.* 15–32. *om E.* 15. señor a: señora *C.* 16. -rosa: -rasa? *C.* 17. rymas. (*Cf. transcription of C, note* ad loc.)
19–22. *Inserted in M after* 1250. 19. segum *C* (-unt *M*) ‖ rrayç *C* (-z *M*) ‖ arbon asi *M* (*paper damaged in C*). *Cf.* p. 38 ‖ cre- *M* (kere- *C*).
20. el *om C* ‖ o *C*: e *M* ‖ sus *M* (*paper damaged in C*).
21. ventura *C*: talante *M* ‖ obyere *C* (ov- *M*) ‖ tal señor *C*: t. rrostro *M* ‖ servyra *C*: mostrara *M.* 22. que...syrvyere *C*: e commo sesudo fuere *M* ‖ tal...abra *C*: t. palabra dyra *M.*
23–32. *om M.* 29. su *om C.* 32. andaria. *But cf.* p. 48.

17 Yo estando con cueyta,   Por myedo de pecados,
    Muchos que fiz, syn cuenta,   Menudos e granados,

18 Teniame por muerto.   Mas vyno me al talante
    Un conorte muy çierto,   Quem fizo byen andante: 36

19 Omre torpe, syn seso!   Seria aDios baldon,
    La tu maldat en peso   Poner con su perdon.

20 El te fizo naçer,   Bybes en merçed suya:
    Como podra vençer   Asu obra la tuya?   40

M 62c]
21 Pecar es la tu maña,   La suya, perdonar
    E alongar la saña,   Los yerros oluidar.

22 Bien commo es mas alto   El çielo que la tierra,
    El su perdon es tanto   Mayor que la tu yerra.   44

23 Segunt el poder suyo,   Tanto es la obra suya;
    Segunt el poder tuyo,   Tal es la obra tuya.

24 Obra de omne, que nada   Es todo el su fecho
    E su vyda penada   Es a muy poco trecho,   48

25 Commo serie tan granda   Com la del Criador,
    Que todo el mundo manda   E faz en derredor

33. yo *om M* ‖ con *CM*: en *E* ‖ cueyta *C* (cuy- *M*): afruenta *E* ‖ por *CE*: de *M* ‖ myedo *CE*: -s *add M*. 34. muchos que fiz *CE*: q. m. f. *transp M* ‖ cuenta *CE*: cuyta *M* (*cancelled out by a contemporary hand and emended to* cuẽta *in the margin*).

36. conorte *CE*: cornote *M* ‖ quem *C*: q. me *ME* ‖ fizo (*cancelling points under* -o, *in E*).

39. bybes *C* (biues *ME*). 40. podra *C*: -ria *ME*.

41. e la s. *add M*. 42–189. *om C* (*five leaves are probably missing after fol.* 53 *in that MS. Cf.* Introd. p. 11). 42. e] y *E*: el *M* ‖ oluidar *M* (*a later hand emended* -r *to* -t. *Possibly* oluidant *was meant*): baldonar *E*.

43. bien...tierra *M*: tanta ventaja quanto Ay del çielo ala t. *E*. 44. perdon *M*: poder *E*.

45. la obra] l. su o. *add M*—tanto es la obra: asy en todo te sobra *E* ‖ suya *om E*. 46. segunt el *M*: qual es el *E* ‖ tal *M*: atal *E* ‖ la obra *M*: l. tu o. *add E* ‖ tuya *om E*.

47. obra *E*: -r *add M* ‖ todo *M*: y t. *add E* ‖ el *om E*. 48. e *M*: con *E*.

49. serie] -ia *ME* ‖ granda] -e *ME* ‖ com] -mo *add ME* ‖ la *om E*. 50. quel mundo todo *transp E* ‖ man- *E*: an- *M* — -da *M*: -de *E* ‖ faz *M* (-e *add E*) ‖ en *M*: al *E*.

<table>
<tr><td>26</td><td>Andar aquella rrueda
Que jamas nunca queda,</td><td>Del çielo e las estrellas
E sabe cuenta dellas?</td><td>52</td></tr>
</table>

M 62d] 27   Quanto el tu estado   Es ante la su gloria,
        Monta el tu pecado   A su misericordia.

28   Seria cosa estraña,   Muy fuera de natura,
     La tu yerra tamaña   Ser commo su mesura.   56

29   De aquesto non temas,   Que seer non podria;
     En non torrnes jamas   Enla tu rrebeldia.

30   Mas te arrepentyr   E fazer oraçion,
     E merçed le pedyr   Con magnifestaçion   60

31   De todo lo pasado   E partyr dello mano:
     Con tanto perdonado   Seras bien de lyuiano.

E 3ᵛ] 32   En sueño vna fermosa   Besaua vna vegada,
        Estando muy medrosa   Delos de su posada: 64

33   Falle boca sabrosa,   Saliua muy tenprada;
     Non vi tan dulçe cosa,   Mas agra ala dexada.

M 62d]   34   Non sabe la persona
                    Torpe, que se baldona   68
                    Por las priesas del mundo
                    Que nos da amenudo,

51. del E: el M ‖ çielo E: sol M ‖ las M: de l. (de cancelled by a later hand) E. 52. que E: e M.

53. el om E — tu estado Es M: es tu estado transp E ‖ la om E ‖ su gloria M: su magestad E. 54. a su M: con la su E ‖ misericordia M: piedad E.

57. de aquesto E: e desto M ‖ que M: por que E ‖ seer] ser ME. 58. en (cf. p. 38, § 11) om E ‖ que n. add M (non om E) ‖ torrnes jamas M: tu syenpre blasfemas E ‖ en M: nin estes e. add E ‖ la tu om E.

59. mas te M (a contemporary hand inserted en after mas): m. con t. add E.

63–6. om M. 63. sueño] -s (subsequently cancelled) E.

67. e n. add M ‖ secreto es muy profundo add E (after persona). 68. que M: es quien E ‖ se E: non se M (non was cancelled by a contemporary hand). 69. por M: con E ‖ las priesas M: los bienes E. 70. om E.

35 Non sabe que la manera
    Del mundo esta era: 72
    Tener syenpre viçiosos
    Alos onbres astrosos,

36 E ser del guerreados
    Los omnes onrrados.   76
    Alça los ojos, acata:
    Veras en la mar alta

M 63a]   37 E sobre las sus cuestas
                Andan cosas muertas,   80
                E yazen çafondadas
                Enel piedras presçiadas.

38 E el peso asi
    Avaga otro si   84
    La mas llena balança,
    E la mas vazya alça.

39 E enel çielo estrellas,
    E sabe cuenta dellas,   88
    Non escoresçen vna,
    Sy non el sol e la luna.

E 4]   40 VN astroso cuydaua,   Y por mostrar que era
           Sotil, yo le enbiaua   Escripto de tisera.   92

E 4ᵛ] 41 El nesçio non sabia   Que lo fiz por infinta,
           Por que yo non queria   Perder enel la tynta.

---

71. que *om E* ‖ la manera *M*: su m. *E.*   72-4. Que alos honbres
astrosos Del mundo lo mas era Tener sienpre viçiosos *E.*
  75-82. *om E.*   75. ser del guerreados (*M wrote* s. g. del. *The word*
del *was cancelled and subsequently inserted after* ser *by a contemporary
hand*).   78. veras *M* (*the scribe wrote* e v. *but struck out* e) ‖ en *was inserted
by a contemporary hand.*
  80. andan] -n *om M.*   81. yazen. *Cf.* p. 38, § 11.   83. e el *M*: segund
el *E.*   84. avaga *M* (-xa *E*) ‖ otro si *M*: toda via *E.*   85. llena balança:
ll. otro sy *E.*   86. e la mas vazya *M*: ensalça la v. *E* ‖ alça *om E.*
  87-90. *om E.*   89. escoresçen vna: e. dellas v. *add M.*
  91-100. *om M.*   93. fiz] fize *E* (*cancelling dots under* -e).

68

<table>
<tr><td></td><td>42</td><td colspan="2">Ca por non le deñar, Fize vazia la llena,
Y nol quise donar La carta sana, buena.</td><td>96</td></tr>
</table>

42 Ca por non le deñar, Fize vazia la llena,
  Y no*l* quise donar La carta sana, buena.   96

43 Commo el que tomaua Meollos de avellanas
  Para sy, y donaua Al otro caxcas vanas;

44 Yo del papel saque La rrazon que dezia:
  Con ella me finque, Dile carta vazia.   100

M 63*a*] 45 Las mis canas teñi las, Non por las aborresçer,
  Nin por desdezyr las, Nin mançebo paresçer;

46 Mas con miedo sobejo De omes que buscarian
  En mi seso de viejo E non lo fallarian.   104

47 Pues trabajo me mengua Donde puede auer
  Pro, dire de mi lengua Algo de mi saber.

48 Sy non es lo que quiero, Quiera yo lo que es;
  Si pesar he primero, Plazer avre despues.   108

49 Mas, pues aquella rrueda Del çielo vna ora
  Jamas non esta queda, Peora e mejora;

M 63*b*] 50 Avn aqueste laso Renouara el esprito,
  Este pandero manso, Avn el su rretynto   112

51 Sonara; verna dia Avra su libr*a* tal
  Presçio commo solia Valer el su quintal.

52 Yo proue lo pasado, Prouare lo lyuiano;
  Quiça mudare fado Quando mudare la mano.   116

53 Resçele, si fablase, Que enojo faria;
  Pero sy me callase, Por torpe fyncaria.

54 Que el que non se muda, Non falla lo que plaz;
  Dizen que aue muda, Aguerro nunca faz.   120

96. nol] nõ le *E* (*cancelling dots under* -e).
102. nin por *M*: menos p. *E* ‖ mançebo *M*: moço *E*.
103. de *om E* ‖ que honbres *transp E*. 104. *Under st. 46 of the present edition, E added* acaba el prologo y comiença el tratado.
105. puede *M*: -a *E*. 107. sy non *E*: quando non *M* ‖ que quiero *M*: q. yo q. *add E*.
109. mas pues *M*: ca p. *E*. 111. el *om E*. 112. el *M*: con el *E* ‖ rretynto *M*: grito *E*.
113. verna *M*: y v. *add E* ‖ avra *M*: que a. *add E* ‖ libra tal *E*: libraltad *M* (*cancelling dot under* -d). 115-22. *om E*. 115. pasado. *Cf.* p. 40, § 6.

55 Por que pisan poquiella   Sazon tierra, perlando,
   Omes que pisan ella   Para sienpre, callando;

56 Entendi que en callar   Avri grant mejoria,
   Aborresçi fablar,   E fueme peoria.   124

57 Que non so para menos   Que otros de mi ley,
   Que ouieron *mucho* buenos   Donadios del Rey.

E 6] 58 Mas verguença afuera   Me tiro y apro,
   Sy no tanto no fuera   Syn honrra y syn pro.   128

M 63c] 59 Syn mi rrazon *es* bona,   Non sea despresçiada
   Por que la diz presona   Rafez; que mucha espada

60 De fyno azero sano   Sa*b* de rrota vayna
   Salir, e del gusano   Se fa*z* la seda fyna.   132

61 E astroso garrote   Faze muy çiertos trechos,
   E algunt *rroto* pellote   *De*scubre blancos pechos;

62 E muy sotil trotero   Aduze buenas nueuas,
   E muy vil bozerro   Presenta çiertas prueuas.   136

63 Por nasçer en el espino,   Non val la rrosa çierto
   Menos, nin el buen vyno   Por *salyr d*el sarmiento.

64 Non val el açor menos   Por nasçer de mal nido,
   Nin los enxenplos buenos   Por los dezyr judio.   140

121. perlando. *Cf.* p. 40, § 6. 122. pisan. *Cf.* p. 38, § 11.
123. entendi que *M*: cuyde q. *E* ‖ avri *M* (-a *add E*) ‖ grant *om E*.
124. fablar *M*: el f. *add E* ‖ fueme *M*: falle *E*.
126. mucho *om M*. 127–8. *om M*.
129. syn *M* (sy *E*) ‖ es *E*: ser *M* ‖ bona] buena *ME*. 130. por que...
Rafez *M*: por que de honbre suena rrahes *E*.
131. sab]: sale *ME*. 132. salir *om E* ‖ del gusano *M*: del fynol g.
add E (-1 *in* fyno *expunged*) ‖ faz]: -e *add ME* ‖ la *om E*.
133. *N begins here.* 134. e *om NE* ‖ rroto p. *NE*: astroso p. *M* ‖ descubre
NE: des- *om M* ‖ blancos *ME*: buenos *N*. 136. muy v. *M*: algunt v. *NE*.
137. en el e. *M*: el *om NE* ‖ non val...menos nin *MN*: la rrosa yo
no syento Que pierde nin *E*. 138. por salyr *NE*: p. nasçer *M*. ‖ del *E*:
-1 *om N* enel *M*.
139. non *MN & S* (= Santillana, *CProemio*, xvi): nin *E* ‖ val *M*: -e *add*
NES ‖ por *MNS*: p. que *add E* ‖ nasçer *MS* (*om E*): salyr *N* ‖ de *M*:
del *N* en *ES* ‖ mal nido *MN*: vil n. *ES* —nido *MNE* (nio *S*)—n. syga
add E. 140. por *MS*: p. que *add E* ‖ dezyr *MS*: diz *N* diga *E* — los
d. judio: j. l. d. *transp E*.

65 Nom desdeñen por corto,   Que mucho judio largo
   Non entrarie a coto   A fazer lo que yo fago.

66 Bien se que nunca tanto   Quatro trechos de lança
   Alcançarian, quanto   La saeta alcança.   144

M 63d] 67 E rrazon muy granada   Se diz en pocos versos,
      E çinta muy delgada   Sufre costados gruesos.

68 E mucho omne entendido,   Por seer vergonçoso,
   Es por torpe tenido   E llamado astroso;   148

69 E sy viese sazon,   Mejor e mas apuesta
   Diria su rrazon   Que el que lo denuesta.

                            [I]

70 QUIERO dezyr del mundo   E delas sus maneras,
   E commo de el dubdo   Palabras muy çerteras.   152

71 Que non se tomar tiento   Nin fazer pleytesia;
   De acuerdos mas de çiento   Me torno cada dia.

72 Lo que vno denuesta,   Veo a otro loallo;
   Lo que este apuesta,   Veo a otro afeallo.   156

141. nom]: non me *mss* ‖ desdeñen *M*: -ño *N* tengan *E* ‖ que *ME*:
ca *N*. 142. entrarie *N*: -ia *M* traheria *E* ‖ a coto...fago *MN*: lo que
porto Nin leuaria tanto cargo *E*.
    143. trechos *NE*: tyros *M*. 144. alcançarian *NE*: -n *om M* ‖ la saeta
MN: vna s. *E*.
    145. diz *MN* (-e *add E*).
    147. e *om E* ‖ mucho *om NE* ‖ omne *MN*: al honbre *E* ‖ entendido *ME*:
muy e. *add N* ‖ seer] ser *mss* ‖ vergonçoso *MN*: muy v. *add E* —
-goñoso *E*. 148. es por torpe tenido *MN*: han lo por encogido *E* ‖
e llamado *om E* ‖ astroso *MN*: para poco y a. *add E*.
    150. su rrazon *ME*: la s. rr. *N* ‖ que el] quel *MN*: q. aquel *E*.
    151. quiero *ME*: sy q. *add N* ‖ mundo...maneras *MN*: m. sus diuersas
m. *add E*. 152. de el] del *MN* — e...dubdo *MN*: que apenas del
fundo *E* ‖ muy *om E* ‖ çerteras *MN*: verdaderas *E*.
    153. que *om E* ‖ se tomar *MN*: s. enel t. *add E* ‖ nin fazer pleytesia
MN: n. fallo çierta via *E*.
    155-6. *This stanza was inserted after st. 73, in E.* 155. denuesta
NE: de muestra *M* ‖ veo *ME*: vee *N* ‖ a otro *M*: a *om NE* ‖ loallo *M*
(-rlo *NE*). 156. veo *om NE* ‖ a otro *M*: el o. *N* aquel o. *E* ‖ afeallo *M*
(-rlo *NE*).

	73	La vara que menguada	La diz el conprador,	
		Esta mesma sobrada	La diz el vendedor.	
	74	El que lança la lança	Semeja*l* vaguarosa,	
		Pero al que alcança	Semeja*l* presurosa.	160
M 69*a*]	75	Farian dos amigos	Çinta de vn anillo	
		En que dos enemigos	Non me*t*rien vn dedillo.	
	76	Con lo que Lope gana,	*Rodrigo* enpobresçe;	
		Con lo que Sancho sana,	*Domingo* adoleçe.	164
N 1*b*]	77	Quien a fazer senblante	De su vezino tyene	
		Ojo, syn catar ante	Lo que ael conuiene,	
	78	*E*n muy grant yerro puede	Caher muy de rrafez,	
		Que vna cosa pi*e*de	La sal, otra la pez.	168
N 1*c*]	79	Por lo que este faze	Cosa, otro la dexa;	
		Con lo que ami plaze	Mucho, otro se quexa.	
	80	El sol la sal atiesta	E la pez enblandesçe,	
		La mexilla faz prieta,	El lienço enblanquesçe;	172
	81	E el es eso me*s*mo	Asy en su altura,	
		Quando faz frio c*u*emo	Quando faz*e* calura.	

.   .   .   .
.   .   .   .

157. m. la diz *MN*: m. dize *E*.   158. esta *M*: esa *NE* ‖ la om *E* — diz
el *MN*: llama el *E*.

159. que lança la *MN*: q. arroja l. *E* ‖ semejal *N*: -e *add M* paresçele *E*.
160. pero al que *ME*: p. que a. q. *N* ‖ semejal] -e *add M*: tyene la *N*
ala *E* — s. presurosa *M*: t. por p. *add N* ala por p. *E*. *At this point M
jumps to st. 209 of the present edition, as a leaf was transposed in binding.
The continuation is to be found in fol. 69 in that ms (see Introd. p. 14).*

162. metrien] meterian *mss.*

163. con lo *M*: en l. *NE* ‖ Rodrigo *N*: Domingo *M* Pelayo *E*.   164.
Domingo *NE*: Pedro *M*.

165–76. om *M*.   167. en] vn *N* (om *E*) — muy grant...rrafez *N*:
camino errado anda Y cahe de rrahez *E*.   168. que *N*: ca *E* ‖ piede]
pide *N*: demanda *E* ‖ sal otra *N*: s. y o. *add E*.

170. otro mucho *transp E*.

171. atiesta *N*: aprieta *E* ‖ e la *N*: ala *E*.   172. faz *N*: -e *add E*.

173. e om *E* ‖ el...altura *N*: el tal y tal yaze Enla su grande a. *E*
— mesmo] mismo *N*.   174. cuemo] commo *NE* — faze] -e *om N* —
faz...calura: grande frio faze Commo quando c. *E*. *The context shows
that a stanza is missing here. The archetype was possibly defective at this
spot.*

72

| 82 | Con frio fazel fiesta | E le sale al encuentro, | |
| | Al que da en la tiesta | Es la puerta en rruestro. | 176 |

M 69a] 83 Quan*d* vyento se leuanta,　　Ya apelo, ya auie*n*go:
　　　　La candela amata,　　Ençiende el grant fuego.

84 Do luego po*r* sentençia,　　Que es bien del cresçer,
　　E tom*o* grant acuçia　　Por yr bollesçer.　　　180

85 Que por la su flaqueza　　La candela murio,
　　E por su fortaleza　　El grant fuego byuio.

86 Mas apelo apoco　　Rato deste ju*e*zyo,
　　Que v*i* escapar el flaco　　E paresçer el rrezyo.　　184

87 Que ese mesmo viento　　Que *estas* dos fazia,
　　Fizo çoçobra desto　　Eneste mesmo dia:

88 El mesmo menuzo　　El arbol muy granado,
　　E non se *e*speluzo　　Del la yerua del plado.　　188

89 Quien sus casas s*el* queman,　　Grant pesar ha del viento,
C 1]　　Quando sus eras *tueman*　　Conel gran pagamiento.

175. f. le faze *transp* E ‖ e le: le *om* E ‖ al encuentro N: asu e. E.
176. al que N: el q. E ‖ da en la tiesta N: quando faze siesta E ‖ es N:
se esta E ‖ puerta en rruestro N: p. dentro E.
177. quand] -o *add mss* ‖ se leuanta MN: se rrebata E ‖ ya apelo M:
ya apella N ya otorgo E ‖ auiengo] auiego M: niego NE.
179. por sentençia NE: p. mi s. *add* M ‖ del M: el NE.　180. tomo
N: tomar M pongo E ‖ grant *om* E ‖ acuçia M: diligençia NE ‖ por ME:
para N ‖ bollesçer M: abollesçer NE.
181. que M (ca N): pues q. *add* E ‖ por la su MN: la *om* E.　182.
byuio MN: creçio E.
183. mas apelo apoco MN: m. apoco apelear *transp* E ‖ rrato *om* E ‖
juezyo (*cf.* 752)] juyz- MN — deste j. MN: desta rrazon E — d. rr. me
plaze *add* E.　184. que ME (ca N) ‖ vi NE: veo M ‖ el M (*om* N): al
E ‖ flaco escapar *transp* E ‖ paresçer M (per- N). *Cf.* p. 40, § 6 (*om* E) ‖
el rr. MN: el rr. muerto yaze *add* E.
185. que MN (ca E) ‖ ese ME : este N ‖ que estas dos NE: que a
esos d. M.　186. çoçobra MN: çoçobras çiento *add* E ‖ desto *om* E ‖
eneste MN: enese E.
187. el arbol MN: al a. E.　188. se *om* N ‖ espeluzo E: el peluze M
despeluzo N ‖ del la M: dela N del *om* E ‖ yerua MN: chica y. *add* E ‖
plado M (pra- NE).
189. sus casas MN: su casa E ‖ sel queman N: se quema M se arde E.
190. quando M: quanto N — tueman] to- N: auienta M — quando
...tueman: el que eras trilla tarde E ‖ conel gran (-d N) CN: c. el ha grant
M ha c. el g. E. *C begins in the present hemistich.*

73

90	Por ende non se jamas	Tenerme a vna estaca,	
	Nin se qual me val mas,	Sy prieta o sy blanca.	192

91	Quan cuydo que derecho	En toda cosa presta,	
	Fallo a poco trecho	Que non es cosa çierta:	

92	Sy a vno aproa,	Aotro caro cuesta;	
	Si el peso lo loa,	El arco lo denuesta.	196

93	Quel derecho del arco	Es seer tuerto fecho,	
	E su plazer del marco,	Auer peso derecho.	

94	Porende non puedo cosa	Loar nin denostalle,	
	Nin dezyr le fermosa,	Sol nin fea llamarle.	200

95	Segum que es el lugar	E la cosa qual es,	
	Se faz *priesa* vagar,	E *faz* llama*n* enves.	

C 1ᵛ]

96	Yo nunca e querella	Del mundo, de que mu*e*chos	
	Lo an e que porella	Se tyenen por mal trechos:	204

191. por ende *CMN*: ansy *E* ‖ jamas Tener me a vna estaca (me *om N*) *CMN*: jamas Donde fynque la e. *E*. **192.** me *om E* ‖ val *CMN* (-e *add E*) ‖ sy *CNE* (syn *M*) ‖ prieta *CMN*: cosa rrezia *E* ‖ o *CNE*: nin *M* ‖ sy *om E* ‖ blanca *CMN*: flaca *E*.

193. quan *C*: -do *add MN* sy *E* ‖ cuydo *CN* [cuy(da)do *E*]: caydo *M* ‖ que derecho *CNE*: quel d. *M* ‖ cosa presta *CMN*: obra p. *E*. **194.** que... çierta *CMN*: contraria rrazon desta *E*.

195. sy *CN* (syn *M*) *om E* ‖ a *C* (*om ME*): al *N* ‖ vno *CMN*: lo que v. *add E* ‖ aproa *C*: a pro a *E* pro ha *MN* ‖ aotro *CMN*: al o. *E*. **196.** peso *CME*: preso *N* — ‖ el arco *CNE*: al a. *M*. — si...loa: lo que el p. l. *E*.

197. quel derecho *C*: ca el. d. *MN* ca d. *E* ‖ seer *C*: ser *MNE*. **198.** marco *CME*: muerto *N* ‖ peso *CE*: pesar *M* plaçer *N*.

199. porende *CMN*: ansy *E* ‖ non puedo cosa *CM*: n. pude c. *N* n. oso c. *E* ‖ denostalle *C*: denostalla *M* denostar la *E* desloar la *N*. **200.** dezyr le *CM*: d. la *NE* ‖ sol *om E* ‖ nin fea *CMN*: n. por f. *add E* ‖ llamar *CMN*: tachar *E* — -le *C*: -la *MNE*.

201. segum *C* (-nt *MNE*) ‖ que *om MNE* ‖ e la cosa *CMN*: y el tienpo *E*. **202.** se *unp C* (*om E*): syn *M* sy *N* ‖ faz *CM* (*om N*): -en *add E* ‖ priesa *ME* (*text damaged in C*): prisa *N* ‖ vagar *CE*: ha v. *add N* o vagor *M* ‖ e (*unp C*) *M* (y *E*): a *N* ‖ faz *MNE* (*text damaged in C*) ‖ llaman *N* (*damaged in C*): llama *M* tornar *E* ‖ enves *MNE* (*damaged in C*).

203. de *CM*: e *N* y de *E* ‖ que *om E* ‖ muechos] much- *CMN*: sus fechos *E*. **204.** lo an *CM* (*om E*): loan *N* ‖ e que *CN*: e *om M*: avn que *E* ‖ por *om E* ‖ ella *CN*: muchos *M*: muchos de aquella *E* ‖ tienen *CNE*: tyene *M* ‖ mal trechos *CME*: m. aduchos *N*.

97 Que faz bien amenudo   Al torpe, e al sabio
    Mal e al entend*u*do;   De aquesto non me agrabio.

98 E bestia como omre   Salua, como grande, chico;
    Fa*z* al acuçioso pobre,   E al que se duerme, rrico.   208

99 E aquesto Dios vsa   Por que vno de çiento
    Non *cuyde* que faz cosa   Por su entendymiento.

100 Vnos vi por locura   Alcançar gran probecho,
    E otros por cordura   Perder todo su fecho.   212

101 Non es buena cordura   Que asu dueño baldona,
    Nin es mala locura   La que lo apersona.

C 2] 102 Yo vi muchos tornar   Sanos de la contyenda,
    Otros ocasionar   Dentro de la su tyenda.   216

103 E muere el dotor   Que la fisica rreza,
    E guareçe el pastor   Conla su gran torpeza.

104 *Non cunple* gran saber   Alos que Dios non temen,
    Nin tyen pro el auer   Del que pobres non *cue*men.   220

205–6. que...entendudo: quando al malo aprouechan Dañar al bueno
ha ducho El mal por el bien pechan *E*. 205. que *CM*: quien *N*. 206.
mal *CN*: mas *M* ‖ e *om M* ‖ al *CN*: el *M* ‖ entendudo] -ido *CMN* ‖ de
aquesto *CN* (desto *E*): esto *M* ‖ non *om MNE* ‖ me agrabio *C* (me
agrauio *NE*): ha por a. *M* — a. mucho *add E*.
207. e *CMN*: ansi *E* ‖ bestia *CNE* (vista *M*) ‖ salua *CE*: saluele *M*
saluaje *N* ‖ como *om MNE* ‖ grande *CMN*: al g. *E* ‖ chico *C*: o ch. *MN*
y ch. *E*. 208. faz *MN* (-e *add CE*).
209. e *om NE* ‖ Dios vsa *CM*: D. posa *N* (D. vsa *was first written,
subsequently* vsa *was struck out by the scribe and* posa *was inserted instead)*
— aquesto D. v.: faze Dios esta obra *E*. 210. cuyde *NE* -a *M* diga *C* ‖
que faz cosa *CMN*: q. bien obra *E*.
211. por locura *CMN*: con l. *E*. 212. e *om E* ‖ otros por *CNE*:
o. que p. *add M* ‖ su c. *add E* ‖ perder todo *CNE*: pierden t. *M*.
213. cordura *CNE*: locura *M* ‖ que (*unp C* q̄ *E*): la que *M* quien *N* ‖
a *om N* ‖ su dueño baldona *CME*: s. alguazil? b. *N*. 214. lo apersona
CN (lo apres- *M*): loa la persona *E*.
215. muchos vi *transp N* ‖ contyenda *CE*: fazyenda *MN*. 216. otros
CNE: e o. *add M* ‖ de *CE*: en *MN* ‖ la *om N*.
217. dotor *C* (doct- *MNE*) ‖ fisica *CNE* (fisique *M*). 218. con la su
CMN: c. toda s. *E* ‖ gran *om NE*.
219. non cunple gran saber *MN*: nunca g. s. *C* poco vale el s. *E* ‖
alos que *CMN*: al que *E* ‖ Dios *C*: a D. *add MN* de D. *add E* ‖ non
om NE ‖ temen *CM*: tiene Themor *E* posponen *N*. 220. tyen pro *C*
(-e p. *N*): acunple *M* presta *E* ‖ el *om E* ‖ del que pobres *C*: de que p.
MN que a p. *E* ‖ non *CME* (no *N*) ‖ cuemen] com- *CMN*: mantiene *E*.

75

105   Quando yo meto mientes,   Muy alegre seria
        Conlo que otros trestes   Veo de cada dia.

106   Pues si çertero bien   Es aquel que cobdiçio,
        Por que el que lo tien   Non toma conel viçio?   224

C 2ᵛ] 107   Mas esta es señal   Que non a bien çertero
          En mundo, nin a mal   Que sea verdadero.

108   Bien çertero, seruiçio   De Dios es çierta mente,
        Mas por catar al viçio,   Oluidanlo la gente.   228

109   E otro bien par deste,   El seruiçio del Rey
        Que mantyene la gente   A derecho e ley.

110   Suma de la rrazon: Es muy gran torpedat
        Lebar toda sazon   Por vna egualdat.   232

111   Mas, tornarse amenudo,   Como el mundo se torna,
        Bezes seer escudo,   E a vezes açcona.

221. meto mientes *CMN*: paro m. *E* ‖ muy alegre *CE* (mucho a. *MN*). 222. otros *CMN*: otras *E* — trestes *unp C* (*cf.* 1349): tri- *MNE* — o. t. *CMN*: otras gentes Son t. *add E* ‖ veo *om E*.

223. pues *om N* ‖ si ç. *CM*: si su ç. *add N* — çertero *CMN*: terçero *E*. 224. que el *CE*: quel *MN* ‖ tien *CMN*: -e *add N*.

225. esta *CMN*: -o *E* ‖ çertero *CNE*: terçero *M*. 226. en mundo *C*: en el m. *add MNE* ‖ nin *CNE*: e non *M* ‖ a *om NE* ‖ verdadero *CM*: duradero *NE*.

227. çertero *CNE*: çierto *M* ‖ seruiçio *CN*: el s. *ME* ‖ çierta mente *CME*: çierto tanto *N* (*wrote first* manto, *and corrected to* tanto). 228. catar *C*: quitar *M* vsar *E* ‖ al viçio *C*: el v. *ME* ‖ oluidan *CM*: -n *om E* — mas...gente: vn liençe commo sy fuesse Muro de cal y canto *N* (*cf.* 244).

229. e *om E* ‖ par *CN* (apar *ME*) ‖ deste *MNE* (de e- *C*) ‖ el *CMN*: es *E* ‖ del *CMN*: -l *om E*. 230. que mantyene la gente *CM*: q. m. l. hueste *N* (*wrote first* gente, *subsequently emended to* hueste) q. su rregno y su hueste Ryje *E* ‖ a *CMN*: con *E* ‖ derecho *om E* ‖ e *om E* ‖ ley *MN*: a l. *add C* justa l. *add E*.

231. es *CMN*: digo que e. *add E* ‖ muy gran *C* (*om E*): -de *add M* -t *N*. 232. lebar *C* (leu- *M*): librar *E* poner *N* ‖ egual- (*unp C*) *M*: ygual- *NE*.

233. tornarse *C*: -ase *M* -ese *N* boluer- *E* ‖ como *C* (-mm- *MN*): qual *E* ‖ el *om E* ‖ mundo se torna *CMN*: m. tal persona *E*. 234. bezes *C*: alas v- *MN* av- *E* ‖ seer *C* (*om M*): ser *NE* ‖ e *om MNE* ‖ a vezes *C*: alas v. *MNE* ‖ açcona *C* (asc- *E* azc- *N* esc- *M*).

[II]

	112	TODA buena costomre	A çertera medida,	
		Que si la pasa omre,	Su bondat es perdida.	236

C 3] 113   Tal es vn dedo fuera   De la rraya signada,
         Como si lueñe fuera   Dende vna jornada.

114   Cueydando que auia   Menos el omre loco
     Enlo que se perdia   Por mucho que por poco;   240

115   Quando por poco est*oru*o   Perdio lo que buscava,
    Del gran pesar que ovo   Nunca se conortava.

116   Non sa*b* que por cobrirse   Del ojo cumple tanto
    Vn lienço com si fuese   *Mur*o de cal e canto.   244

117   Tanto se lo que yaze   Allende del destajo,
    Quanto se lo que*s* faze   El de allende de Tajo.

C 3ᵛ] 118   Lo que suyo non era,   Tanto son dos pasadas
         Lueñe del, com si fuera   Dende vynte jornadas: 248

235. costomre *unp* C (-onbre N): -unbre *ME* ‖ çertera medida *CN*: çierta m. *M*: su çierta m. *E*.   236. que *CN* (*om E*): e *M* ‖ la *om E* ‖ pasa omre *C* (-bre *MN*): pasan dela cunbre *E*. *The continuation of the text as from l. 237, in M, is to be found in fol. 65 of that MS.*

237. tal es *CE*: tanto e. *MN* ‖ signada *CN* (a- *ME*). 238. lueñe *CMN*: lexos *E* ‖ fuera *CN*: tierra f. *add M* ‖ si...vna: s. dende fuera Lexos v. *transp E.*

239. e c. *add N* — cueydando *C* (cuyd- *NE*): quanto *M* ‖ que *CNE*: mas q. *add M* ‖ auia menos el *CN*: a. pesar e. *M* a. mas diferencia e. *E* ‖ omre *om E*. 240. lo (*emended to* la *by a later hand in E*).

241. por *CMN*: en *E* ‖ estoruo *MN*: estribo *C* estouo *E* ‖ perdio lo *CMN*: de auer lo *E*.

243. non *om NE* ‖ sab] -e *add CM* (*om E*) -er *add N* ‖ que *om NE* ‖ por *CM*: para *N* — p. cobrirse *CMN*: commo si se cobriesse *E* ‖ del *CMN*: el *E*. 244. vn *om E* ‖ com *C*: -o *add MNE* ‖ muro de cal e canto *ME* (*N, cf.* 228): torre d. c. e c. *C* vna grande capa o manto *N*.

245. allende *C* (ale- *N*): detras *ME* ‖ del *CMN*: de vn *E*. 246. quanto *CMN*: commo *E* ‖ se *om E* ‖ ques] -e *add CE*: -s *om MN* ‖ el *om E* ‖ de allende *CMN*: d. aquel cabo *E* ‖ de T. *CE*: de *om MN*.

247. tanto *om N*. 248. del *om MNE* ‖ com *C*: -o *add MNE* ‖ fuera dende *CME*: f. lueñe d. *add N* — d. a *add C* ‖ vynte *C* (vey- *MNE*).

| 119 | Tan lueñe esta yer | Como el año pasado. |
| | A quien a de seer | De feridas guardado, |

| 120 | Tanto val vn escudo | Entrel e la saeta, |
| | Como que todo el mundo | Entrel e ella meta. | 252 |

| 121 | Que, pues non le firio, | Tal es vn dedo çerca |
| | Del, como la que dio | Allende de la çerca. |

| 122 | El dia de yer tanto | Alcançar non podriemos, |
| | Nin mas nin menos, quanto | Oy mil años fariemos. | 256 |

C 4] 123   Non por mucho andar   Alcançan lo pasado,
     Ni*s* pierde por quedar   Lo que non es llegado.

| 124 | Nin fea nin fermosa | Enel mundo, aves |
| | Pued omre alcançar cosa, | Si non con su rreues. | 260 |

| 125 | Quien antes non esparze | Trigo, non lo allega; |
| | Sy son tierra non yaze, | A espiga non llega. |

| 126 | Non se pued coger rrosa | Syn pisar las espynas; |
| | La miel es dulçe cosa, | Mas tyen agras vezynas. | 264 |

249. esta *CN*: es de *M* es *E* ‖ yer *C* (a- *MNE*). 250. a *CN*: e *M*: al *E* ‖ quien *CM*: aquel *N* que *E* ‖ a de *CMN*: avia *E* ‖ seer *C* (ser *MNE*).

251. val *CM*: -e *add N* faze *E* ‖ entrel *C* (entre el *MNE*). 252. como *C* (-mm- *MN*): quanto *E* ‖ que todo *CN* (*om E*): sy t. *M* ‖ mundo *CMN*: m. pudo *add E* ‖ entrel e ella *C* (entre el e e. *MN*): sy entre amos *E* ‖ meta *CMN*: se m. *add E*.

253. que *C*: ca *MNE* ‖ le *CNE*: lo *M*. 254. la que *CME*: el que *N* ‖ de *om M*.

255. yer *C* (a- *MNE*) ‖ non p. *C* (*om M*): lo p. *NE* — podriemos *C*: -demos *MNE*. 256. oy mil *CMN*: o. ha m. *add E* ‖ fariemos *C*: -remos *MNE*.

257. non *C*: nin *MNE* ‖ alcançan *CNE*: alyñar *M*. 258. nis] nin se *C*: non se *N* nin *ME* ‖ pierde *CM*: -n *add E* puede *N* ‖ por *om N* ‖ quedar *CM*: tardar *E* nin llegar *N* ‖ que non *CMN*: q. avn n. *add E*.

259. aves *CN*: ha vez *M* que ves *E*. 260. pued *C*: -e *add N* se puede *ME* ‖ omre *om MNE* ‖ si non *om N* ‖ con *CNE*: por *M*.

261. quien *CMN*: a q. *add E* ‖ antes *C* (ante *MN*) *om E* ‖ esparze *CM* (-σe *N*) — non e. t.: senbrar non plaze su t. *E*. 262. sy *CNE* (syn *M*) ‖ son *C* (so *MNE*) ‖ yaze *CNE* (*M wrote first* ayaze; a- *was cancelled by the scribe*) ‖ espiga *CM*: -r *add N* -s *add E* ‖ non *CNE*: nunca *M*.

263. non se p. *CMN*: quien p. *E* — pued *C*: -e *add MNE* ‖ pysar *CMN*: tocar *E* ‖ las espynas *CMN*: sus e. *E*. 264. es dulçe *CMN*: e. muy sabrosa *E* ‖ cosa *om E* ‖ tyen *C*: -e *add MNE*.

	127	La paz non se alcança, Non se gana folgança,	Sy non con guerrear; Sy non conel lazrar.	
C 8ᵛ]	128	Non a noche syn dia, Nin calyente syn fria,	Nin segar syn senbrar, Nin rreir syn llorar.	268
	129	Non a corto syn luengo, Nin a syn fumo fuego,	Nin tarde syn ayna, Nin syn somas faryna,	
C 9]	130	Nin ganar syn perder, Saluo en Dios, poder	Nin baxar syn alteza; Non lo a syn flaqueza.	272
	131	Non a syn tacha cosa, Nin syn fea fermosa,	Nin cosa syn soçobra, Nin sol *non* a syn sonbra.	
	132	—La bondat de la cosa Por agra la sabrosa,	Saben por su rrebes, La faz porel enves.	276
	133	Sy noche non obiesemos, Conoçer non sabriemos	Ninguna mejoria Ala lumre del dia—	
	134	Non a piel syn yjadas, Nin vientre syn espaldas,	Nin luego syn despues, Nin cabeça syn pies.	280

265. sy non *CMN* (sygno *E*). 266. non se *CMN*: nin s. *E* ‖ el lazrar *CMN*: mucho l. *E*.

267–80. *This passage was inserted between sts. 178–9 in the archetype, thus revealing a loose leaf in that ms (cf. Introd. p. 25).* 267. a *om M* ‖ syn noche *transp MNE* — y d. *add E* (*there are cancelling dots under* y). 268. calyente *CN* (calle- *E*) — s. c. *transp E* — nin c. syn: n. ha fumo s. (*attraction by* l. 270) *M* ‖ fria *CE* (-o *N*): fuego *M*.

269. non *CMN*: nin *E* ‖ syn corto *transp MN*: s. despues *E* ‖ luengo *CMN*: luego *E* ‖ syn tarde *transp MN*. 270. syn fumo fuego *C*: fumo s. f. *transp ME* s. fuego fumo *transp N*.

271. syn baxar *transp MNE*. 272. non *om MN* ‖ lo a *C* (ha *E*): que lo a *N* quel a *M*.

273. non *CNE*: nin *M* ‖ nin cosa syn soçobra *CM* (çoç- *N*): n. conplida obra *E*. 274. fermosa *CMN*: -sura *add E* ‖ nin s. *CM*: syn s. *N* — sol *CMN*: luz *E* ‖ non *om C*.

275. la...por *CMN*: conosçese la cosa Buena p. *E*. 276. por agra *CMN*: p. la a. *add E* ‖ faz *CM* (fas *N* has *E*).

277. obiesemos *C* (ou- *MN*): oviese *E*. 278. conoçer non *CN*: c. lo *M* — sabriemos *CN* (-iamos *M*) — c. n. s.: avrie quien conosçiese *E* ‖ ala *CMN*: enla *E*.

279. yjadas *CME*: -s *om N*. 280. nin vientre *CMN*: n. çierto *E* ‖ espaldas *CM*: -s *om N* erradas *E*.

C 4ᵛ] 135   POR la gran mansedad   A omre follaran,
           E por la crueldat   Todos lo aborreçran;

     136   Por la gran escaseza   Tener lo an en poco,
          E por mucha franqueza   Razonar lo an por loco.   284

     137   Sy tacha non obiese,   Enel mundo pro*u*eza
          Non avr*i* que valiese   Tanto co*m* la franqueza.

     138   Mas a enella vna   Tacha que le enpeçe
          Mucho: que com la luna   Mengua, c nunca creçe.   288

     139   La franqueza, soçobra   Es de toda costombre:
          Que por el vso cobra   Saber las cosas ombre.

C 5] 140   Lo que omre mas vsa,   Eso mejor aprende;
          Sy non *es* esta cosa,   Que por vsar se pierde.   292

     141   Vsando la franqueza,   Non se puede escusar
          De venir a pobreza   Quien mucho la vsar.

     142   Que toda via dando,   Non fincara que dar:
          Asi que franqueando,   Menguara el franquear.   296

281. mansedad *CN* (-t *M*): -dunbre *E* ‖ a *CM*: al *NE* ‖ follaran *CNE*:
fall- *M*. 282. e *om E* ‖ la *CN* (*om M*): su *E* ‖ crueldat *CN*: grant c.
add M rruyn costunbre *E* ‖ lo *CM*: le *NE* ‖ aborreçran *C*: -esçeran
MNE.

283. an *C* (h- *NE*): ha *M* ‖ en poco *CNE*: por p. *M*. 284. e *om E* ‖
por mucha *CM*: p. la m. *add NE* ‖ rrazonar *CM*: tener *N* juzgar *E* ‖
an *C* (h- *NE*): ha *M*.

285. proueza] pobre- *MN* proeza *CE*. 286. avri *M* (-a *add*
CNE) ‖ com] -o *add CMN* — tanto c. la *CM*: tal c. l. *N*: ygual de
la *E*.

287. tacha *CME*: cosa *N*. 288. mucho *CM* (*om E*): asy *N* ‖ que *om*
N ‖ com *C*: -o *add MNE* — c. la luna mengua: m. c. luna *E* ‖ e *om N* ‖
nunca *C* despues *MN* jamas n. *add E*.

289. costombre *unp C* (-onbre *N*): -unbre *M* vsança *E*. 290. que
por el vso *C*: q. p. vsar la *MN* q. vsando *E* ‖ cobra...ombre *CMN*: su
obra Honbre menos la alcança *E*.

291. aprende *CMN*: dep- *E*. 292. es *om C* — sy non...cosa: en
franqueza revsa *E* ‖ que *om E* ‖ se pierde *CN*: la mas p. *M* se despiende *E*.

294. la mucho v. *transp E*. 295. que *CMN*: ca *E* ‖ fincara *CNE*:
-ria *M*. 296. asi *CM* (ansy *NE*) ‖ que *om N* ‖ menguara *CM*: -ra *om N*
pierdese *E*.

143   Com la candela mesma,   Cosa tal es el omre
      Franco: que se ella quema   Por dar a otro lomre.

144   Al rrey solo conbien   De vsar la franqueza,
      Que sigurança tyen   De non aver pobreza;   300

C 5ᵛ] 145   A otro non es bien   Sy non lo comunal
      Dar, e tener conbien,   E lo demas es mal.

146   Sy omre dulçe fuere,   Com agua lo bebran,
      E sy agro sopiere,   Todos lo escopiran.   304

147   Sy quier por se guardar   De los arteros omres,
      A menudo mudar   Debe las sus costonbres.

148   Que tal es çierta mente   El omre como el vado:
      Reçelanlo la gente   Antes que lo an pasado.   308

149   Vno a otro a grandas   Bozes diz: 'Do entrades?
      Fondo es çien braçadas: A que vos aventurades?'

297. com *C*: -o *add MNE* — c. la: tal es c. la *E* ‖ candela *CMN*: hacha *E* ‖ mesma *unp C* (-e- *N*) *om E*: mis- *M* ‖ cosa tal *CN* (*om E*): t. c. *transp M* ‖ es *om E* ‖ omre *om E*. 298. f. ensu costunbre *add E* ‖ que *om E* ‖ se *om N* — ella *om E* — quema .*CMN*: quema se *transp E* — q. s. con su tacha *add E* ‖ otro *CMN*: -s *add E* ‖ lomre *unp C* (lonbre *N*): lunbre *ME*.

299. conbien *C*: -e *add MNE* ‖ vsar de *transp E*. 300. sigur- *M* (*unp C*): segur- *NE* ‖ tyen *C*: -e *add MNE* ‖ non aver *CN*: n. venir *ME* ‖ pobreza *CN*: a p. *add M* en p. *add E*.

302. conbien *C* (-uien *M*): -e *add N* con bien *E* ‖ lo demas *CMN*: la demasia *E* ‖ mal *om E* (*inserted by a modern hand in that ms*).

303. com *C*: -o *add MN* por *E* ‖ lo *CM*: le *NE* ‖ bebran *C* (-uran *N*): beuer- *ME*. 304. sy agro *CM*: s. a a. *add NE* ‖ escop- (*unp C*) *M*: escup- *NE*.

305. por *CME*: p̄oa *N* ‖ arteros omres *C* (omnes *M* honbres *N*): gentes arteras *E*. 306. a menudo *om E* ‖ mudar debe *C* (m. deue *M*): deue m. *transp N* d. honbre m. *add E* ‖ las *CM* (*om E*): todas *N* ‖ sus *om ME* ‖ costonbres (*unp C*) *N*: -unbres *ME* — c. y maneras *add E*.

307. que *CMN*: ca *E* ‖ vado *CNE*: vaso *M*. 308. rreçelan *CMN*: -n *om E* — rr. lo la *CME*: rr. del l. *N* ‖ an *CMN*: ha *E*.

309. vno *CNE*: v. dando *add M* ‖ a otro *om M* ‖ grandas] -des *C* — a g. *C* (*om M*): a dobladas *N* a afincadas *E* ‖ bozes *CE* (v- *MN*) ‖ diz *CN* (*om M*): -e *add E* ‖ do *CE*: donde *M* que *N* ‖ entrades *CME*: buscades *N*. 310. çien *C* (-t *add ME*): dieσ *N* ‖ braçadas *CNE*: braças *M* ‖ a que *C*: a *om MN* por q. *E*.

	150	Desque ala orilla	Pasa, diz: 'Que dubdades?	
C 6]		Non da ala rrodilla:	Pasad, non vos temades.'	312

151 Bien atal es el omre: Desque es varruntado
En alguna costombre, Por ella es entrado.

152 Por aquesto los omres, Por se guardar de daño,
Deben mudar costomres Como quien muda paño: 316

153 Oy bravo, e cras manso; Oy sinple, cras loçano;
Oy largo, cras escaso; Oy otero, cras llano.

154 Vna vez vmildança, E otra vez baldon;
E vn tienpo vengança, E otro tienpo perdon. 320

C 6ᵛ] 155 Bien esta el perdon Al que se pued vengar,
E sofrir el baldon, Quan se puede negar.

156 Con todos non conuien Vsar por vn ygual,
Mas a vnos con bien, E a otros con mal. 324

157 Pagado e sañudo, Vez dexa e vez tien,
Que non a enel mundo Mal enque non a bien.

311. pasa *M*: pasad *C*   paso *NE* ‖ diz *CNE* (-s *M*).   312. pasad non
CN: p. e n. *add ME* ‖ vos *om ME*.
313. bien *CN*: e b. *add M* — atal *CN* (tal *M*) — bien…omre: asi que
quando quiera Que el honbre *E* ‖ desque *om E* ‖ var- *C* (bar- *MNE*).
314. costomre *unp C* (-onbre *N*): -unbre *M* — en…por: sabiendo su
manera p. *E* ‖ ella *CMN*: alli *E*.
315–16. aquesto *CN*: esto *M* — costomres *unp C* (-onbres *N*): -unbres
ME — aquesto…costomres: deue se por se guardar Honbre de mal y
daño Las c. *E* ‖ paño *CNE*: dapño *M*.
317. bravo *CMN*: rrezio *E* ‖ e *om ME* ‖ manso *CMN*: paso *E* ‖ sinple
CM (-mp- *N*): egual *E* ‖ loçano *CMN*: vfano *E*.   318. largo *CMN*:
franco *E* ‖ otero *CNE*: ençerro *M* ‖ cras llano *CNE*: c. en ll. *add M*.
319. vna *om E* ‖ vez *CMN*: -es *add E* ‖ vmildança *CM* (h- *N*): con
hum- *E* ‖ e *om E* ‖ otra vez *CMN*: otras vezes *E*.   320. e *C* (*om N*):
en *ME* ‖ vn *CME*: otro *N* ‖ e *CM* (*om NE*) ‖ otro *CN*: en o. *add ME*.
321. bien *CMN*: muy b. *E* ‖ pued *C*: -e *add MNE*.   322. sof- *MN*
(*unp C*): suf- *E* ‖ el *CME*: al *N* ‖ quan *C*: -do *add MNE* ‖ se *CMN*: le *E* ‖
puede *CMN*: podria *E* ‖ negar *CMN*: pagar *E*.
323. vn *om N*.   324. a vnos *CNE*: a los v. *add M* ‖ bien *CNE* (v- *M*) ‖
a otros *CN*: alos o. *add ME*.
325. sañudo *CME*: sauudo *N* ‖ vez *CM*: vos *NE* ‖ dexa *MNE*: desea
C ‖ vez *CM*: vos *NE*.   326. que *CM*: ca *NE* ‖ a enel mundo mal *CN*:
ha mal enel m. *transp M* ha segund cuido mal *E* ‖ non *om E*.

158 Tomar del mal lo menos,   E lo de mas del bien,
     A malos e a buenos,   A todos se conbien.   328

159 Onrrar por su bondat   Al bueno es forçado;
C 7] Al malo, de maldat   Suya por ser guardado.

160 Lo peor del buen omre,   Que non vos faga bien,
     Que daño, sy quiso omre,   Del bueno nunca vyen.   332

161 E lo mejor del malo,   Que mal del non ayades,
     Que ningun *bien* fallarlo   Enel non entendades.

162 Pues seer omre manso   Con todos non conuien,
     Mas oy prisa, cras paso,   Vezes mal, vezes bien.   336

[IV]

163 EL que quisier folgar   A de lazrar primero:
     Sy quier a paz legar,   Sea antes guerrero.

164 El que torrno del rrobo,   Fuelga, maguer lazrado;
C 7ᵛ] Plaz al ojo del lobo   Conel polvo del ganado.   340

327. lo de mas *CMN*: de *om E* — mas del *CMN*: m. tomar d. *add E*.
328. todos se conbien] t. te c. *C* (*cf. transcr.* ad loc.): t. estos c. *M* t. les
c. *E* se *om N* — conbien *C* (-uien *MNE*).
     329. es al bueno *transp E* ‖ forçado *CNE*: prouado *M*. 330. maldat
suya por *CMN*: m. sy quier p. *E*.
     331. que *CMN*: es q. *add E* ‖ vos *om E*.   332. que *CME*: ca *E* ‖ daño
sy quiso omre *C*: d. de costunbre *M* (-onbre *N*) el baldon nin mal
nonbre *E*.
     333. e *om NE* ‖ lo mejor del malo *CMN*: d. malo es l. m. *E* ‖ mal
CNE: mas *M* — del *MNE* (de el *C*) — d. m. *transp E*. 334. que
CNE: ca *M* ‖ ningun *C* (-nt *N*) *om E*: nunca *M* ‖ bien *om C* — fallar
lo *CMN* — b. f.: b. nin algund honor *E* ‖ entendades *CMN*: at- *E*.
     335. seer *C*: ser *MN* — pues s. o. manso: p. andar por vn caso *E*.
336. prisa *CN* (-iesa *M*): pessa *E* ‖ cras *CME*: e c. *add N*.
     337. quisier *C* (-e *add MN*): quiere *E*. 338. sy *om E* ‖ quier *CN*
(-e *add ME*) — quien q. *add E*.
     339. el que *CNE*: al q. *M* ‖ torrno *C*: -a *MNE* ‖ del *C*: de *E* al *M*
el *N* ‖ lazrado *CE*: -ando *N*: le agrado *M*. 340. plaz *N* (-e *add CE*):
plazer *M* ‖ conel (*cancelling dots in a modern hand under* con *in E*).

Semrar cordura tanto   Que non naçra pereza,
E verguença en quanto   Non la llamen torpeza.

166 Fizo pora lazeria   Dios a omre naçer,
Por yr de feria en feria   E buscar guareçer;   344

167 Por rruas e por feria   A buscar su ventura,
Que es muy gran soberbia   Querer pro con folgura.

168 Non a tan gran folgura   Com lazeria con pro.
Quien por la su cordura   Su entençion compro?   348

169   Quien por vn seso çierto   Quier acabar su fecho,
C 8]   Vna vez entre çiento   Non sacara probecho:

170 Que enlas aventuras   Yaz la pro enpeñada,
E es conlas locuras   La ganançia tenprada.   352

171 Quien las cosas dubdare,   Jamas nos meçera;
De loque cobdiçiare   Muy poco acabara.

---

341. semrar *C* (-nbr- *NE*): sienbra *M* ‖ tanto *CME*: -a *N* ‖ naçra *C*:
nasca *MN* (-zca *E*). 342. e verguença *CMN*: y la v. *add E* ‖ en *CM*
(*om E*): e *N* ‖ quanto *CM*: -a *N* tanta quanta *E* (tanta *struck out*, quanta
first written q͞nt°, *the final* o *subsequently changed to* a) ‖ non *CME*: que
n. *add N* ‖ la *om N*.

343. pora *C* (para *MNE*) ‖ lazeria *C* (-o *ME*): lazrar *N* ‖ a *CN*: al *ME*.
344. por *CM*: para *N* y *E* ‖ e *CN* (*om E*): a *M* ‖ buscar guareçer *CN*:
b. do g. *add M* b. de g. *add E* — guareçer *CNE* (-rr- *M*).

345. por rruas *CMN*: por *om E* ‖ e por *CMN*: por *om E* ‖ feria *CM*:
-s *add NE* — f. ande *add E*. 346. que *C*: ca *MNE* ‖ es *CME*: tyene *N* ‖
muy *om NE* ‖ soberbia *C* (-uia *MNE*) — s. grande *transp E* ‖ querer pro
CE: quiere p. *M* quien quiere p. *N*.

347. tan *CNE*: tal *M* ‖ gran *om N* ‖ com *C* (-mo *add MNE*) ‖ lazeria
CN: lazrerio *M* lazrar *E*. 348. quien *CN*: e q. *M* (y q. *E*) ‖ por la su *C*:
la *om MNE* ‖ entençion (*unp C*) *M* (-tin- *N*): deseo *E* ‖ conpro *CE* (-plyo
N cunplio *M*).

349. por vn *CNE*: p. su *M* ‖ seso çierto *CMN*: solo tiento *E* ‖
quier *C* (-e *add MNE*). 350. sacara *CE*: -ria *MN* ‖ probecho *C* (-uecho
MNE).

351. que *C*: ca *MNE* ‖ yaz *C* (-e *add ME*): esta *N* ‖ enpeñada *C*:
colgada *MNE*. 352. tenprada *C* (-plada *N*): conprada *M* mesclada *E*.

353. dubdare *CME*: dubda(da)re *M* ‖ jamas *om MNE* — j. nos: todas
n. *MN* a todas n. *E* — nos *N* (non se *CME*) ‖ meçera *CN*: -n *add M*
metrā *E*. 354. muy *om MN*.

172   Por la mucha cordura   Es la pro estorbada,
       Pues enla aventura   Esta la pro colgada.   356

173   Pues por rregla derecha   El mundo non se guia,
       El mucho dubdar echa   A omre en astrosia.

[C 8ᵛ] 174   Mal seso manifiesto   Non digo yo vsar,
       Que el peligro presto   Debolo escusar;   360

175   Mas ygual vno de otro,   El menguar o sobrar
       Al azar o encontro   Debese auenturar.

176   Quien vestyr non quisiere,   Sy non piel syn yjada,
       Del frio que fyzyere   Abra rraçion doblada.   364

177   Quien de la pro quier mucha, A de perder del brio;
       Quien quier tomar la trucha, Aventure se al rrio.

178   Quien los vientos guardare   Todos, non senbrara;
       Quien las nuves catare,   Jamas non segara.   368

[C 9] 179   Demas que son muy pocos   Los que saben el seso,
       Tan poco com los locos,   Los cuerdos, por vn peso:

[C 9ᵛ] 180   Vno non sabe el quarto   Buscar de lo que debe,
       E otro al dos tanto   Del derecho se treve.   372

355. por *CMN*: a vezes p. *add E* ‖ mucha *CM* (-ncha *N*) — a m. *om E* ‖ estorbada *C* (-uada *MNE*). 356. colgada *CM*: vacada *N* guardada *E*.

357. pues por *CME*: p. que *N* ‖ el mundo *CME*: al omne *N* ‖ se (*corrected to* le *by the scribe, in N*). 358. a *CM*: al *NE* ‖ astrosia *CMN*: peoria *E*.

359. non...vsar *CMN*: n. es bueno de v. *E*. 360. que el *C* (q̄l *M*): ca el *NE* ‖ debolo *C* (-uo lo *N*): deue- *M* — presto...escusar: p. Y çierto es de e. *E*.

361. ygual *MN* (e- *E*) ‖ vno de otro el *CMN*: fuera o dentro e. *E* ‖ menguar o sobrar *CNE*: m. el s. *M*. 362. al azar *E* (a a. *N* alazrar *M*): el a. *C* ‖ encontro] encuentro *mss.* — o e. *CMN*: o al e. *add E*.

364. abra *C* (avra *MNE*). 365. quier *CN*: -e *add ME* ‖ del *C*: el *MN*. 366. quier *C*: -e *add MNE* ‖ la *om MNE* ‖ al *CME*: enel *N*.

368. quien *CNE*: e q. *add M* ‖ nuves *CMN* (nuev- *E*) ‖ catare *CNE*: guardare *M*. Lines 267–80 *have been inserted after the present stanza in the mss* (*see note* ad loc.).

370. com *C*: -mo *add MNE* ‖ los *om NE*: delos *M*.

371. el *om E* ‖ quarto *CMN*: quanto *E* (*wrote first* tanto *and subsequently emended to* q-) ‖ buscar de lo que debe *CMN*: b. nin commo d. *E* — debe *C* (deue *MNE*). 372. e otro *C*: e el o. *add MN* (el o. *E*) ‖ al *om MN* ‖ treve *C* (a- *add MNE*).

181 El vno por allende   Buscar de su derecho,
    El otro por aquende,   Non obieron probecho.

182 Que los exenplos buenos   Non mentirien jamas,
    Que quanto es lo de menos,   Tanto es lo de mas.   376

183   Enel seso çertero   Al que Dios da ventura
    Açierta de ligero,   E non por su cordura.

184 Fazese lo que plaze   A Dios en todo pleito,
    Omre cosa non faze   Por su entendymiento.   380

185 Sy se faz por ventura   Lo que ael plazia,
    Tyen que por su cordura   E su sabiduria:

C 10] 186 E faze del escarnio   Dios, por que quier creer
    Que puede alongar daño   E probecho traer.   384

187 Pero por non yerrar,   Este es seso çierto:
    Trabaje por lazrar,   Sy quier saldra de rriebto.

188 Que la gente non digan   Del que es perezoso,
    Nin escarnio del fagan   El tengan por astroso.   388

373. allende *CM*: aquende *NE* ‖ buscar *CME*: buscando *N* ‖ de *om N* ‖ debe *C* (-ue *MNE*). 374. el *CNE*: e *M* ‖ aquende *CM*: all- *NE*. *At this point M jumps to* st. 279 *of the present edition. Our* st. 182 *corresponds to* st. 191 (fol. 68a) *in that ms.*

375. que los *C*: ca los *NE* elos *M* ‖ exenplos *C* (enx- *MNE*) ‖ mintirien] -rian *C*: mintieron *NE* (mi[n]trieron *M*). 376. que *CNE*: e *M* ‖ es *om E* ‖ es tanto *transp E*.

377. en *om M* ‖ da Dios *transp MN*. 379. Dios en todo pleito *CMN*: D. yo asy lo siento *E*. 380. cosa non *CE*: nada n. *MN*.

381. se *om M* ‖ faz *CMN* (-e *add E*) ‖ lo que *CMN*: aquello q. *E*. 382. tyen *C*: -e *add MNE* ‖ por *om E* ‖ cordura e *CMN*: c. | fue y *add E*.

383. e *om E* ‖ faze...Dios: escarnio del Dios faze *transp E* — escarnio. *Cf.* p. 28 ‖ quier *C*: -e *add MNE*. 384. puede alongar *om E* ‖ daño *CMN*: su d. *add E* — d. desfaze *add E* ‖ e *MN* (y *E*): nin *C* — probecho *C* (-uecho *MN*): pro *E* — e pr.: e a pr. *add N* ‖ traer *CMN*: puede t. *add E*.

385. pero *om M* ‖ yerrar *C*: er- *MN* (her- *E*) ‖ este *MNE*: ante *C* ‖ es *om M* ‖ seso *CMN*: el s. *add E*. 386. trabaje *C* (om *E*): -a *M* -o *N* — tr. por lazrar: continue trabajar *E* ‖ sy quier *CMN*: quiça *E* ‖ saldra *CN*: ladra *M* — s. de riebto: fallara puerto *E*.

387. la gente *CNE*: las gentes *M* — non diga la g. *transp E* ‖ del *CMN*: por el *E*. 388. nin...fagan *C*: n. del escarnio f. *transp M* n. menos lo maldigan *N* (*first wrote as C, subsequently struck out the phrase*) y que cosa non syente *E* ‖ el] e le *C* (om *E*): nin lo *MN* ‖ tengan por astroso *CMN*: de floxo y vagaroso *E*.

189 Trabaje ante cuemo   Sy enel su poder
    Del omre fuese mesmo   El ganar o el perder.

190 E para conortarse,   Sy lazrare en vano,
    Debe bien acordarse   Que non es en su mano.   392

191 Lazre por guareçer   Omre, enla pro cuelgue
    En Dios, que le naçer   Fizo por que non fuelgue:

C 10ᵛ] 192 Dar la su gualardon   Bueno, e su destajo;
        Non querra que en don   Sea el su trabajo.   396

193   Non pued cosa naçida,   Syn afan guareçer,
        E non abra guarida   Menos de bolleçer.

194 Non quedan las estrellas   Punto en vn logar:
    Serie mal lazrar ellas,   E los omres folgar.   400

195 Nos meçen las estrellas   Por fazer asi viçio:
    Es el meçerse dellas   Fazer aDios seruiçio.

196 E el meçer del omre   Es para mejorar;
    Asi e non a otre   Lo mandaron lazrar.   404

389. trabaje *CME*: -a *N* ‖ ante *C* (*om E*): asy *MN* ‖ cuemo] como *C*
(-mm- *MNE*) — y non çese c. *add E* ‖ -el *om M* ‖ su *om ME*.   390. mesmo
fuese *transp NE* ‖ o *C*: e *MN* (y *E*).

391–4. *The order of these stanzas has been reversed in N.*   391. para
CNE: por *M* ‖ lazrare *CM* (*om E*): -se *N* — l. en *CN* (lazraren *M*): su
trabajo es *E*.   392. debe *C* (-ue *MNE*).

393. enla *C* (e la *MN* y la *E*).   394. le *CE*: lo *MN*.

395. la *C* (le ha *MNE*) ‖ e *om N* ‖ su *CE*: syn *MN*.   396. querra
MNE: quiera *C* ‖ en *C*: syn *MNE*.

397. non *CMN*: nunca *E* ‖ pued] -e *add mss* — pued...guareçer: cosa
nasçida Syn afan guaresçer Puede *E*.   398. e *om NE* ‖ non *CM*: nin
NE ‖ abra *C* (-vra *M*) — a. guarida *CM*: puede aver g. *N*: su g. Aver *E* ‖
menos de *CN*: m. por *M* syn *E* ‖ bolleçer *MNE*: do- *C* (*scribal error
due to attraction by the prec. de*).

399. en *CNE*: e *M* ‖ logar *MN* (*unp C*) lug- *E*.   400. serie] -ia
mss.

401. nos] non se *CMN*: se *om E* — n. meçen *CMN*: non andan *E*.
402. es el *CM*: mas el *N*: mas es el *E* ‖ meçer- *CNE*: merçed *M* — -se
om MNE ‖ fazer *CM*: por f. *add NE*.

403. meçer *CNE*: merçed *M* ‖ es para *CM*: espera *N* es *om E* ‖
mejorar *CN*: se m. *add E* mejoria *M*.   404. otre *C* (-ie *M*): -o *N* — asi...
otre: y cobrar buen nonbre *E* ‖ lo *CM*: le *NE*.

87

197 Diol Dios entendymiento   Por que busque guarida,
        Por que falleçimiento   Non alla en su vyda.

    198 Sy cobro non fallo   Porel su bolleçer,
        Non derien que valio   Menos por se meçer: 408

    199 Por su trabajo quito   De culpa fyncara,
        E ala çima vito   Alguno fallara.

    200 Es por andar la rruede   Del molyno preçiada,
        E por que esta queda,   La tierra es follada.   412

    201 Establo es el guerto   Enque fruto non naçe,
        E non val mas que muerto   El omre que nos meçe.

    202 Non cunple qui non gana,   Mas lo ganado pierde,
        Fazyendo vyda vana   El su cabdal espiende.   416

    203   Non a mayor afan   Que la mucha folgura:
        Pon a omre en gran   Baldon e desuentura.

    204 Faze el cuerpo folgado   Al coraçon lazrar
        Con mucho mal cudado   Quel trae a yerrar.   420

    205 De mas el que quisiere   Estar syenpre folgado,
        De loque mas obyere   Mester sera menguado.

405. diol *CN*: -e *add M* — d. Dios: Dios le dio *E* ‖ por que busque *CMN*: para buscar *E*. 406. alla *C* (aya *MNE*). *Cf.* p. 28 ‖ en su *CMN*: e. la s. *E*.

408. derien] derian (*unp C*) *M*: diran *NE* ‖ valio *CME*: valo *N* ‖ se *CE* (*om M*): su *N* ‖ meçer *CE*: nasçer *N* bollesçer *M*.

409. quito *om N* ‖ fincara *CNE*: -ria *M*. 410. e ala çima *CN*: e quiça via *M* (y quiça dia *E*) ‖ vito *C*: e v. *add M* (y v. *E*) vno *N* ‖ fallara *CNE*: -ria *M*.

411. es...preçiada *MNE*: e p. a. l. r. d. m. es p. *C*. 412. que *om ME* ‖ esta *CN*: -r *add M* -rse *add E* ‖ follada *CNM*: fall- *E*.

413. es el *CNE*: e. de *M* ‖ guerto *C* (hue- *NE*): huerco *M* ‖ fruto *CM*: -a *NE* ‖ naçe *CMN*: cresçe *E*. 414. e *om ME* ‖ non *CMN*: nin *E* ‖ val *C*: -e *add ME* es *N* ‖ el *om E* ‖ nos *CN*: non se *ME* ‖ meçe *om N*.

415. qui (*unp C*) *M*: que *NE* ‖ pierdo lo ganado *transp E*. 416. vida vana *CNE*: v. penada *M* ‖ el *om E* ‖ espiende *CMN*: es gastado *E*.

418. pon *C*: -e *add N* (que pone *add M*) trae *E* ‖ en *CMN*: a *E* ‖ baldon e *CMN*: cuyta y *E* ‖ desuentura *CN*: desav- *E* desmesura *M*.

419. lazrar al coraçon *transp E* — al c. *CE*: el c. *MN*. 420. cudado *C* (cuyd- *ME*): criado *N* ‖ quel *N*: -l *om C* que lo *M* que le *E* ‖ yerrar *C* (err- *MN*) — a y.: aperdiçion *E*.

421. mas el que *CMN*: m. que e. q. *add E*. 422. mester] menes- *mss* — de...sera: sera delo que ouiere mas menester *transp E*.

206 El que*l* desearia,   Quan no*l* tobiese a ojo,
V*e*yendol toda via,   Toma conel enojo.   424

207   Sacan por pedyr lubia   Las rreliquias e crozes,
Quando en tienpo non vbia,   E dan porella bozes.

C 12] 208 E sy vyen amenudo,   Enojanse conella,
E mal diz*e*n al mundo   E la pro que vyen della.   428

209 Dizen: 'Sy quier non diese   Pan nin vyno el suelo,
Ental que omre viese   Ya la color del çielo!

210 Olbidado auemos   Su color con nublados,
Con lodos non pod*e*mos   Andar por los mercados.'   432

211 Lo mucho non es n*o*nca   Bien, nin de espeçia fyna;
*M*as val contralla poca,   Que mucha melezyna.

212 Non pued cosa ninguna,   Syn fyn sienpre creçer:
Desque hynche la luna,   Torrna a falleçer.   436

---

423. quel *N*: -l *om C* que le *M* quien le *E* || quan *C* (*om E*): -do
add *MN* || nol] non le *CE*: non lo *MN* || tobiese *C* (tou- *M*): viesse *N*
teniendo *E* || a ojo *CME*: al o. *N*.   424. veyendo- *M* (viendo *CN*) — -l *C*
(le *NE*): lo *M* enle ver *E* || toda via *C*: cada dia *MNE*.
425. lubia *C* (lluuia *MNE*) || rreliquias *CNE*: rrequilias *M* — crozes *N*
(*unp C*) cruz- *M* — rr. e crozes: rr. honrradas *E*.   426. en tienpo *C*:
a t. *E* el t. *MN* || vbia *C* (vuia *MN*): venia *E* || e *om ME* || porella *CM*
(*om E*): -o *N* || bozes *CNE* (voz- *M*) — b. aquexadas add *E*.
427. vyen *C* (-e add *MNE*) — a menudo v. *transp E* || enojanse *CN*:
-jase *M* -jados *E*.   428. e *om E* || dizen *MNE*: dizien (*unp*) *C* || al
CME: del *N* — vyen *CN* (-e add *M*) — al...vyen: la pro que tiene al
mundo *E* || della *MNE* (de e. *C*) — y sigue d. add *E*. *At this point M*
jumps to st. 75: *the continuation is to be found in* fol. 68 *in that ms.*
429. dizen *CNE*: -n *om M* || diese *CME*: -n add *N* || el *CNE*: al *M* ||
suelo *CME*: çie- *N*.   430. viese *CME*: lo v. add *N* || ya la color del
çielo *CME*: estrellado syn rreçelo *N*.
431. olbidado *C* (olui- *MNE*) || auemos *CNE*: -ienos *M*.   432.
podemos *MNE*: -iemos *C*.
433. non es *om E* || nonca] (*unp C*) nun- *MNE* — n. fallo add *E* ||
bien *CN*: bueno *ME* || de *om E*.   434. mas *MNE*: e m. add *C* || val *CN*:
-e add *ME* || contralla *CM*: -o *E* contraria *N* — poca *CMN*: -o *E* —
p. c. *transp E*.
435. pued *C*: -e add *MNE* || ninguna *CM*: alg- *NE* || fyn sienpre
CNE: f. muncho *M*.   436. hynche *C* (f- *MNE*) || torrna *CNE*: -e *M* ||
falleçer *CMN*: descreçer *E*.

C 12ᵛ] 213 A TODO omre castigo,   De sy mesmo que se guarde
             Mas que de enemigo: Con tanto, seguro ande.

       214 Guardese de su enbidia,   Guardese de su saña,
             Guardese de su cobdiçia,   Que es la peor maña.   440

       215 Non puede omre tomar   Enla cobdiçia tyento:
             Es porfundada mar,   Syn orilla nin puerto.

       216 De alcançar vna cosa,   Naçe cobdiçia de otra
             Mayor e mas lazrosa: Que mengua vien de sobra.   444

       217 Non falla mengua peña,   Sy non el que tyen paño,
             E el que tyen non deña,   Sy non otro estraño.

C 13] 218 Quien buena piel tenia,   Quel cumplie para el frio,
             Tabardo non pidria   Jamas, sy non por brio.   448

       219 Por que el su vezyno   Buen tavardo vestia,
             Con çelo el meçquino   En cueydado bevia.

437. de sy *CMN*: fazer d. s. *add E* ‖ mesmo *om E* — mesmo que se *C*:
que *om MN* mas grande Guarda *E*.   438. con tanto seguro *CMN*: por
que s. *E*.

439. guardese *CMN* (*om E*) ‖ enbidia *CNE* (env- *M*) — de...de:
d. s. e. y maliçia se guarde y d. *E*.   440. guardese. *But cf.* p. 47 ‖ su
om E ‖ es *CNE*: les *M* (1 *was subsequently struck out*) ‖ la peor maña
CMN: lo que mas le daña *E*.

441. puede. *But cf.* p. 46, § 5.   442. porfundada *C*: profun- *NE*
profundo *M* — tanto e. p. *add E* ‖ nin puerto *C*: e syn p. *MN* — syn
orilla nin p.: que suelo non le siento *E*.

443. de alcançar *CMN*: quien alcança *E* ‖ naçe cobdiçia de otra *CMN*:
d. o. c. cobra *E*.   444. lazrosa *C* (*see transcription, note,* ad loc.): penosa
E sabrosa *MN* ‖ que *om E* ‖ vien *CN* (*om E*): bien *M* — v. de sobra:
faze la s. *E*.

445-6. *om M*.   445. falla mengua *CN*: ha m. *E* ‖ peña *CN*: de p.
add E ‖ el que *CN*: quien *E* ‖ tyen *C*: -e *add NE*.   446. tyen *C*: -e
add N — e...deña: alo suyo desdeña *E* ‖ sy non *om E* ‖ otro *C*: a o.
add N — o. estraño: y cobdiçia lo e. *E*.

447. quel] -e *add CNE*: que el *M* ‖ cumplie *CM* (cun- *N*): -plia *M*
-ple *N* bastaua *E* ‖ para el *CMN*: al *E*.   448. tabardo *C* (tav- *MNE*) ‖
pidria *C*: -diria *M* pedia *E* vistiria *N* ‖ por *CM* (*om N*): con *E*.

449. que el *C* (quel *MN*): q. vn *E* ‖ vestia *CE* (vis- *N*): tenia *M*.
450. con çelo *CN* (conçelo *M*): c. el ç. *add E* ‖ meçquino *C* (mes- *MNE*) ‖
cueydado *C* (cuyd- *MNE*) ‖ bev- (*unp C*) *ME*: bju- *N*.

220 *Fue* buscar tauardo; Fallo*l*, e entro en cueyta
Por otro mas onrrado, Para de fyesta en fiesta. 452

221 E sy este primero Tavardo non fallara,
Del otro disantero Jamas non se membrara.

222 Quando lo poco vyen, Cobdiçia de mas creçe;
Quanto mas omre tyen, Tanto mas le falleçe; 456

223 E quanto mas alcança, Mas cobdiçia, diez tanto.
El peon, desque ca*l*ça Calças, tyen por quebranto

224 Andar de pie camino, E va buscar rroçin:
De calçar calças vyno Acobdiçia syn fyn. 460

225 Pora el rroçin quier omre Qu*i*l piense, e çeuada,
Establo e pesebre. E d*e*sto todo, nada

226 Non le menguava: quando Las calças non tenia,
Los çapatos solando, Sus jornadas complia. 464

. . . .
. . . .

451. fue buscar *M* (*om E*): para b. *CN* ‖ tauardo *CN* (tab- *M*): vn t. alcançado *add E* ‖ fallol e] -le *C* (*om E*): -lo *M* -l e *om N* — e f. *add M* ‖ entro *C* (*om E*): a otri *M* otro *N* — en cueyta *CN*: acuesta *M* la su cuyta *E* — c. se enfiesta *add E*.
453. este *CMN*: aquel *E*. 454. se *CME*: -l *add N* ‖ membrara *C* (-nb- *N*): nenbr- *M* cura- *E*.
455. vyen *C* (-e *add MNE*). 456. honbre mas *transp E* ‖ tyen *C* (-e *add MNE*).
457. diez *CE*: dos *MN*. 458. el peon *CNE*: alfyn *M* ‖ calça *MN*: cansa *C* — desque c.: d. avança *E* ‖ tyen *C*: -e *add MN* ha *E* ‖ por quebranto *CME*: p. su q. *add N*.
459. andar *CE*: de a. *add M* anda *N*. 460. a- *om E* ‖ cobdiçia *CM*: demandar *N* (*wrote first* buscar, *struck it out and inserted* demandar *below*) su c. *add E* ‖ syn *CME*: su *N*.
461. pora *C* (para *MNE*) ‖ quier *CM* (-e *add N*): rrequiere *E* ‖ omre *om E. Cf.* p. 45, § 1 ‖ quil (*unp C*): quel *M* q̄ le *N* quien le *E*. 462. establo *CMN*: y buen e. quiere *add E* ‖ e pesebre *C* (*om E*): e buen p. *add MN* ‖ desto. *MNE* (de e. *C*).
464. los çapatos *CME*: con çapato *N* ‖ solando *CE*: -ados *M* -ado *N* ‖ sus jornadas *CE*: su jornada *MN* ‖ complia (*unp C*) con- *M*: cun- *NE*.

227   'Yo fallo enel mundo   Dos omres, e non mas,'

C 14]   E fallar nunca p*u*do   El terçero jamas:

228   'Vn buscador que cata   E non alcança nunca,

     E otro que nos farta   Fallando lo que busca.'   468

229   Quien falle e se farte,   Yo non pude fallarlo;

     Que podrie bien andante   E rrico omre llamarlo:

230   Que non a omre pobre,   Si non el cobdiçioso,

     Nin rrico, sy non omre   Conlo que tyen gozoso.   472

231   Quien lo quel cunple quiere,   Poco le abondara,

     E quien sobras quisyere,   El mundo no*l* cabra.

232   Quanto cumpl*e* a omre,   Del su algo *se* syerbe:

C 14ᵛ]   *D*e lo de mas el syenpre   Es syerbo, quanto b*ie*ve   476

233   Todo el dia lazrado,   Corrido, por traer lo,

     E la noche cuytado,   Por miedo de perder lo.

465. yo *om E* ‖ fallo *CMN*: -e *E* — enel mundo f. *transp E*.   466. fallar *om NE* ‖ nunca *om N* — pudo *N* (*om E*): puedo *CM* — nunca p.: mi ojo ver non p. *N* nunca alcançe *E*.

467. cata *CMN*: tienta *E* ‖ e *om N* ‖ non *CMN*: cosa n. *add E* ‖ alcança *CME*: falla *N* ‖ nunca *CM* (*om E*): nada n. *add N*.   468. e *om NE* ‖ que *om E* ‖ nos *C* (non se *NE*): nunca se *M* ‖ farta *CMN*: contenta *E* ‖ fallando lo que busca *C*: f. quanto b. *MN* f. en abastança *E*.

469. falle *CME*: -o *N* ‖ e *om N* ‖ farte *CMN*: contente *E* ‖ yo *om E* ‖ non *CMN*: nunca *E* ‖ pude (*unp C*) *NE*: puedo *M*.   470. que *C MN*: ca *E* ‖ podrie *C* (-ia *NE*): pobre *M* — p. bien andante: p. çierta mente *E*.

471. que *CM*: ca *NE* ‖ pobre honbre *transp E*.   472. tyen *C*: -e *add MNE*.

473. quel *CM*: -e *add E* -l *om N* ‖ abondara *CM*: bastara *NE*. 474. e quien *CMN*: al que *E* ‖ nol] non le *mss*. (*Cancelling dots under* -e, *in E*.)

475. quanto *CMN*: tanto que *E* ‖ cun- (*unp C*) *MN* — -ple *MN*: -plia *C* — a *CM*: -l *add N* — cumple a *om E* ‖ omre *C* (omne *MN*): honbre se tienple *E* ‖ del *C*: -l *om MN* — se *om C* — syerbe *C* (syrue *M*): estruye *N* — del...syerbe: basta que lo touiere *E* (*a modern hand inserted* lo *between* basta *and* que).   476. de lo *M*: del *E* e lo *C* — el *om ME* — sienpre es *C*: e. s. *transp M* sera s. *E* — quanto *CE*: en q. *add M* — bieve] byve (*unp C*) *M*: biujere *E* — de...bieve: al cobdiçiar no assome pues su alma mal construye *N*.

477. traer lo *CN* (-ello *ME*).   478. e *om N* ‖ la noche *C*: ala n. *add M* alo n. *N* de n. *E* ‖ por *CMN*: con *E* ‖ perd- *CNE* (pered- *M*) — -er lo *CN* (-ello *ME*).

M 64d]	234	El, tanto non le plaze	Del algo que a, aver lo,	
		Quanto pesar le faze	El miedo de perder lo.	480
C 14ᵛ]	235	Nos farta, nol cabiendo	En arca nin talega,	
		E lazra, non sabiendo	Pora quien lo allega.	
	236	Syenpre las almas grandas,	Queriendose onrrar,	
		Fazen ensus demandas	Alos cuerpos lazrar.	484
	237	Por complir sus talantes,	Non los dexan folgar:	
		Fazen los viandantes	De logar en logar.	
C 15]	238	La alma granda vyene	A perder se con çelo,	
		Cuydando que mas tyene	Su vezyno vn pelo.	488
	239	Tyenle gran miedo fuerte	Que le abantajara,	
		Nol mienbra de la muerte,	Que los ygualara.	
	240	Por buscar lo de mas,	Es quanto mal auemos;	
		Por el mester, jamas	Mucho non lazraremos.	492

479–80. *om C*. 479. el *M*: al *N* a el *E* ‖ le *om E* ‖ del *MN*: por el *E* ‖ que *om NE* ‖ a aver] auer *M*: en aver *N* thener *E* — lo *MN* (*om E*). 480. el *om E* ‖ lo perder *transp E*.

481. nos *C*: non se *MNE* ‖ nol *C*: non le *MN* non *E* ‖ nin talega *C*: n. en t. *add MNE*. 482. e *CM* (y *E*): el *N* ‖ lazra *CMN*: -r *add E* ‖ pora *C* (para *MNE*).

483. syenpre *om E* ‖ grandas *C*: -es *MN* — las almas g.: los grandes coraçones *E* ‖ queriendose *CMN*: cobdiçiando *E*. 484. fazen ensus demandas *CMN*: f. todas sazones *E*.

485. complir *unp C* (con- *MNE*) ‖ talantes *MNE*: -entes *C* ‖ los *CNE*: les *M*. 486. viandantes *CNE*: viad- *M* ‖ log- (*unp C*) *MN*: lug- *E*.

487. granda *C*: -nde *N* -nada *M* altiua *E* ‖ con *CNE*: c. el *add M*. 488. cuydando que *C* (*om E*): quanto q. *M* quando vee *N* ‖ mas *CN*: de m. *add ME* — mas…vezyno: sy su v. t. | de m. *E* ‖ vn *CMN*: que el v. *add E*.

489. tyen- *C*: -e *add MNE* — -le *om E* ‖ gran *om E* ‖ miedo fuerte *CM* (m. | f. *N*): m. muy f. *E* ‖ abantajara *C* (avent- *MNE*): -ria *M*. 490. nol] non le *C*: e n. l. *add M* n. se l. *add N* n. se *E* ‖ mienbra *CNE*: nienbraria *M* ‖ de la *CM*: de *om N* q̄ la *E* ‖ que *om E* ‖ los *om E* ‖ ygual- (*unp C*) *ME*: egual- *N* — -ra *CNE*: -ria *M* — a amos y. *add E* (*cancelling dots under a*).

492. el *CN* (*om E*): lo *M* ‖ mester *C*: menester *NE* nesçesario *M* ‖ mucho non *CMN*: muy poco *E* ‖ lazraremos *CNE*: le l. *add M*.

241 Sy que nod mengue quieres,   *Dexa* la tu cobdiçia:
    Lo que auer podieres,   Solo eso cobdiçia.

242 Delas cobdiçias syenpre   Toda sobra dexando,
    E de toda costumbre,   Lo de medio tomando.   496

[VI]

243 DE las muchas querellas   Que en coraçon tiengo,
C 15ᵛ] Vna, la menor dellas,   Es la que contar viengo:

244 Dar la ventura pro   Al quien farie maliçia
    E se echaria pro,   E atras, con cobdiçia   500

245 De poco algo ganar,   Farie gran astrosia
    E suzia. Perdonar   Esto, non lo podria:

246 Que la ventura tyen   Por guisado del dar
    Mucho mas que y vyen   Por boca demandar.   504

247 E fazel bien andante,   Dal onrra e valia,
    La que por el talante   Buscar nol pensaria.

493. que nod mengue *C*: non que te m. *M* tu mengua non *N* aver
mengua non *E* ‖ quieres *CMN*: quisie- *E* ‖ dexa *MNE*: toda *C* (*attraction
by* l. 495). 494. lo *CME*: e lo *N* ‖ pod- (*unp C*) *M*: pud- *NE* ‖ eso solo
transp E. At this point M jumps to st. 113; *the continuation is to be found
in* fol. 70a *in that ms.*
    495. toda *om M* ‖ sobra *CE*: sonbra *N* los sabores *M*. 496. e de toda
om E ‖ costumbre (*cf.* p. 45, n. 7) — la c. se tienpre *add E*.
    497. en coraçon *CMN* (*N wrote* enl, *then cancelled it and inserted* en
instead): enel c. *E* ‖ tiengo *C*: te- *MNE*. 498. menor *C*: mayor *MNE* ‖
que *om M* ‖ contar *CME*: contra- *N* — viengo *C*: ve- *ME* -ve- *N*.
    499. al quien *C*: al q̄ *MNE* ‖ farie *C*: -ia *M* faze *N* vsa *E*. 500. se
om N ‖ pro *CM*: apro *NE* ‖ e *CM* (y *E*): a *N* ‖ atras *CE*: otros *MN*.
    501. de *CME*: por *N* ‖ farie] -ia *CME*: fare *N*. 502. suzia *C* (*om
MN*): mengua *E* ‖ perdonar *CE*: de querer p. *add M* querer p. *add N*.
    503. que *CME*: e *N* ‖ tyen *C* (-e *add MNE*) ‖ del *C*: de le *MNE*.
504. que y *C*: q̄l *MN* que le *E* ‖ vyen *C* (-e *add MNE*) ‖ por boca *CMN*:
p. la b. *add E*.
    505. e *om E* ‖ fazel *C*: -e *add MNE* ‖ dal *C* (-e *add NE*): dela *M*.
506. la *CE*: lo *MN* ‖ que *CNE*: quel *M* ‖ el *CN* (*om M*): su *E* ‖ buscar
CME: passar *N* ‖ nol *C* (non le *MN*): non *E* ‖ pensaria *CE* (pes- *M*):
podria *N*.

	248	Ventura quier guisar	Subir le tal subyda,	
		Qual nos *t*reverie osar	Cobdiçiar en su vyda.	508
C 16]	249	El, syenpre *trabajado*	De meterse aquanto	
		Baldon tyen el onrrado	Por cueyta e quebranto,	
	250	Tenersya por vano,	*Syn sol cuydas enella:*	
		E viene le a mano	Syn trabaja*r* porella!	512
	251	Al sabio preguntava	Su deçiplo vn dia,	
		Por que non trabajaba	De alguna merchandia,	
	252	E yr a bolleçer	De lugar en lugar	
		Pora enrriqueçer	E algo allegar.	516
	253	E rrespondio le el sabio,	Que por algo cobrar,	
		Non tomaria agravio	De vn punto lazrar.	
	254	Diz: 'Por que buscaria	Cosa de que jamas	
C 16ᵛ]		Nunca me fartaria	Fallandola?' E mas	520
	255	'Acuçia nin cordura',	Diz, 'non ganan aver:	
		Ganase por *ventura*,	Non por *s*y nin saber.	

507. quier *CN*: -e *add ME* ‖ guisar *CNE*: vsar *M* ‖ sub- (*unp C*) *M*: sob-
NE — -le tal *CNE*: de t. *M* ‖ subyda (*unp C*) *M*: sob- *NE*. 508. nos
CN: non lo *M* nunca *E* ‖ trev- *MN* (terev- *C*) — -ie *C* (-ia *M*): -uio *N* —
treverie *om E* ‖ osar cobdiçiar *C*: buscar c. *M* o. cabdiar *N* c. osso *E*.
509. trabajado *ME* (*text damaged in C*): -ando *N* ‖ de *CNE*: e *M* ‖
meterse *CMN*: ponerse *E*. 510. tyen *C* (-e *add MNE*) ‖ por cueyta *C*:
p. honrrar *M* p. honrra *N* p. mal *E* ‖ e quebranto *CN*: e por q. *add ME*.
511. tenersya *C* (-se ya *MNE*) ‖ syn *M* (*om E*): sy *N* — sol *MN* (-o *add
E*) ‖ cuydas *N* (-e *add M*): en cuydar *E* — syn…enella (*text missing in C*).
512. a mano *CM*: a la m. *add NE* ‖ trabajar *MNE* (-r *is doubtful in C*).
513. deç- (*unp C*) *ME*: disç- *N*. 514. de alguna *CMN*: d. qual que
E ‖ merchandia *CMN*: mercaderia *E*. 515. e *CME* (en *N*) ‖ a *om M* ‖ lug- en lug- (*unp C*) *ME*: log- en
log- *N*. 516. pora *C* (p *MN*): para- *E* — enrriqueçer *CMN*: -se a e.
add E ‖ e algo *CMN*: y mas fazienda *E* ‖ allegar *CM* (llegar *E*): ganar *M*.
517. e *om NE* ‖ le *om N* ‖ algo *CMN*: fazienda *E*. 518. agravio
(*partly illegible in C: see note ad loc.*).
519. diz *CM*: -e *add N* dixo *E* ‖ por *om NE* ‖ buscaria *C*: -re *MNE*.
520. nunca *CME*: por n. *add N* ‖ fartaria *C*: -re *MNE* ‖ mas *CMN*:
demas *E*.
521. acuçia *CMN*: que a. *add E* ‖ diz *om MNE* ‖ ganan *C*: gana *MN*
gane *E* ‖ aver *CM*: el a. *add NE*. 522. ventura *MNE* (*partly illegible
in C*) ‖ non *CM*: y n. *NE* ‖ sy (s- *illegible in C*) *M* — sy nin *om NE* — n.
por *add M* ‖ saber *CM*: el s. *add N* grand s. *add E*.

256 Pierdese por franqueza   Fazer e mucho bien;
     Guardalo escaseza,   Vileza lo mantyen.'   524

257 E por esta rrazon   Farie locura granda
     El sabio que sazon   Perdiese en tal demanda.

258   Con todo esto convyen   Al que algo tobiere,
     Fazer del mucho bien,   Quanto mas y pudiere: 528

259   Que nol pierde franqueza,   Quando es de venida,
     Nin lo *guarda escaseza*,   Quando es ya de yda.

260   Non a tan *buen* tesoro   Como el bien fazer,
     Nin aver tan seg*o*ro,   Nin con tan gran plazer   532

C 17]   261   Como el que tomara   Aquel que lo fizyere:
     En vida le onrrara   E despues que muriere.

262   El bien fecho non teme   Que lo furten ladrones,
     Nin que fuego lo queme,   Nin de otras ocasiones;   536

263   Nin a para guardarlo,   Consejo menester,
     Nin en arca çerrarlo,   Nin son llave meter.

---

523. pierdese *CNE*: -se *om M* ‖ fazer *CM*: vsar *E* — e fazer *transp N*.
524. guardalo *CNE*: -dan- *M* ‖ lo *om M* ‖ mantyen *CMN*: -e *add E*
(*a modern hand inserted cancelling dots under that letter*) non m. *add M*.
   525. farie *CN* (*pointed* -ia *by a later hand in C*) *om E*: -ia *M* ‖ granda *C*
(-a *om E*): -nada *MN* — locura g.: en g. l. *E* — l. anda *add E*.   526. per-
diese *CN* (pered- *M*): pierde *E* ‖ en *om M* — e. tal *CN*: por t. *E*.
   527. tobiere (*unp C* tuu- *E*): ouiere *MN*.   528. fazer *CMN*: que
faga *E* ‖ del *CMN*: dello *E* ‖ mucho *om E* ‖ y *C*: el *MNE* — el mas
transp M ‖ pudiere (*unp C*) *ME*: pod- *N*.
   529. que *om MNE* ‖ nol *C*: non lo *M* non la *N* nyn lo *E*.   530. lo
om N ‖ guarda escaseza *ME*: mantyene e. *N* mantyen vileza *C* ‖ es *CMN*:
esta *E* ‖ ya *om ME*.
   531. buen *MNE*: gran *C*.   532. segoro *unp C*: seguro *M* — aver tan
s. *CM*: a. t. sabroso *N* t. presçioso oro *E* ‖ con *om E* ‖ tan *CNE*: tanto
M ‖ gran *om ME* — g. plazer: dulçe p. *E*.
   534. en vida *CE*: en la v. *MN* ‖ le *CNE*: lo *M* ‖ -ara *CNE*: -aran *M*.
   535. el bien *CNE*: e. que b. *add M* ‖ lo *CM*: le *NE* ‖ furten *CE*:
furtaran *MN*.   536. lo *CME*: le *N* ‖ de otras *C*: de *om MNE*.
   537. para *CNE*: por *M* ‖ consejo *unp C*: conde fijo *M* escondrijo *N*
Ryncones *E*.   538. son *C* (so *MNE*) — s. llave *CM*: s. la ll. *add NE*
(*cancelling dots under* la *in E*).

264   Fyncar la buena fama,   Quando fueren perdidos
    Los algos, e la cama   E los buenos vestidos.   540

265   Por el sera onrrado   El linaje que fyncare,
    Quando fuere acabado   Lo que del eredare.

C 17ᵛ] 266   Jamas el su buen nomre,   Non se acabara,
    Que lengua de tod omre   Syenpre lo nomrara.   544

267   Por ende en bien fazer   Tu poder mostraras,
    En al de tu plazer   Lo de mas dexaras.

268   E de toda cobdiçia   Dexar la mayor parte,
    Que de fazer maliçia   Los omres an talante.   548

[VII]

269   QUIEN de mala ganançia   Quier sus talegas llenas,
    De buena segurança   Bazyara las sus venas.

270   Non a tan dulçe cosa   Como la segurança,
    Nin a miel tan sabrosa   Que paz e amistança.   552

C 18] 271   Nin a cosa tan quista   Como la omildança,
M 70d]   Nin tan sabrosa vista   Como la buena andança;

539. fyncar *CMN*: queda *E* — la *C* (le ha *MN*): la (*art.*) *E* ‖ quando *CME*: desque *N* ‖ perdidos *MN* (*partly illegible C*): gastados *E*. 540. los buenos vestidos *CMN*: l. paños presçiados *E*.

541. sera *CNE*: -ia *M* ‖ fyncare *CN*: -rie *M* queda *E*. 542. lo que del *CMN*: el que lo suyo *E* ‖ eredare *CN*: -rie *M* hereda *E*.

543. buen *om N* ‖ nomre *C* (-nbre *NE*): onbre *M* ‖ acabara *C*: oluidara *MNE*. 544. que *CE*: ca *N* — que lengua: q. el tenga *M* ‖ tod *C* (-o *add MNE*) ‖ nomrara *C* (-nbr- *ME*): menbrara *N*.

545. en *CN*: el *ME*. 546. en al de *CM*: en lo de *N* enlo al de *E* ‖ tu *om E*.

547. e *om M* ‖ dexar *NE* (dexa *M*): desear *C*. 548. que *CE*: ca *N* e *M* ‖ los omres *CMN*: l. mas honbres *E* ‖ talante *CMN*: arte *E*.

549. quier *C* (-e *add ME*): -es *add N* ‖ sus *om E*. 550. seg- (*unp C*) *MN*: aseg- *E* ‖ bazyara *C* (vaz- *MNE*): -n *add E* ‖ las *om M*.

551. seg- (*unp C*) *MN*: aseg- *E*. 552. a *om E* ‖ miel *om N* (*there is a blank in that ms at this spot*) ‖ que *CMN*: commo *E* ‖ paz e *om E* ‖ amistança *CNE*: omildança *M* — la buena a. *add E*.

554-5. *om C*. 554. sabrosa *ME*: fermosa *N*.

272 Nin a tal loçania   Como la obedençia,

Nin tal varagania   Com la buena sofreença.   556

273 Non pued aber tal maña   Omre como sofrirse,

Nin fazer conla saña   Quel faga rrependirse.

274 El que por que sufrio,   Se tuvo por viltado,

Ala çyma salio   Por mas abantajado.   560

275 Non a mas atreguada   Cosa que la pobreza,

Nin cosa guerreada   Tanto com la rryqueza:

276 Digo que omre pobre   Es prynçep desonrrado,

Ansy es el rryco omre   Vn lazerado onrrado.   564

277 Quien se enloçaneçio   Por onrra que*l* creçia,

A entender bien dio   Que non la mereçia.

278 Tyen de la loçania   El seso tal despecho,

Que entrar non podrya   Conella son vn techo.   568

555. obedençia *M*: -djen- *N* obid- *E*. 556. varagania *C* (barag- *M* barrag- *NE*) ‖ com *C*: -o *add MNE* — c. a *add N* ‖ buena *om NE* ‖ sofreença *unp C* (*cf.* p. 31, § 12): sufrençia *MNE*.

557. non *CMN*: ny *E* ‖ pued *C*: -e *add NE* -o *add M* ‖ sofrir- (*unp C*) *MN*: sufrir *E* — -se *om M* — como s.: c. en s. *add M*. 558. nin *CM*: non *N* por non *E* ‖ fazer *CNE*: faga *M* ‖ con *om N* ‖ la *om NE* ‖ quel *C*: que le *M* -l *om N* que el *E* — antes q. *add N* ‖ rrependirse *C*: arre- pentirse *E* arreprentirse *N* rrepetyr *M*.

559. el *om N* ‖ que (*unp C*) *ME*: quien *N* ‖ por que sufrio *CME*: p. q. se s. *add N* ‖ tuvo *C* (touo *MNE*) ‖ viltado *C* (byl- *N*): abil- *ME*. 560. çyma *CNE*: syma *M* ‖ salio *CMN* (sallo *E*) ‖ abantajado *C* (aven- *NE*): aventurado *M*.

561. mas *CN*: tan *ME* ‖ atreguada *CME*: cargada *N* ‖ que *CN*: commo *ME*. 562. nin...tanto *CMN*: n. ay mas g. c. *E* ‖ com *C*: -o *add MN* que *E*.

563. digo *CMN*: yo d. *add E* ‖ que *om E* ‖ omre pobre *C* (omne p. *MN*): el p. honbre *E* ‖ es *om E* ‖ prynçep *C*: prinçipe *MNE*. 564. ansy *CE*: asy *MN* — a. que *add E* ‖ el rryco *CMN*: e. de rr. *add E* — omre *C* (omne *MN*): nonbre *E* — el rr. o. es *transp MN* el rr. n. es *transp E* ‖ vn *om MN* ‖ lazer- *C* (lazr- *MNE*) — onrrado *CMN*: honrroso *E* — h. l. *transp E*.

565. enloçaneçio *CME*: enloquesçio *N* ‖ por *C*: con *MNE* ‖ quel *NE*: que le *CM* ‖ cre- *MNE* (kere- *C*). 566. la *CE*: lo *MN*.

567. tyen *C*: -e *add MNE* ‖ de *om M* ‖ la *om E* ‖ tal *CNE*: tan *M* ‖ despecho *CNE*: desfecho *M*. 568. son *C* (so *MNE*) ‖ techo *CNE*: lecho *M*. *The text is continued in the latter ms in fol. 67 a.*

279	E los que trabajaron	De los en paz meter,
	Por muy torpes fyncaron	Solo enlo cometer:

280	Sy esta paz fizyeran,	Ligero fuera luego	
	De creer que bolbieran	El agua conel fuego.	572

281 Desy da cuenta çierta   Quien argullo mantyen,
        Que punto ensu tyesta   De meollo non tyen:

282 Que sy non fuese loco,   Non vsaria ansy,
      Sy conoçiese vn poco   Al mundo e asy.   576

283   Vsa el omre noble   Alos altos alçarse,
        Synple e conuenible   Alos vaxos mostrarse.

284 Muestra la su grandeza   Alos desconoçidos,
      E la su gran sympleza   Alos baxos caydos.   580

285 Es enla su pobreza   Alegre e pagado,
      E enla su rryqueza,   Muy synple, mesurado.

286 Su pobreza encubre,   Dase por bien andante,
C 19ᵛ] E la su prisa sufre   Mostrando buen talante.   584

---

569. e *om* E ‖ los *MNE*: lo *C* ‖ trabajaron *CMN*: se t. *add* E ‖ de los
en paz meter *CMN*: por e. p. l. m. *E*.   570. por *om* M ‖ solo. *But cf.*
Introd. p. 46, § 5.

571–2. *This stanza has been inserted, in MNE, after 282 of our edition.*
571. fizyeran *CNE*: -n *om* M.   572. creer *MNE* (kereer *C*) ‖ bolbieran
C (bolu- *MNE*): -n *om* M ‖ el *CNE*: al *M*.

573. desy *MN* (*om* E): e deso (*unp*) *C* ‖ da cuenta çierta *CMN*: d.
sennal magnifiesta *E* ‖ argullo *C*: org- *MNE* ‖ mantyen *C* (-e *add MNE*).
574. punto *CE*: poco *M* puesto *N* ‖ en su *CMN*: e. la s. *add* E ‖ tyen
CM (-e *add NE*).

575. que *CM*: ca *NE* ‖ fuese *CNE*: -re *M* ‖ ansy *C* (asy *MNE*).
576. sy *om* E ‖ conoçiese *CMN*: conosçiendo *E* ‖ vn *CMN*: alg- *E* ‖ al
mundo *CMN*: deste m. *E* ‖ asy *CMN*: de sy *E*.

577. noble *CMN*: notable *E*.   578. synple e conuenible *CMN*: llano
y rraz[on]able *E* ‖ vax- *C* (bax- *MNE*).

580. e *om* E ‖ la su *om MNE* ‖ gran *C*: muestra grant *MN* otro sy
grande *E*.   581. alegre *CMN*: muy a. *add* E.   582. e *CMN*: es *E* ‖
enla *CMN*: con la *E* ‖ muy synple *CMN*: m. cortes *E* ‖ mesurado
CMN: y m. *add* E.

583. su pobreza encubre *CMN*: e. s. p. *transp* E ‖ bien *CNE* (v- *M*).
584. e *om* E ‖ prisa *CN* (priesa *M*) — la su p. sufre *CMN*: sufre la su
graueza *E*.

287 Su rrebes del vyllano: Baxas alos mayores,
    E alto e loçano   Se faz alos menores.

288 Mas de quanto es, dos tanta,   Muestra su mal andança,
    E al mundo espanta   Enla su buena andança.   588

289 Enla su mal andança   Es mas baxo que tierra,
    E en su buena andança   Al çielo quier dar guerra.

290 El que oyr quisyere   Las mañas del villano,
    Por que quando lo vyere   Lo conoçca de mano: 592

291 Non faz cosa por rruego,   E la premia consyente:
    Castigalo, e luego   Te sera obediente.

292 Com el arco le cuento   Yo en todo su fecho:
    Fasta que*l* fazen tuerto,   El nunca faz derecho.   596

293 Peor es lebantarse   Vn malo enla gente,
    Mucho mas que perderse   Diez buenos, çierta mente:

294 En perderse los buenos,   Çierto el bien falleçe,
    Pero el dañu menos   Es que quando mal creçe.   600

585. su *om M* ‖ rrebes *C* (rreu- *MNE*): rr. vsa *add M* ‖ del *C*: el *MNE* ‖ bax- *CNE*: abax- *M* — -as *C*: -asse *N* -arse *E* -andose *M*.
586. e alto *CN* (e *om ME*): soberuio *E* ‖ e *om E* ‖ loçano *CMN*: muy hufano *E* ‖ faz *C* (-e *add N*): muestra *ME*.
587. de quanto *CN*: de quantas *M* de lo que *E* ‖ tanta *CE*: -o *MN*.
588. al *CNE*: el *M* ‖ espanta *CME*: pone espanto *N* ‖ enla su buena andança *CM*: con la su prosperança *N* por poco bien que alcança *E*.
589. mal *CE*: -a *add MN* ‖ baxo *CNE*: -s *add M*.   590. e...andança *CMN*: con poca bien a. *E* ‖ quier *C*: -e *add MNE* — q. al çielo *transp E*.
591. oir *CMN*: saber *E* ‖ mañas *CNE*: nueuas *M*.   592. conoçca *C* (-osca *MNE*) ‖ mano *CNE*: plano *M*.
593. faz *CMN*: -e *add E* ‖ cosa *CE*: nada *MN* ‖ e *CME*: que es *N* ‖ la *om N* ‖ premia *CE*: pena *M* — consyente *CE* (cos- *M*) — p. c.: sobre salyente *N*.   594. castigalo *C*: quebrantad lo *ME* quebrar lo *N* ‖ e luego *CMN*: y veres l. *add E* ‖ te *C*: vos *MN* commo vos *E* ‖ sera *CMN*: hes *E* ‖ obediente (*unp C*) *N*: obend- *M* (obid- *E*).
595. com *C* (-mo *add MNE*) ‖ le *C* (*om E*): lo *MN* ‖ cuento *CMN*: por çierto *E* ‖ yo *om E* ‖ todo *CMN*: paresçe t. *add E*.   596. fasta *CNE*: que f. *add M* ‖ quel *N*: que le *CE* que el *M* ‖ fazen *CNE*: -n *om M* ‖ el *om MN* — nunca el *transp E* ‖ faz *C*: -e *add ME* tira *N*.
597. lebantarse *C* (leuan- *MNE*) ‖ enla *CMN*: entre la *E*.   598. perderse *CMN*: acabarse *E*.
599. en *CNE*: ca *M* ‖ çierto *CMN*: syn dubda *E*.   600. dañu *C* (-o *MNE*) — pero el d. *CMN*: el d. en pero *E* ‖ es menos *transp E* ‖ que quando mal *C*: q. non q. m. *add E* quel m. *M* que m. *N*.

<table>
<tr><td>295</td><td>Quando el alto cae,
Vida al fumo trae</td><td>El baxo se lebanta:
El fuego que se amata.</td><td></td></tr>
</table>

295 Quando el alto cae,   El baxo se lebanta:
     Vida al fumo trae   El fuego que se amata.

C 20ᵛ] 296 El caer del rroçio   Faz lebantar las yerrbas,
      Onrranse conel peçio   De la señor las syerbas.   604

[VIII]

297 OMRE que la paz quieres   E non temer merino:
     Qual para ty quisyeres   Faras a tu vezynu.

298 Fi domre, que te querellas,   Quando lo que te plaze
     Non se cunple, e rrebellas   En Dios, por que non faze   608

299 Todo lo que tu quieres?   Y andas muy yerrado:
     Non te miemra que eres   De vil cosa criado;

300 De vna gota suzya,   Podrida e dañada?
     E tyeneste por luzya   Estrella, muy preçiada!   612

C 21] 301 Pues dos vezes pasaste   Camino muy biltado,
      Locura es preçiarte: Daste por muy menguado.

302 E mas que vn mosquito   El tu cuerpo non vale
     Desque aquel espryto   Que lo meçe del sale.   616

601. lebanta *C* (leua- *MN*) — se l.: s. alça luego *E*. 602. fumo *CMN* (h- *E*) ‖ el...amata *C*: e. f. que a. *M* quando e. f. s. a. *N* quando s. mata el f. *E*.

603. rroçio *CME*: rreσio *N* ‖ faz *CMN*: -e *add E* ‖ leb- *C* (leu- *MNE*) ‖ las *om ME* ‖ yerrbas *C* (-uas *MNE*). 604. onrranse *CME*: -asse *N* ‖ peçio *C*: ofeçio *M* vjçio *N* brio *E* ‖ de la *CE*: del *M* el *N* ‖ señor *M*: -a *add CE* açor *N* ‖ las s- *CME*: de sus s- *N* — -bas *C* (-uas *MNE*).

605. que la *CMN*: sy la *E* ‖ temer m. *CMN*: t. al m. *add E* — merino (unp *C*) *MNE*. 606. faras *CNE*: quieras *M* ‖ a tu *CE*: al tu *N*: para tu *M* ‖ vezynu *C* (-o *MNE*).

607. fi domre (fid omre *C*): fijo de omne *M* fi de omne *N* honbre *E* ‖ que te *CMN*: tu te *E* ‖ quando lo *CME*: vjendo lo *N*. 608. rreb- *CMN* (rreu- *E*) ‖ en Dios *CMN*: a Dios *E* ‖ que *CME*: quien *N* (-en *was subsequently deleted*).

609. yerrado *C* (err- *N*): yrado *ME*. 610. miemra *C* (-mbr- *N*): -s *add ME*.

613. pasaste *CNE*: paresçiste *M* ‖ camino *CMN*: por lugar *E* ‖ muy *om E* ‖ biltado *CN*: abi- *M* ensuziado *E*. 614. es locura *transp E* ‖ muy *om M* — daste por m. menguado: y querer ser loado *E*.

615. vale *CNE* (-e *om M*). 616. esp- *CME* (sp- *N*) ‖ que lo *CNE*: que el *M* ‖ sale *CNE* (-e *om M*).

303 Non te mienbra tu çima,   E andas de galope,
     Loco, sobre la syma   Do yaz muerto don Lope,

304 Que tu señor seria   Mil vezes, e gusanos
     Comen de noche e dia   Sus rrostros e sus manos.   620

305 Mucho te marabillas,   Tieneste por menguado,
     Por que todas las villas   Non mandas del rregnado.

C 21ᵛ] 306 Eres rrico? Not fartas   E tyeneste por pobre;
     Con cobdiçia non catas   Que lazras para otre.   624

307 E de tu algo tocas   Para enbolver tus guesos
     Abras, e varas pocas   De algunos lienços gruesos.

308 Lo al eredara   Alguno que non te ama:
     Para ty fyncara   Sola la mala *fama*   628

309 Del mal que entus dias,   E la mala verdat
     Enlas plaças fazias   E en tu poridat.

310 Quando las tus cobdiçias   Ganas por *ser* mintroso,
C 22]   Por muy sabio te priçias,   E tyenes por astroso   632

617. non te *CNE*: non se te *M*. 618. loco sobre *CNE*: pasando
s. *M* ‖ syma *CMN*: çima *E* ‖ do *CMN*: donde *E* ‖ yaz *CNE* (-s *M*).
    619. mil vezes seria tu señor *transp E*. 620. e dia *CN*: e de d. *add*
ME ‖ sus rrostros *C*: su rrostro *MN* el su rrostro *E*.
    621. -billas *C* (-uillas *MNE*) ‖ tieneste *CMN*: y t. *add E* ‖ menguado
CMN: nartado *E*. 622. regnado *CMN*: rreynado *E*.
    623. eres *om E* ‖ rrico *CMN*: y rr. *add E* ‖ not *C*: non te *MN* (te *om*
E) ‖ fartas *CMN*: contento *E* ‖ e *om E* ‖ tyeneste *CMN*: teniendo te *E*.
624. con *om E* ‖ cobdiçia non catas *CN*: c. que as n. c. *M* cobdiçiando
syn tiento *E* ‖ que *CN* (*om E*): sy *M* ‖ lazras *C* (*om E*): ganas *MN* ‖ otre
C: -ie *MN* — para o.: por que a otro sobre *E*.
    625. e *CMN*: a *E* ‖ de *om E* ‖ tocas *CNE*: pocas *M* — algo t.: a. non
t. *E* ‖ para...guesos *replaces* 626*b*, *in E*. 626. abras *CM* (av- *N*): *om*
E ‖ e *om ME* ‖ varas *CMN*: algunas v. *add E* ‖ de...gruesos *CMN*: sy
non de l. g. (*replacing* 625*b*) *E*.
    628. para *CMN*: y p. *add E* ‖ fama *MNE*: cama *C*.
    630. enlas *CM*: que e. *add NE*.
    631. quando las tus cobdiçias g. *CMN*: q. grandes averes g. *E* ‖ por
CNE: para *M* ‖ ser *MNE*: seer *C*. 632. priçias *unp C* (apriç- *N*): presç-
M — por...priçias: cuydas que sabio eres *E* ‖ tyenes por *CE*: ante p. *M*
(antes p. *N*).

311 Al que non quier engaño,   Nin en don nin en preçio,
      E fazes del escarño,   Razonas le por neçio;

312 Por algo alegar,   Falsando e rrobando,
      E la verdat negar,   E sobrella jurando.   636

313 Conoçe tu medida   E nunca erraras,
      E en toda tu vida   Soberuia non faras.

314 Qual quieres rreçebir,   Atal de ty rreçiban:
      Conviene te serbir,   Sy quieres que te sirvan;   640

315 Convienete que onrres,   Sy quieres ser onrrado;
C 22ᵛ] Faz pagados los omres,   E fazer tan pagado.

316 Nunca omre naçio,   Que quanto le pluguiese,
      Segum lo cobdiçio,   Que tal se le cunpliese.   644

317 Quien quier fazer pesar,   Convyen de se perçebyr:
      Nos puede escusar   De pesar rreçebyr.

318 Sy quieres fazer mal,   Pues, faz lo atal pleito
      De rreçebyr atal   Qual tu fyzyeres. Çierto   648

633–42. *om M. The text is continued in* fol. 71*a*, st. 6, *in that ms.*
633. quier *C* (-e *add NE*). 634. e *om NE* ‖ fazes del *CN*: por [que]
fuye d. *E* ‖ escarño *N* (-nyo *C*). *Cf.* p. 28, § 2: dapño *E* ‖ le *C*: lo *NE.*
635. algo *CN*: -s *add E* ‖ alegar *C* (alle- *NE*). 636. sobrella *C* (sobre
e- *NE*) ‖ jurando *CN*: per- *add E.*
638. e *om E* ‖ toda tu *CN*: t. la t. *add E.*
639. rreçeb- (*unp C*) *E* (rresçib- *N*) ‖ atal *C*: tal *NE* ‖ de ty rreçiban *CN*:
sea rresçebido De ty *E.* 640. convienete *om E* ‖ serbir *C* (-uir *NE*) — y
sabe s. *add E* ‖ quieres que te sirvan *CN*: q. ser serujdo *E.*
641–2. *The order of the lines has been reversed,* 642 *thus replacing* 641 *in E.*
641. convienete *CN* (*cf. transcription of C, note* ad loc.) — c. que onrres
CN: honrraras los sus nonbres *E* ‖ quieres *CE*: quisieres *N* ‖ ser *NE*:
seer *C.* 642. tan *C* (te han *NE*).
643. plu- (*unp C*) *ME*: plo- *N.* 644. segum *C* (-unt *MNE*) ‖ que
om ME ‖ tal *CMN*: asy *E* ‖ cun- (*unp C*) *MNE.*
645. quier *C*: -e *add MNE* ‖ convyen *C*: -e *add MN* — c. de se
C: c. le *MN* deve se *E* ‖ perçebyr *unp C*: a- *add MNE.* 646. nos *N*
(non se *CME*) — que n. *add ME* ca n. *add N* ‖ de pesar *CN*: d. enojo
E d. atal *M* ‖ -çebyr (*unp C*) *ME*: -çibir *N.*
647. quieres *CME*: quesieres *N* ‖ mal *CME*: pesar *N* ‖ pues *om E* ‖ faz
CME (faσ *N*) — f. lo atal pleito: f. l. con tal conçierto *E.* 648. rreçebyr
(*unp C*) *ME* (-çibir *N*) — rr. lo *add E* rr. e pagar *add N* ‖ atal *CM* (*om N*):
tal *E.*

Non puedes escusar,   Syn una mala obra
        Fyzieres, de topar   En rreçebyr tu otra.

C 23] 320 Que sab que non naçieste   Por bevir apartado;
        Al mundo non venieste   Por ser abantajado.   652

       321 Enel rrey mete mientes,   Toma enxenplo del:
        Mas lazra por las gentes,   Que las gentes porel.

       322 Por sus mañas el omre   Se pyerde o se gana,
        E por la su costomre   Adoleçe o sana.   656

       323 Cosa que tanto cuenple   Para amigos ganar,
        Non a como ser syenple   E bien se rrazonar.

       324 Syn que este presente,   Conoçras de lygero
        A omre ensu presente   E en su mensagero.   660

C 23ᵛ] 325 Por su carta sera   Conoçido en çierto:
        Porella pareçra   El su entendymiento.

---

649. escusar C: estar paz M escapar NE ǁ syn C (-n om MNE).
650. de topar CNE: atopar M ǁ en rreçebyr om E — tu om NE — otra
CM: o. çocobra add N — en...otra: con quien te faga sobra E.
651. que CM (om E): ca N ǁ sab C: -e add MNE ǁ naçieste C: -iste
MNE ǁ por CMN: para E — bevir unp C (veu- M) — p. bevir apartado:
p. ser a. N p. ser esmerado E.   652. al mundo non CMN: nin enel
m. E ǁ venieste C: -iste MNE ǁ por CMN: para E ǁ ser MNE:
seer C ǁ aban- C (aven- MNE).
    653. mete mientes CMN: para m. E.   654. lazra CMN: trabaja E.
    655. mañas CM: maneras NE ǁ el om NE.   656. la om M — costomre
unp C (-onbre N): -unbre M — por...c.: por ellas el buen nonbre E.
    657. cuenple] cun- (unp C) MN — tanto c. CN: t. le c. add M — cosa
...para: c. alguna non es p. E.   658. non a como C (-mm- MN): tal
c. E ǁ ser MNE: seer C — synenple] syn- CMN — ser s.: ser cortes E.
    659. conoçras C: -sçeras MNE ǁ de om E.   660. a C: al MNE ǁ
presente CE: absente M talente N ǁ e N (y E) om M: o C ǁ en su CN:
e. el s. add ME.
    661. conoçido en çierto CMN: c. su tiento E.   662. pareçra C:
-sçera MNE.

326 EN mundo tal cabdal   Non a como el saber;
Nin eredat nin al,   Nin ningun otro aver.   664

327 El saber es la gloria   De Dios e la su graçia:
Non a tan noble joya,   Nin tan buena ganançia;

328 Nin mejor conpañon   *Que* el libro, nin tal,
E tomar entençion   Conel, mas que paz val.   668

329 Quan*t*o mas fue*r* tomando   Conel libro porfia,
Tanto yra ganando   Buen saber toda via.

C 24] 330 Los sabios que queria   Veer, los fallara
Enel, e toda via   Conellos fablara;   672

331 Los sabios muy granados   Que omre deseava,
Filosofos onrrados   Que veer cobdiçiaba.

332   Lo que de aquellos sabyos   El cobdiçia auia,
Era los sus petafios   E su sabyduria: 676

333 Ally lo fallara   Enel libro sygnado,
E rrespuesta abra   Dellos por su dyctado.

663. en mundo *CN*: enel m. *ME*.   664. nin eredat nin al *CMN*: mas que heredad val *E* ‖ ningun *CN*: alguno *M* — nin...aver *CMN*: nin thesoro nin a. *E*.
665. e la su graçia *CMN*: y donadio *E*.   666. non a tan noble joya *CMN*: non se fallara en estoria tal j. *E* ‖ tan buena *om E* ‖ ganançia *CN* [g(r)an- *M*]: averio *E*.
667. conpañon *CM*: -ñero *N* -ñia *E* ‖ que *MNE*: como *C*.   668. e *om E* ‖ tomar entençion conel *CMN*: t. grande porfia conel *E* ‖ que paz val *CME*: q. otra pres val *N*.
669–70. *om M*.   669. quanto *NE*: quando *C* ‖ fuer] fuere tomando *C*: va t. *NE*.
671. queria *CN*: -rria *ME* ‖ veer *C*: ver *MNE* ‖ los *CN*: lo *M* ay los *E*.   672. enel *CNE*: conel *M*.
673. granados *CMN*: loados *E*.   674. que *CE*: e *M* de *N* ‖ veer *C*: ver *MNE* — v. los *add E*.
676. era *C* (*om E*): eran *MN* ‖ los *CN* (*om M*): e delos *E* ‖ sus petafios *CMN*: s. labrios *E* ‖ e su *om E* ‖ sabyduria *CMN*: oyr s. *add E*.
678. e *om M* ‖ abra *C* (avra *MN* avera *E*).

| 334 | Aprende nueba cosa | De muy buen saber, çierto, | |
| | E mucha buena glosa | Que fyzyeron al testo. | 680 |

335 Queria, sy non, leer   Sus letras e sus versos,
       Se que non por veer   Sus carrnes e sus guesos.

336 La su sabiençia, pura,   Escrybta la dexaron,
      Syn ninguna boltura   Corporal la sumaron,   684

337 Syn buelta terrenal   De ningun alemento:
      Saber çelestrial,   Claro entendimiento.

338 Por esto solo quier   Tod omre de cordura
      Alos sabios veer,   Non por la su fygura.   688

339 Por ende tal amigo   Non a como el libro
      —Pora los sabios digo,   Que con torpes non me libro—

340   Seer syerbo del sabio   O señor de omre neçio:
      Destas dos non me agrabio   Que anden por vn preçio.   692

341 El omre torpe es   La peor animalia
      Que a en mundo: es-   to es çierto, syn falla.

---

679. aprende *C*: -ra *add MN* fallara *E* || nueba *C* (-ua *MNE*) || muy
om E || saber *om M* || çierto *CMN*: onesto *E*. 680. e mucha *CE*: de m.
MN || buena glosa *CMN*: sotil g. *E* || al *CNE*: el *M*.

681. queria (kᵉrya *C*) *M* (*cf.* p. 29, *note* 8): quiere *N* quiero *E* — q. sy
non *CN*: non q. s. n. *add M* sy q. *E* || leer *CMN*: en l. *add E*. 682. se *N*
(*unp C*) — se que non: mas q. n. *M* mas se q. n. *E* || por *om M* || veer *C*:
ver *MNE* || gue- *C* (hue- *MNE*).

683. sabiençia *C* (-ben- *MN*): çiençia *E* || escrybta *C* (-ita *MNE*).
684. corporal *CNE* (cop- *M*) || la sumaron *CNE*: la a- *M*.

685. syn *CNE*: si *M* || buelta *CMN*: mescla *E* || alemento *C* (ele-
ME): alymento *N*. 686. çelestrial *C*: -tial *MNE* || claro entendimiento
CMN: c. de e. *add E*.

687. quier *CME*: -e *add N* || tod *C* (-o *add MNE*). 688. veer *C*:
ver *ME* vee *N* || non *CNE*: e n. *add M* || su *om M*.

690. pora *C* (para *MNE*) || que *CME*: ca *N* || con torpes *CN*: c. cor-
M c. los t. *add E* || non me *C*: me *om MNE* || libro *CNE*: lidio *M*.

691. seer *C*: ser *MNE* || o *CE*: e *MN* || señor *C*: sieruo *MNE*.
692. destas *CE*: -os *MN* || dos non me *C*: non *om MN* (d. yo m. *E*)|| anden
CE: -an *MN* || preçio *CMN*: peso *E*.

693. animalia *CMN*: alimaña *E*. 694. a *om MNE* || en m. *C*: enel m.
add MNE — mundo...falla *C*: m. es ç. e s. f. *M* m. se fez | esto ç. s. f.
N m. fallares | non lo digo con saña *E*.

342	Non entyende fazer	Sy non deslealtat,	
	Nin *es* el *su* plazer,	Sy non fazer maldat.	696

343	Lo que el mas entyende	Que bestia, en acuçia	
	De engaños lo espiende	E en fazer malyçia.	

344	Non pued omre aver	En mundo tal amigo	
	Como el buen saber,	Nin peor enemigo	700

345	Que la su torpedat;	*E* del torpe su saña	
	Mas pesa, en verdat,	Que arena; nin *maña*	

346	Non a tan peligrosa,	Nin ocasyon tamaña,	
	Nin en tierra dobdosa	Caminar syn compaña.	704

[X]

347	TAN es*forç*ada cosa	Non a com la verdat,	
	Nin cosa mas medrosa	Que la deslealtat.	

348	El sabio coronada	Leona asemeja	
	La verdat; esformada,	La mentira, gulpeja.	708

695. entyende fazer *CMN*: e. en f. *add E*.   696. nin *CE*: non *MN* ‖ es *MNE*: a *C* ‖ el *om M* ‖ su plazer *MNE*: otro p. *C* ‖ non fazer *CMN*: n. en f. *add E*.

697. el mas *CNE*: es m. *M* ‖ en acuçia *CMN*: e. cobdiçia *E*.   698. de engaños *C* (*om N: there is a blank in the ms at this spot*): en e. *M* y e. *E* ‖ espiende *CM*: des- *NE* ‖ e *MNE*: o *C* (*pointed* e *by the scribe*).

699. pued *C* (-e *add MNE*) ‖ omre *C* (omne *N* onbre *E*): otre *M* ‖ en mundo *C*: enel m. *add MNE*.

701. torpedat *C* (-d *E* torpeda *M* [-t *was added by a later hand*]): poridad *N* ‖ e *N*: es *C* que *M* — e del torpe: del nesçio que es grand pena *E* ‖ su saña *om E*.   702. pesa *CMN*: -da *add E* ‖ nin *CE*: e *MN* — maña *MN*: peña *C* — arena e maña: plomo n. a. *E*.

703. non *CM*: nin *NE* ‖ ocasion tamaña *CMN*: o. tan t. *add E*. 704. nin en tierra *CE*: commo e. t. *M* non ha t. *N* ‖ dobdosa (*unp C*) *M*: dub- *NE*.

705. esforçada *MN*: espreçiada *C* — tan...non a: nin t. e. c. *M* nyn ay t. fuerte c. *E* ‖ com *C*: -mo *add MNE* — c. es l. *add E*.   706. cosa *CMN*: otra *E* ‖ mas *CME*: tan *N* ‖ medrosa *CE*: dobdosa *M* mintrosa *N* ‖ que *CME*: commo *N* ‖ la *om N*.

707. coronada *CM*: -o *N* — sabio c.: s. con corona *E* ‖ leona *CM*: commo leon *NE* ‖ asemeja *C*: a- *om MNE*.   708. esformada *C*: es formada *M* e formado *N* es leona *E* ‖ mentira *CNE*: materya *M* ‖ gulpeja *CMN*: es g. *add E*.

349   Dizyr sienpre verdat,   E maguer daño tenga,
       E non la falsedat,   Maguer pro della venga.

C 26] 350 Non a cosa mas larga   Que lengua de mintroso,
       Nin çima mas amarga   A comienço sabroso.   712

      351 Faz rrycos alos omres   Consu prometymiento:
       Despues fallanse pobres,   Odres llenos de vyento.

      352 Las orejas tyen fartas,   El coraçon famriento,
       El que lo oe: tantas   Cosas diz syn çimiento.   716

      353 Non a fuerte castillo   Mas que la lealtad,
       Nin tan ancho portyllo   Com la mala verdat,

      354 Nin omre tan cobarde   Com el que mal a fecho,
       Nin baragan tan grande   Como el que tyen derechu.   720

C 26ᵛ] 355 Nin a tan syn verguença   Cosa com el derecho:
       Del daño esa fuerça   Faze que del probecho.

      356 Tan syn piadat mata   Al pobre como al rrico,
       E con vn ojo cata   Al grande e al chico.   724

709. dizyr (*unp C*) *M*: dez- *NE* ‖ e *om MNE* ‖ maguer daño *CE*: m. que d. *add MN*. 710. e non *CMN*: y nunca *E* ‖ la *om E* ‖ maguer pro *C*: m. que p. *add MN* avn que p. *E* ‖ della *CMN*: -o *E*.

711. larga *CME*: agra *N* ‖ que lengua *CNE*: q. la l. *add M* ‖ de *CNE*: del *M* ‖ mintroso *CMN*: mentir- *E*. 712. nin çima mas *CMN*: nin ay fyn m. *E* ‖ a comienço *C*: de c. *ME*: e de c. *N*.

713. faz *CN*: -e *add ME* ‖ rrycos *CME*: fijos *N* ‖ a *om ME* ‖ su *CNE*: sus *M* ‖ prometymiento *CNE*: -s *add M*. 714. vyento *CN*: -s *add ME*.

715. tyen *C*: -e *add M* -en *add N*: ha *E*. 716. oe *C*: oye *NE* oyen *M* — que lo o.: q. las o. *M* q. o. *NE* ‖ diz *C*: -e *add M* — tantas cosas d. syn *C*: syn *om M* diσir t. | c. e s. *N* sus cartas y dichos s. *E*.

717. fuerte castillo: f. cosa c. *M* (*subsequently the scribe cancelled* cosa *by means of dots*). 718. nin tan *CMN*: n. ay t. *add E* ‖ ancho portyllo *CMN*: flaco p. *E* ‖ com C: -mo *add MNE* ‖ la *om N*.

719. nin omre *C* (omne *N* honbre *E*): non ha o. *M* ‖ cobarde *CM* (cou- — *NE*) ‖ com *C*: -mo *add MNE* ‖ el que *CMN*: quien *E*. 720. baragan *CM* (-rr- *N*) — nin b. tan grande *CN*: n. b. t. fuerte g. *M* (fuerte *was cancelled by a later hand*) n. firmeza que guarde *E* ‖ el que *CMN*: quien *E* ‖ tyen *C*: -e *add N* trae *ME* ‖ derechu *C* (-o *MNE*).

721. nin *CE*: non *MN* ‖ a *om E* ‖ cosa *om M* — tan syn verguença c. *CN*: c. en sy sesfuerça *E* ‖ com *C*: -mo *add MNE* — asy c. *add E* ‖ el d. *CNE*: es e. d. *add M*. 722. del...faze *CNE*: que faze esa fuerça | del d. *transp M* ‖ prob- *C* (prou- *MNE*).

723. piadat *C* (-ad *E*): -edat *M* (-edad *N*) ‖ como al *CNE*: e al *M*.

357   Al señor non losanja   Mas que al serbiçial,
        Al rrey non avantaja   Sobre su ofyçial.

358   Pero el juez malo,   El fazese muy franco:
        Al que non lo tyen, dalo;   Faze vara del arco.   728

359   El mundo la verdat   De tres cosas mantyen:
        Juyzyo e verdat,   E paz que dellos vyen.

360   E el juyzyo es   La piedra çimental:
C 27]   De todas estas tres,   El es la que mas val.   732

361   Ca el juyzio faz   Escobryr la verdat,
        E conla verdat faz   Venyr a amizdat.

362   E pues por el juyzio   El mundo se mantyen,
        Tan onrrado ofyçio   Baldonar non es bien.   736

363   Debese catar ante   De dar tal petyçion,
        A omre que byen cate   Qual es la entynçion.

364   Tal omre que non mude   Entynçion del ofyçio,
        Nin entyenda nin cuyde   Quel fue dado por viçio.   740

725. señor *CME*: mayor *N* ‖ losanja] lisonja *CMN* — non...al: asy
tracta commo al *E* ‖ serbiçial *C* (-uiçial *MNE*).   726. avant- *C*: avent-
MN — a. sobre su: tal honrra cata qual al s. *E*.

727. pero el *CMN*: p. que e. *add E* ‖ el *om MNE* ‖ fazese muy *C*: f.
del m. *add MNE*.   728. non lo *CME*: lo non *transp N* ‖ tyen *CM*: -e
add NE ‖ faze vara *MNE*: fazele v. *C*.

729. el mundo *CMN*: al m. *E* ‖ la *CNE*: en *M* ‖ verdat *CM*: bondad
NE ‖ mantyen *CM*: -e *add NE*.   730. juyzyo e verdat *CNE*: de j. e
de v. *M* ‖ vyen *CM*: -e *add NE*.

731. e *CN* (*om M*): pero *E* ‖ çimental (*unp C*) *ME*: çem- *N*.   732. de
CME: que d. *add N* ‖ estas *om N* ‖ el *om MN* — es el *transp E* — es la
CM: e. çierto l. *add N* e. lo *E*.

733. ca el *CME*: quel *N* ‖ faz *MNE*: -e *add C* ‖ es- *C* (des- *MNE*) —
-cobryr (*unp C*) *MN*: -cubrir *E*.   734. faz *C*: paz *MNE* ‖ venyr *C*:
viene *MNE* ‖ a *C*: e *MNE* ‖ amizdat *C*: amistad *MNE*.

735. e *om E* ‖ por el juyzio *CMN*: p. tal benefiçio *E* ‖ mantyen *CN*:
-e *add M* sostiene *E*.   736. non es bien *CN*: n. conuiene *ME*.

737. debe- *C* (deue- *E*): deuia- *M* deuie- *N* ‖ ante...petyçion *CMN*:
a. al que dan tal meneo *E*.   738. a *CN*: al *M* — la e. *C*: su e. *MN* — a
omre...entynçion: que sea honbre costante Y tenga buen deseo *E*.

739. entynçion (*unp C*) *MN*: Regla *E* — la e. *add M* la R. *add E*.
740. cuyde *MNE*: cueyde *C*. *A modern hand has struck out -y- in E* ‖
quel *CN*: -l *om M* que le *E*.

109

365 Que por pro del ganado   Es puesto el pastor:
     Non ponen el ganado   Por la pro del pastor.

366 Non cude que fue fecho   Juez por que presente
     Del ageno derecho   Faga a su paryente;   744

367 Nin por que de por suelto   Al que fuer su amigo,
     Syn derecho, nin tuerto   Faga al enemigo.

368 Non se puede ayunar   Jamas este pecado:
     El sano perdonar   Feridas dèl lyjado,   748

369 El pagado soltar   Demanda del forçado,
     El entrego testar   La boz del tortyçiado,

370 Por amor nin por preçio;   Maldizelo la ley:
     Que de Dios el juezio   Solo es e del rrey.   752

371 E las vezes teniente   Es de Dios e del rrey,

     Por que judgue la gente   Por derecho e ley.

372 Mensajero le fyzyeron   De vna cosa sygnada,
     En poder non le dieron   Creçer nin menguar nada.   756

---

741. que *C* (*om E*): ca *MN* ‖ del ganado *CMN*: de lo guardado *E* ‖ es puesto *CMN*: se pone *E* ‖ el pastor *CMN*: el guardador *E*.   742. ponen *CNE*: -n *om M* ‖ pastor *CME*: guardador *N*.

743. cude *C* (cuyde *MN*): piense *E* ‖ juez *om M* ‖ por que presente *CN*: p. q. por p. *M* q. por p. *E*.   744. del *CMN*: el *E* ‖ a su *CE*: al su *MN*.

745. que fuer *C*: -e *add N* que fue *M* que es *E*.   746. syn derecho *CN*: e s. d. *add M*: nin d. *E* — d. nin tuerto *CN*: d. tuerto *M* d. rrebuelto *E* ‖ al enemigo *C*: al su e. *M* a su e. *NE*.

747. non *C*: ca n. *add MNE*.   748. el sano *CNE*: al s. *M* ‖ lijado *C*: llagado *MNE*.

749. el *CNE*: al *M* ‖ pagado *CMN*: forçador *E*.   750. el *CNE*: al *M* ‖ testar *CME*: dexar *N* ‖ la *om E* ‖ tortyçiado *CMN*: agrauiado *E*.

751. nin por *CNE*: por *om M* ‖ preçio *CMN*: pecho *E*.   752. que *C*: ca *MNE* ‖ juezio (*unp C*) *N*: juyz- *M* derecho *E* ‖ es solo *transp E*.

753. e las *C*: de las *M* a la *N* — e las vezes *om E* ‖ teniente *CMN*: el alcallde t. *add E*.   754. por que j. *CMN*: para j. *E* — judgue *CMN*: juzgar *E* ‖ por derecho *CE*: a d. *MN* e ley *CN*: e a l. *M* y por l. *E*.

755. mensajero *CMN*: ofiçial *E* ‖ le *CE*: lo *MN* ‖ sygnada *CMN* (syn- *E*).   756. non le dieron *CME*: nol pusieron *N*.

| 373 | Para sy non entyenda | Levar sy non las bozes; |
| | Su salario atyenda | Daquel quel dio las vezes. |

| 374 | E qual obra fyzyere, | Tal gualardon abra: |
| | Quien esto entendyere, | Jamas non errara. | 760 |

| 375 | El juez syn maliçia | Es afan e enbargo; |
| | El juez con cobdiçia, | Mas val que obispadgo. |

| 376 | Cobdiçia e derecho | —Esto es cosa çierta— |
| | Non entran son vn techo, | Nin son vna cubyerta. | 764 |

C 28ᵛ] 377 Nunca de vna camisa   Amas non se vistieron,
      Jamas de vna deuisa,   Señores nunca fueron.

| 378 | Quando cobdiçia vyene, | Derecho luego sale; |
| | Donde este poder tyene, | Este otro poco vale. | 768 |

| 379 | El ofiçio del omre | Es enpresentada joya, |
| | E la buena costombre | Es cosa propia suya. |

---

757. entienda *CME*: entendja *N* ‖ leuar *MN* (ll- *E*): aver *C* ‖ sy non las bozes *CMN*: pro nin seruiçio *E*.   758. atienda *CME*: atendja *N* ‖ daquel *N* (de a. *CM*): del *E* ‖ quel *M* (que le *NE*): -l *om C* ‖ dio *CNE*: da *M* ‖ las vezes *C*: las bozes *MN* el ofiçio *E*.

759. e *om E* ‖ qual obra *CMN*: quales obras *E* ‖ gualardon *CNE*: -ardron *M*. 760. e q. *add M* ‖ esto entendiere *CMN*: ansy lo e. *E*.

761. el *CMN*: al *E* ‖ syn maliçia *CME*: s. cobdiçia *N* ‖ es afan *CME*: es le a. *N* — a. e enbargo *CMN*: a. trasdoblado *E*. 762. el *CNE*: e *M* ‖ con *CNE*: syn *M* ‖ cobdiçia *CNE*: malyçia *N* ‖ mas *om MN* — mas val *C* (-e *add MN*): gana mas *E* — v. le *add M* ‖ que *om MN* ‖ obispadgo *C* (-ado *NE*): obrado *M* — vn o. *add M*.

763. esto es cosa çierta *CMN*: esta es rrazon ç. *E*. 764. entran *CNE*: entraran *M* ‖ son *C* (-n *om MNE*) ‖ cub- (*unp C*) *MNE*.

765. amas *CMN*: estas dos *E* ‖ non *om MNE* ‖ vistieron *MNE* (*C first wrote* vystyrya, *but corrected to* -eron). 766. deu- (*unp C*) *ME*: diu- *N* ‖ señores *MN* (*om C*): -as *E*.

767. derecho luego *CMN*: l. el d. *E*. 768. donde *C*: do *MNE* ‖ este p. *CMN*: -a p. *E*.

769. del *CMN*: al *E* ‖ enpresentada *CM*: enprest- *N* esprest- *E* — e. joya *CN*: e. cosa *M* joya e. *transp E*. 770. costo- (*unp C*) *N*: costu- *ME* — buena c.: c. b. *transp E* — c. b. y nonbre *add E* ‖ es cosa *om C* — es *om E* — cosa *NE*: joya *M* ‖ propia suya *C* (s. p. *transp N*): muy presçiada *M* s. apropiada *E*.

III

380 Quien de dos tyene fuerça,   Non faga del anillo:
Guarde Dios la cabeça,   Non menguara capillo.   772

381 Lo que es suyo pierde   Omre por su maldat,
E lo agenu puede   Ganar por su bondat.

[XI]

C 29] 382 PERDERSEA vn conçejo   Por tres cosas priado:
Saber el buen consejo   Quien non es escuchado,   776

383 E las armas tener   Los que las non defyenden,
E el algo aver   Los que lo non despyenden.

384 E fallo tres dolençias   Non pueden guareçer,
Nin a tales espeçias   Que las puedan vençer: 780

385 El pobre perezoso   Non pued aver consejo,
Malqueria de enbidioso,   E dolençia de viejo:

386 Si de los pies guareçe,   Duelel luego la mano;
Del baço adoleçe   Quando el figado es sano.   784

387 E malqueria que vyen   De çelo, non se puede
Partyr, sy aquel byen,   El que lo a nol pyerde.

771. tyene fuerça *CE* (t. | f. *MN*) ‖ non faga *CME*: n. le f. *add N* ‖ del *CME*: el *N*. 772. non *CN*: que n. *add ME* — n. le *add MN* ‖ menguara *CM* (-gu[a]ra *E*): mengua *N*.

773. suyo pierde *CMN*: s. cuede perder *E* ‖ omre *om E*. 774. agenu *C* (-o *MNE*) ‖ ganar por *CNE*: g. lo p. *add M* ‖ su *om M*.

775. perdersea (*unp C*) *M*: -seya *E* pierdese *N* ‖ conçejo *CN*: -sejo *ME* ‖ priado *CNE*: priuado *M*.

777. los que *CN*: el q. *ME* ‖ non las *transp ME* ‖ defienden *CN*: -n *om ME*. 778. el *om ME* ‖ algo *CMN*: dineros *E* ‖ los que *CN*: el q. *ME* ‖ non lo *transp M*: non los *transp E* ‖ despyenden *CN*: -n *om ME*.

779. e *om ME* ‖ tres dolençias non *C*: t. d. que n. *add MN* que t. d. n. *E* ‖ pueden *CNE*: -n *om M*. 780. espeçias *CMN*: hemençias *E*.

781. pued *C*: -e *add NE* -o *add M*. 782. -queria *C*: querençia *MN* quista *E* ‖ enbid- (*unp C*) *E*: envid- *M* invid- *N* ‖ de viejo *CNE*: de onbre v. *add M*.

783. duelel *C*: -l *om MNE* — luego d. *transp E*. 784. el *CNE*: del *M* ‖ es *om N*.

785. e *M* (*om NE*): el *C* ‖ -queria *C*: querençia *MNE* ‖ que vyen *CM*: -e *add E* conuiene *N* (-e *was struck out by a later hand*) ‖ se puede Partyr *CMN*: podra Partir se *E*. 786. sy *CNE* (syn *M*) ‖ nol *C*: non *MNE* — n. pierde el que lo ha *transp E*.

388   Alos omres el çelo   Mata, e la cobdeçia;
        Pocos a son el çielo   Sanos desta dolençia.   788

389   A çelo vno de otro,   El alto e el syenple;
        E elque tyene quatro   Tanto delo quel cuenple,

390   Cueydando que mas largo   Algo a su vezino,
        Tyene todo su algo   Por nada, el meçquino!   792

391   Tu bien gran mal le faz,   Nol teniendo tu tuerto:
        Por bebyr tu en paz,   Se tyene el por muerto.

392   Que mas *venga* quesieste   Aver del enbidioso,
        Mas que estar el treste,   Quando tu estas gozoso?   796

393   Tres son los que mas bieven   Cuytados, segum cuydo,
        E delos que mas deven   Dolerse tod el mundo:

394   Fidalgo que mester   A al omre villano,
        E con mengua meter   Se vyene en su mano   800

395   —Fidalgo de natura,   Vsado de franqueza,
        E traxol la ventura   A manos de vyleza!—

787. cobdeçia] (*unp C*) -içia *MNE*.   788. son *C* (-n *om MNE*) ‖ desta *MNE* (de e. *C*) ‖ dolençia (*unp C*) *M*: malyçia *NE*.

789. a çelo *CMN*: el ç. *E* — syenple] synple *CME*. (*In N this word was struck out and replaced by* humilde *in the hand of the copyist.*) — çelo...syenple: ç. con su obra al que es menguado gasta *E*.   790. cuenple] cunple *M* (*unp C*) — quel c.: que rrason mide *N* — e...cuenple: y al rrico que le sobra Quatro tanto que le basta *E*.

791. cueydando que *C*: cuyd- q. *E* quanto quier q. *MN* ‖ a su *CNE*: ha el su *M*.   792. meç- *C* (mes- *MNE*) — tyene...meçquino: t. se por amargo Con lo suyo el m. *E*.

793. tu bien *CNE*: tan b. *M* ‖ nol *CN*: non le *M* sy que le *E* ‖ tu *om ME* — teniendo tu tuerto: fagas t. *E*.   794. beb- *unp C* (beu- *E* veu- *M*): biu- *N* ‖ el se tiene *transp E*.

795. mas *om E* — venga *MN* (*om C*): vengança *E* — mas venga: m. que sil v. *add M* ‖ quesieste *C* (-iste *MNE*).   796. mas *CN* (*om M*): mayor *E* ‖ treste] (*unp C*) tris- *MNE* ‖ quando *CMN*: quanto *E*.

797. son los que *om E* ‖ mas *om ME* ‖ bieven] biv- *NE* (*unp C*): vienen *M* — b. yo diria *add E* ‖ segum *C* (-unt *N*) — cuytados s. cuydo: c. syn cuydado *M* en cuydado profundo *E*.   798. e *om E* ‖ deven (*unp C*) *MN*: devria *E* ‖ tod *C*: -o *add MNE*.

799. fidalgo *CNE*: fijo d- *M* ‖ mester] menester *mss*.   800. en su *CMN*: so su *E*.

802. e *CN* (*om M*): que *E* ‖ traxol *C*: -e *add N* -o *add M*: le truxo *E* ‖ manos *C*: -s *om MNE*.

396 E justo, que mandado   De señor tortyçiero
    A de fazer forçado;   E el otro terçero,   804

397 Sabio que a, por premia,   De servir señor niçio;
    Toda otra lazeria   Ante esta es gran viçio.

398 Estos biven lazrados   De alma e de cuerpo,
    Amargos e cuytados   Biven todo su tienpo.   808

C 30ᵛ] 399 Son de noche e de dia,   Cuytados, mal andantes,
    Faziendo toda via   Rebes de sus talantes.

400 El derecho amando,   Fazen por fuerça tuerto,
    E yerran cobdiçiando   Obrar del seso çierto.   812

                        [XII]

401 OMRE bien aventurado   Nunca naçio jamas,
    Sy non el que cuydado   Non a de valer mas.

402 Omre rrafez, astroso,   Tal que non a verguença,
    Este bive viçioso: Que non le faze fuerça   816

403 De que nunca mas vala,   Nin es menoscabado
    Por vestir capa mala;   Robando del mercado

803. e *om N* ‖ que mandado *CNE*: ser m. *M* ‖ tortyçiero *CM*: -çero
NE. 804. forçado *CNE* (fuer- *M*).
    805. sabio *CMN*: el s. *add E* ‖ que *CMN*: a quien *E* ‖ a por *om E* ‖
premia *CM*: apr- *E* fuerça *N* ‖ de *om E* ‖ servir *CMN*: seruiçio *E* ‖ señor
CMN: de honbre *E* ‖ niçio (*unp C*) *N*: neç- *ME*. 806. otra *om N* —
toda o.: t. la o. *add M* ca otra *E* ‖ lazeria *CM*: malandança *N* qual
quier premia *E* ‖ ante *CMN*: del- *E* ‖ es gran viçio *CMN*: non ha
presçio *E*.
    807-18. *om M*. 807. de alma e *om E* ‖ de cuerpo *CN*: d. c. e coraçon
add E. 808. biven todo su tienpo *CN*: b. en toda sazon *E*.
    809. son *om E*. 810. rrebes *C* (rreu- *N* Rev- *E*).
    812. yerran *CN*: -rros *E* ‖ del seso *C*: el s. *NE*.
    813. omre *C* (honbre *E*): sy el o. *add N* (el *was subsequently cancelled*) —
o. bien aventurado *CN*: h. tanto folgado *E*. 814. sy non...valer *CN*:
commo el que nunca a pensado De nunca v. *E*.
    815. rrafez *CN*: rraez *E* ‖ verguença *CN*: -gueña *E*. 816. que...
fuerça *CN*: q. nin piensa nin suenna *E*.
    817. de *om E* ‖ mas *CN* (*N wrote* menos, *subsequently corrected to* mas) ‖
-cabado *CN*: cabo *E*. 818. rrobando del mercado *CN*: y dormir enel
m. *E*.

	404	Dos panes, se gobierna,	E de fruta que furta,	
		E en cada tauerna	Beve fasta ques farta.	820
C 31]	405	Este solo en mundo	Byve sabrosa vyda.	
		E otro a segundo,	De otra mayor medida:	
	406	El torpe bien andante,	Que con su gran torpeza,	
		Nol pasa por talante	Que puede aver pobreza.	824
	407	Fazyendose lo quel plaze,	Non entyende el mundo,	
		Nin los camios que faze	La rrueda amenudo:	
	408	Cuyda que estara	Syenpre de vna color,	
		E que non baxara	El de aquella valor.	828
	409	Com el pez enel rrio,	Viçioso e rriyendu,	
		Non sabe el sandio	La rred quel van teçiendo!	
C 31ᵛ]	410	Mas *omne* entendudo,	Sabio, por byen quel vaya,	
		Nol pued fazer el mundo	Bien con que plazer aya.	832

819. dos panes *C*: de d. p. *add MN* conel pan *E* ‖ gob- *C* (gou- *MNE*) ‖ fruta *CNE*: fuera *M* ‖ que *CN* (*om ME*) ‖ furta *C*: se farta *M* barata *N* a Rebatar *E*. 820. beve fasta *CMN* (b. hasta *E*. *First wrote* b. asta, *subsequently inserted* h-) ‖ ques *N* (*om E*): que se *CM* ‖ farta *CMN*: hartar *E*.

821. en mundo *CN*: enel m. *ME*. 822. e *om E* ‖ a *M*: ay *N* e (*or* y) *C* — a segundo: fallo s. *E* ‖ de *CMN*: y d. *add E* ‖ otra *om E*.

823. torpeza *CNE*: cor- *M*. 824. nol *CN*: non le *M* non *E* ‖ pasa *CMN*: cabe *E* ‖ por talante *CN*: en t. *M*: en su t. *E*.

825. fazyendose *CE*: -se *om MN* ‖ quel *CM*: -e *add NE* (-e *was subsequently struck out in N*). 826. camios *C*: canbios *MNE* — non entyende ...faze: entender nunca pudo c. que el mundo f. *E* ‖ la rrueda *CN* (*om E*): su rr. *M* — rr. amenudo: boluiendo se am. *E*.

827. vna color *CMN*: vn thenor *E*. 828. que *om E* ‖ non *CMN*: n. se *add E* ‖ baxara *CN*: abaxara *ME* ‖ el de *om E* ‖ aquella *CN* (*om E*): aquel *M* — a. valor: nin perdera v. *E*.

829. com *C* (-mo *add MNE*) ‖ pez *CE* (-s *N*): pesçe *M* ‖ rriyen- *CE*: rryen- *M* rruyen- *N* — -du *C* (-do *MNE*). 830. non sabe *CMN*: n. piensa *E* ‖ van *CNE*: -n *om M* ‖ teçiendo *C* (texen- *M* texien- *N*): tendiendo *E*.

831. mas omne *MN* (m. el honbre *E*): m. bueno *C* ‖ entendudo *N*: -ido *CME* ‖ quel *CME*: que le *N*. 832. nol *C*: non le *MN* nunca *E* ‖ pued *C* (*om E*): -e *add MN* ‖ fazer *om E* ‖ el mundo *CMN*: enel m. vido *add E*.

411 Reçelando del mundo   E de sus camiamientos,
     E de como amenudo   Se camian los sus vientos;

412 Sabe que la rryqueza,   Pobreza es la su çima,
     E que son la alteza   Yaze muy fonda sima.   836

413 Que el mundo coñeçe,   E que su buena obra
     Mucho ayna falleçe   E se pasa com sonbra.

414 Quanto es *el* estado,   Mayor de su medyda,
     A omre mas cuydado,   Temiendo la cayda.   840

415 Quanto mas cae de alto,   Tanto peor se fiere;
     Quanto mas bien a, tantu   Mas teme sys perdiere.

C 32] 416 El que por llano anda,   Non tyen que deçender;
     El que non tyene nada,   Non rreçela perder.   844

417 Esfuerço en dos cosas,   Non puede omre tomar
     —Tanto son de dubdosas—   El mundo e la mar:

418 Su bien non es seguro   —Tan çiertos son sus camios—
     Nin es su plazer puro   Con sus malos rresabios.   848

833. rreçelando *CMN*: -se *add E* ‖ e de sus *CMN*: ca los s. *E* ‖ camiamientos *C*: canbia- *MN* mandamientos *E*. 834. camian *C*: canbian
MN — sus *om N* — e de...vientos: tornan dalto profundo En canbiarse
s. v. *E*.

835. que la *CMN*: q. de l. *E* ‖ es la su *C*: es su *MNE*. 836. que *om*
M ‖ son la *C* (so la *MN*): baxo de la *E* ‖ muy *om M* ‖ fonda *CME*: fynda *N*.

837. que *C*: ca *M*: quien *N* — q. el mundo: sabe sy e. m. *E* ‖ coñeçe
N (*cf.* p. 42): conoçe *CM* alaba cosa *E* ‖ e que su buena obra *CM*: e la
s. b. o. *N* o por mejor nonbra *E*. 838. mucho ayna *CN*: muy a. *M* que
muy a. *E* ‖ falleçe *CMN*: se acaba *E* ‖ e pasa *CN*: e se p. *add ME* ‖ com
C: -mo *add MNE* ‖ la s. *add E*.

839. el estado *MNE*: mal e. *C*. 840. a...cuydado: tanto creçe el c.
E ‖ temiendo *CNE*: teniendo *M*.

841. mas *om E* ‖ alto *CMN*: altura *E* ‖ tanto peor *CME*: t. muy mas *N*.
842. mas bien a *CM*: b. a m. *transp N* — quanto...tanto: al que ha
mejor ventura *E* — tantu *C* (-o *MN*) ‖ mas *om N* ‖ teme *CM*: el t. *add N*
duele *E* ‖ sys *C*: sy se *MN* -s *om E* ‖ perdiere *CE*: pierde *MN*.

843. tyen *C*: -e *add MN* ha *E* ‖ que deçender *CNE*: q. se d. *M*.
844. el *CME*: e el *add N* ‖ que non tyene nada *CMN*: q. algo non manda
E ‖ rreçela perder *CMN*: rr. el p. *add E*.

845. puede. *But cf.* p. 45, § 5. 846. tanto *CMN*: atanto *E* ‖ son de
dubdosas *C*: de *om ME* s. muy dubdosas *N*.

847. su *CNE*: el *M* ‖ çiertos *CMN*: -s *om E* ‖ camios *C*: -nbi- *MNE*.
848. nin *C*: non *MNE*.

419 Torrna syn detenençia   La mar mansa muy brava,
     E el mundo espreçia   Oy al que ayer *onr*raua.

420 Porende el gran estadu   Al omre *de* saber
     Faze bevyr cuytado   E tristeza auer.   852

C 32ᵛ] 421   El omre que es omre   Syenpre bi*e*ve cueytado:
         Sy rryco o sy pobre,   Non le mengua cuydado.

422 El afan el fidalgo   Sufre en sus cudados,
     E el vyllano, largo   Afan a en sus costados.   856

423 Omre pobre preçiado   Non es mas que el muerto;
     El rryco guerreado   Es, non teniendo tuerto.

424 Del omre byvo dizen   Las gentes sus maldades,
     E desque muere fazen   Cuenta de sus bondades.   860

425 Quando pro nol terrna,   Loanlo bien la gente;
     De lo que nol verna   Bien, danle larga mente.

849. torrna *CMN*: -se *add E* ‖ syn *CNE*: su *M* ‖ detenençia *CMN*:
tardar *E* ‖ mansa muy brava *CME*: muy buena b. *N*.   850. e *om E* ‖
espreçia *C* (des- *N*) — oy despreçias al *transp M* oy despreçiar al
transp E ‖ onrraua *MNE*: loava *C*.

851. el *om N* ‖ estadu *C* (-o *MNE*) ‖ al *CE*: ha *MN* ‖ de saber *M*:
e el s. *C* enel s. *N* (saber *was subsequently corrected to* aver *by the scribe*)
que ha s. *E*.   852. faze *CE*: f. lo *add M* -l *add N* ‖ bev- (*unp C*) *ME*:
biu- *N* ‖ tristeza *CM* (-σa *N*): -s *add E*.

853. el omre que *C* (omne *M* honbre *E*): e aquel q. *N* ‖ es omre *C*
(onbre *M* honbre *N*): e. noble *E* ‖ syenpre *CMN*: nunca *E* ‖ bieve] viene
(*for* vieue) *E*: byve *CMN* ‖ cueytado *C*: cuy- *MN* folgado *E*.   854. sy
CNE: de *M* ‖ rryco *CMN*: senzillo *E* — rr. es *add MN* (es s. *transp E*) ‖
o sy *C*: sy *om MNE* ‖ pobre *CMN*: doble *E* ‖ non le *CE*: nunca le *MN*.

855. el fidalgo *CNE*: del f. *M* ‖ cudados *C* (cuyd- *MNE*).   856. e *om*
E ‖ vyllano largo *CMN*: v. su algo *E* — largo | afan *CM*: l. a. *N* — afan
CMN: y a. *add E* — afan a en *C*: a *om MNE* ‖ sus *CMN*: los *E*.

857. omre *C* (omne *N* honbre *E*): el o. *add M* ‖ pobre *om M* ‖ el *om E*.
858. el rryco *CE*: e e. rr. *add M* e rr. *N* ‖ es guerreado *transp M* ‖
teniendo *CMN*: faziendo *E*.

859. las gentes *CME*: la gente *N* (*wrote first* las gs. *then corrected*) ‖
sus maldades *CME*: myll m. *N*.   860. e *om NE* ‖ muere *CN*: -n *add M*
muerto *E* ‖ fazen *CMN*: bendizen *E* ‖ cuenta *CMN*: -o *E*.

861. nol *CN*: non le *ME* ‖ loanlo *CM*: loalo *N* alabalo *E*.   862. de
om N ‖ nol *C*: non le *E* le non *MN*.

C 33] 426 En quanto es byvo callan   Con çelo todos quantos
      Byenes a el, *e* fallan   Desque muere dos tantos.   864

    427 Que mientra byvo fuere   Syenpre le creçen çelosos,
      E menguan desque muere   E naçenle mintrosos.

[XIII]

    428 QUIEN en sus mañas quiere   S*er* bien endereçado,
      E guardado quisiere   Seer bien de pecado,   868

    429 Jamas nunca fara   En escondyda mente,
      Cosa quel pesara   Que lo sepa la gente.

    430 Poridat qu*i* qu*e*rra   Encobrir de enemigu,
C 33ᵛ]   Non la escobrira   Tan poco al amigo: 872

    431 Que pued ocasionar,   Fyando del amigo,
      Que se puede torrnar   Con saña enemigo.

    432 Por muy poca contyenda   Se camian los tal*a*ntes,
      E sabra su fazyenda   Omre que querria antes   876

863. en *C* (*om E*): et *MN* ‖ quanto *C* (-do *MN*): mientra *E* ‖ es *om E*.
864. a *om N* ‖ el *C* (*om E*): enel *MN* ‖ e fallan *M* (e *om NE*): afellan
(=afeyan. *Cf.* p. 28, § 2) *C* ‖ desque *CMN*: quando *E* ‖ muere *CN* (-n
add M): muerto *E*.

865. que *CMN*: ca *E* ‖ syenpre le *CM* (*but cf.* p. 47): -le *om NE* ‖ creçen
CE: cresçeran *MN*. 866. e *om E* ‖ menguan *CN*: -n *om ME* ‖ muere
CN (-n *add M*): muriere *E* ‖ naçenle *C*: cresçen los *NE* (los *om M*).

867. en *CE*: de *MN* ‖ mañas *CME*: maneras *N* ‖ ser *MNE*: seer *C* ‖
bien *om M* ‖ ender- *CMN*: ader- *E*. 868. seer *C*: ser *MNE* ‖ bien
om E ‖ de pecado *CMN*: d. todo p. *add E*.

869. nunca jamas *transp M* ‖ fara *CNE*: faga *M* ‖ en *CE* (*om M*):
nin *N* ‖ escondida *CME*: ascon- *N*. 870. quel *CM*: -e *add NE* ‖ que
om E ‖ lo *CME*: la *N* — lo sepa: sabiendolo *E*.

871. qui *unp C* (q̄ *MNE*) — querra *E*: quiera *C* querria *MN* ‖ enemigu
C (-o *MNE*). 872. escobrira *C*: des- *E* descobriria *N* descubra *M* ‖ tan
CMN: nin t. *add E*.

873. que *CM*: ca *NE* ‖ pued *C*: -e *add MNE* ‖ del *CNE*: de *M*.
874. puede *C*: -a *E* podra *MN* ‖ con saña *CMN*: c. la s. *add E*.

875. por *CN*: que p. *add M* ca p. *add E* ‖ muy *om ME* ‖ camian *C*
(-nbian *ME* -mbian *N*) ‖ talantes *MNE*: -entes *C*. 876. sabra *CN*:
-n *add ME* ‖ su *CME*: tu *N* ‖ omre *C* (omne *N*): omnes *M* (onbres *E*) ‖
querria *ME* (-ria *C*): -s *add N*.

433   Moryr que baruntado   Obiese el su fechu
     E rrependyrsea quando   Non le tenga probecho.

434   Syn esto que a el   Otro amigo suyo,
     E el, fyando del,   Escobrir lea lo tuyo.   880

435   E el amor del tuyo,   Non te probechara,
     Pues el amigo suyo   Tu fazyenda sabra.

C 34] 436   Que, puesto que not venga   Daño porel prymero,
        Non se que pro te tienga,   Pues lo sabe terçero.   884

437   Enxemplo es çertero,   Que lo que saben tres,
     Ya es pleyto plaçero,   Sabelo toda rres.

438   De mas es gran denosto,   E fealdat e mengua,
     Su corazon angosto   E larga la su lengua.   888

439   Son las buenas costomres   Ligeras de nomrar,
     Mas son pocos los omres   Que las saben obrar.

440   Seria muy buen omre   Quien sopiese obrar
C 34ᵛ]   Tanta buena costomre   Que yo sabria nomrar.   892

877. baruntado *CM* (-rr- *NE*) ‖ obiese *C* (oui- *MN*): oviesen *E* ‖ su *CME*: tu *N* ‖ fechu *C* (-o *MNE*). 878. rrependyr- *C*: rrepentyr *N* arrepentyr *M* — rrependyrsea *om E* ‖ quando non *CMN*: q. se viere culpado n. *add E* ‖ tenga *C*: terna *MNE*.

879. syn *CNE*: si *M*. 880. el *om E* ‖ fyando del *CMN*: f. se d. *add E* ‖ escobrir *unp C* (des- *MNE*) ‖ lea *C* (le ha *NE*): sea *M*.

881. non te *CNE*: n. le *M* ‖ probechara *C*: aprou- *MNE* -ra *om M*. 882. pues el *CNE*: p. quel *M*.

883. que puesto *C*: ca p. *MN* que *om E* ‖ not] note *C* (non te *MNE*). 884. que pro *CMN*: q. fructo *E* ‖ te *om E* ‖ tienga *C*: tenga *MNE* ‖ sabe terçero *CE*: s. el t. *add MN*.

885. es enxenplo *transp E* ‖ çertero *CNE*: tercero *M*. 886. es ya *transp MN*.

887. denosto] -uesto *CMN*: despecho *E*. 888. angosto *CMN*: estrecho *E*.

889. costomres *unp C* (-onbres *N*): -unbres *M* — son...nomrar: las virtudes han nonbres ligeros de n. *E*. 890. saben obrar *MNE*: s. bien o. *add C*.

891. omre *C* (omne *M* honbre *N*) — seria...omre: ternia m. clara lunbre *E* ‖ sop- (*unp C*) *MN*: sup- *E*. 892. tanta *CMN*: quanta *E* ‖ costomre *unp C* (-onbre *N*): -unbre *ME* ‖ que yo sabria *C* (que s. y. *MN*): que *om E*.

441   Todo omre non *es*   P*or* dezyr *e* fazer;
      E sy tomo a*ves*   Enlas contar plazer,

442   Pesar tomo despues: Por que las se nomrar
      Tan byen que cunple, pues   Non las puedo obrar?   896

443   Entregom en nomrarlas   Como sy las sopiese
      Obra*r*, e en contarlas,   Como sy las fiziese.

444   Syn obrarlas dezyrlas,   Sy ami pro non tyen,
      Algunos en oyrlas   Apren*d*ran algun byen.   900

445   Non dezyr nin fazer,   Non es cosa loada;
C 35]   Quanto quier de plazer,   Mas val algo que nada.

446   Non tiengas en vil omre   Por pequeño que*l* veas,
      Nin escrybas tu nomre   En carta que non leas.   904

447   De lo *que tu* querras   Fazer al enemigo,
      Deso te guardaras,   Mas que del, te castygo:

448   *Ca* por le enpeçer,   Te pornas en mal, quanto
      Non te podra naçer   Del enemigo tanto.   908

449   Todo el tu cuydar,   Prymero e mediano,
      Sera en byen guardar   Aty luego, de mano.

893. es *om C* ‖ por *E*: para *CMN* ‖ e fazer *MN* (y azer *E*): nin a f. *C*.
894. e *om E* ‖ sy *CNE*: asi *M* ‖ tomo *CNE*: commo *M* ‖ aves *N*: alguna
ves *ME* agora *C*.
    895. las *CMN*: la *N*.   896. pues non *CMN*: p. que n. *add E* ‖ puedo
obrar *CN*: se o. *ME*.
    897. entregom *C*: -e *add MNE* — e. en *CE*: e. e en *M* en *om N* ‖
nomrarlas *C* (-nbrar- *N*): -allas *ME* ‖ sop- (*unp C*) *MN*: sup- *E*.   898.
obrar e *MNE*: o. las e *add C* ‖ contarlas *CMN*: -allas *E* ‖ fiziese *NE*
(*unp C*): sopiese *M*.
    899. obrarlas *CN*: las *om E* las obrar *transp M* ‖ tyen *CNE*: -e *add M*.
900. apren- *CME*: depren- *N* — -dran] -deran *CM*: -den *NE*.
    901. non dezyr nin *CME*: el d. syn *N*.   902. val *C*: -e *add MNE*.
    903. tiengas *C*: ten- *MNE* ‖ en vil *CN*: por v. *ME* ‖ por pequeño
CNE: p. que p. *M* ‖ quel *MN*: -e *add E* -l *om C*.
    905. que tu *om C* ‖ al enemigo *CE*: a. tu e. *add MN*.   906. deso *CM*
(de esso *N*): desto *E* ‖ mas que *om E* ‖ del te *CMN*: d. desto t. *add E* ‖
castygo *CNE* (-yllo *M*).
    907. ca *om C* ‖ pornas *CNE*: tor- *M*.   908. podra *CM*: -ria *NE*.
    909. tu *om N* ‖ prymero e *CMN*: el mayor e *E*.   910. sera *C*: sea
MNE ‖ luego aty *transp M*.

	450	E desque ya pusyeres	Byen en saluo lo tuyo,	
		Entonçe, sy quisyeres,	Cuyda en daño suyo.	912
C 35ᵛ]	451	Fasta byen puesto aya	En salvo el su rregno,	
		El rrey cuerdo non vaya	Guerrear el ageno.	
	452	Lo que ayna quisyeres	Fazer, faz de vagar;	
		Que sy prisa te dyeres,	Convyenet de enbargar	916
	453	En endreçar yerrança	Que naçra del quexarte,	
		E sera la tardança	Mas por apresurarte.	
	454	Quien rrebato senbro,	Cogio rrependymiento;	
		Quien sosyego obro,	Acabo su talento.	920
	455	Nunca omre perdio	Cosa por la sofryença,	
		E quien prisa se dio,	Reçebio rrependyença.	
	456	De peligro e mengua,	Sy quieres seer quito,	
		Guardate de tu lengua,	E mas de tu escribto.	924
C 36]	457	De vna fabla, conquista	Puede naçer, dy muerte,	
		E de vna sola vista	Creçe gran amor fuerte.	

911. pusyeres (*unp C*) *ME*: toujeres *N* ‖ en salvo *CM*: a s. *NE*.
912. ent- *CMN*: est- *E* — -e *C*: -s *add MNE* ‖ cuyda *C*: piensa *MNE* ‖ en daño *CM*: de d. *N*: del d. *E*.
913. fasta byen puesto *C*: f. que p. *MNE* ‖ en salvo *CMN*: e. paz *E* — el *om ME* — rregno *CN*: rrey- *ME* — en...rr.: su rr. en paz *E* — p. es bueno *add E*. 914. cuerdo non *CMN*: c. que n. *add E*.
915. quisyeres *CM*: quieres *NE*. 916. que *CN*: ca *ME* ‖ prisa *CN* (priesa *ME*) ‖ te *CNE*: tu *M* ‖ convyenet *C*: -e *NE* -t *om M* ‖ de *om ME* ‖ enbargar *CMN*: avagar *E*.
917. en *CN*: por *ME* ‖ endreçar] -der- *CMN*: enmendar *E* ‖ yerrança *C*: err- *MNE* ‖ que *om ME* ‖ naçra *C*: -çera *MN* nasçida *E* ‖ del quexar- *CMN*: dela quexa *E* — -te *om NE*. 918. e *om E* ‖ sera *CMN*: es *E* — la *CNE*: tu *M* — s. l. t.: es mayor l. t. *E* ‖ -te *om N* — por apresurarte: que la priesa te dexa *E*.
919. rrebato *CMN*: la priesa *E* ‖ cogio *CN*: cojo *ME* ‖ rrependymiento *C*: rrepenty- *MN* arrepent- *E*. 920. quien sosyego *CN*: q. con s. *add M* q. de vagar *E* ‖ acabo *CNE*: -a *M*.
921. la *om E* ‖ sofryença *unp C*: sufrençia *MN* sufrimiento *E*. 922. prisa *CN* (priesa *ME*) ‖ rreçebio (*unp C*) *M* (-çib- *N*): ovo *E* ‖ rrependyença *unp C*: rrepentençia *MN* arrepentimiento *E*.
923. quieres *CE*: quisieres *MN* ‖ seer *C*: ser *MN* beuir *E*. 924. escribto *C* (-ipto *NE*): espirito *M*.
925. fabla conquista *CME*: f. o c. *add N* ‖ naçer *CME*: acaesçer *N* ‖ dy muerte *C*: (dy *om N*) e m. *ME*. 926. e *om E* ‖ creçe *C*: -r *add MNE* ‖ gran *om E* ‖ amor fuerte *CMN*: a. muy f. *add E*.

458 Pero lo que fablares,   Sy escribto non es,
Sy por tu pro fallares,   Negarlu as despues.   928

459   Negar lo que se dize,   A vezes a lugar;
Mas, sy escrybto yaze,   Non se puede negar.

460 La palabra a pueca   Sazon es olvidada,
E la escritura fynca   Para syenpre guardada.   932

M 75b] 461 E la rrazon que puesta   Non yaze en escryto,
Tal es commo saeta   Que non llega al fyto.

462 Los vnos de vna guisa   Dizen, los otros de otra;
Nunca de su pesquisa   Vyene çierta obra: 936

C 36] 463 Delos quy estobieron,   Pocos se acordaran
De como lo oyeron,   E non conçertaran.

C 36ᵛ] 464   Sy quier brava, quier mansa,   La palabra es tal
Como sonbra que pasa   E non dexa señal.   940

465 Non a lança que false   Todas las armaduras,
Nin que tanto trespase,   Como las escribturas.

466 Que la saeta lança   Fasta vn çierto fyto,
E la letra alcança   De Burgos a Aibto.   944

927. sy escribto *C* (-ito *M* -ipto *NE*): s. en e. *add M.*   928. por *C*
(*om ME*): peor *N* ‖ tu *CME*: te *N* ‖ pro *om N* ‖ fallares *CME*: mirares
N — non f. *add E* ‖ -lu *C* (lo *MNE*).
   929. a vezes *CMN*: en v. *E* ‖ lugar (*unp C*) *ME*: log- *N.*   930. mas
sy e. *CMN*: m. donde e. *E* ‖ yaze *CMN*: fize *E* ‖ non se p. *CMN*: n. lo
p. *E* — puede *CMN*: -o *E.*
   931. pueca] poca *mss* — a poca *CME*: achica *N* (*subsequently corrected
to* a poca *by the scribe*).   932. escritura fynca *CMN*: e. aboca *E.*
   933-36. *om C.*   933. puesta *M*: a- *N* prieta *E* ‖ en escryto *MN*: en
el e. *E.*   934. llega *MN*: -o *E.*
   935. los *om E* ‖ dizen *MN*: añaden *E* ‖ los *om E* ‖ otros de otra *MN*:
otro calla *E.*   936. vyene *M* (*om E*): puede venir *N* ‖ çierta *om N* ‖ obra
M: onta *N* rrazon se falla *E.*
   937. quy *C* (que y *M*): que ay *NE* ‖ estobieron *unp C* (-touie- *MN*):
-tuuie- *E.*   938. de *CMN*: y d. *add E* ‖ e *om ME* ‖ non *CMN*: nunca *E* ‖
conçertaran *CM*: se contentaran *N*: concordaran *E.*
   939. sy quier *CM*: sy *om E* quier *om N* ‖ brava *CMN*: larga *E* ‖
quier *CE*: sy *M* o sy *N* ‖ mansa *CMN*: escasa *E.*
   941. false *C*: passe *MNE.*   942. trespase *CM*: tras- *NE.*
   944. de *CMN*: desde *E* ‖ Aibto *C*: Egibto *M* Egipto *NE.*

467 E la saeta fyere   Al byvo, que se syente,
     E la letra conquiere En vida e en muerte.

468 La saeta non llega   Sy non es al presente,
     La escrybtura llega   Al de allen mar absente.   948

C 37] 469 De saeta defyende   A omre vn escudo,
          De la letra nol puede Defender todo el mundo.

                         [XIV]

470 A CADA plazer puenen   Los sabios vn sygnado
     Tienpo, desende vyenen Toda via menguando.   952

471 Plazer de nuebo paño,   Quanto vn mes; despues
     Toda via a daño   Va fasta rroto es.

472 Vn año casa nueva;   En quanto la llanilla
     Es blanca, fasta llueva   E torrne amarylla.   956

473 De mas que es natura   Del omre enojarse
     De lo que mucho tura   E conello quexarse.

945. e CE: que MN ‖ que se syente CMN: sy le açierte E.   946. e la
CMN: mas l. E ‖ letra C (wrote first vyda, then emended to l-) ‖ en vida
CMN: e. la v. add E ‖ en muerte CMN: e. la m. add E.

947. llega MNE: llaga C ‖ non es al presente C: n. al que e. p. MN:
n. el aquel que p. E.   948. llega CMN: pega E ‖ al de CMN: tan bien
a. d. add E ‖ allen C (om E): -de add MN ‖ mar om MNE ‖ absente C:
oriente MNE.

949. a omre C (a omne M): avn a o. N (avn was subsequently struck out):
al honbre E ‖ vn CNE: el M.   950. de CNE: e d. add M — la om M
— nol CN: non ME — defender om E — de la…mundo: sy t. e. m.
ende d. l. l. n. pudo E.

951. a CNE: e M ‖ puenen] ponen CMN: tiene E ‖ los sabios
CMN: el sabio E ‖ vn om E ‖ sygnado CMN: a- add E.   952. desende C:
desdende N (desde e- M) y dende E ‖ vyenen CM: -n om NE ‖ -ando CM:
-ado NE.

953. quanto om E ‖ mes CMN: m. dura add E.   954. va om MNE ‖
fasta rroto C: f. que rr. add MNE.

955. año CMN: tienpo E ‖ casa CM: cosa NE ‖ en om NE ‖ llanilla C:
la- MNE — quanto…es: es q. la l. N: es q. ala l. E.   956. fasta llueva C:
f. que ll. add MNE ‖ e tor- CMN: y se t. add E — -ne CE: -na MN.

957. es natura CMN: ha por n. E ‖ del CMN: el E ‖ enojarse CMN:
de e. add E.   958. de CM: con NE ‖ tura CMN (d- E).

C 37ᵛ] 474 Por tal de mudar cosa   Nueba de cada dia,
           Por poco la fermosa   Por fea camyiaria.   960

         475   Plazer que toma omre   Con quien non lo entyende:
           Medio plazer a omre   E durar nunca puede.

         476   Pues la cosa non sabe   Que conella me plaze,
           Que ture o que se acabe,   Dello fuerça non faze.   964

         477   Mas la que entendyere   Que della e plazer,
           Fara quanto podyere   Por la creçer fazer.

         478   Por aquesto falleçe   El plazer corporal
           Syenpre, e el que creçe   Es el esprytual.   968

C 38] 479   Tristeza yo non syento   Que mas me faz quemar,
           Que plazer que so çierto   Que se a de atemar.

         480   Turable plazer puedo   Dezyr del buen amigo:
           Lo que me dyz entyendo,   E el lo que yo digo.   972

         481   Muy gran plazer enque   Me entyende me faze,
           E mas por que se que   De my plazer le plaze.

959. mudar *CME*: mandar *N*. 960. por poco *CMN*: con p. *E* ‖ camyiaria *C* (canbiar- *MN*): trocaria *E*.

961. con quien *CM*: c. aquel que *N* c. lo que *E* ‖ non *om MN* — non lo *C*: bien lo *M*. 962. medio *CNE*: mejor *M* ‖ a *om M* ‖ durar *C*: tura *E* tomar *MN* ‖ nunca puede *CMN*: non es ende *E*.

963. pues *CMN*: sy *E* ‖ que conella *CN*: y c. e. *E* con que *M* ‖ me plaze *CN*: ami p. *M* le p. *E* (*wrote first* nõ p. *then corrected*). 964. que se acabe *CE*: que *om N* se *om M* ‖ fuerça *CNE*: fuera *M*.

965. la *CME*: el *N* ‖ entendyere *CME*: entyende *N* ‖ della *CN*: dello *M* — que d.: y con ella *E* ‖ e *C* (he *N*): a *M* (ha *E*). 966. pod- (*unp C*) *M*: pud- *NE* ‖ la creçer fazer *CN*: l. f. c. *transp M* c. l. f. *transp E*.

967. aquesto *CME*: aq̄ se *N* (*seems to have written first* aqⁱ) ‖ corporal *CNE* (conp- *M*). 968. e *om N* — syenpre e el que *C*: e e. q. s. *transp M* y lo q. s. *E* ‖ el *CMN*: lo *E* — esprytual *C*: -piri- *M* (spũal *NE*).

969. me *om E* ‖ faz *CMN*: -e *add E* ‖ quemar *CMN*: penar *E*. 970. que plazer *CMN*: q. el p. *add E* ‖ so *om E* — que so çierto: commo viento *E* ‖ atemar *C*: acabar *MNE*.

971. turable *CMN* (d- *E*). 972. dyz *CMN* (-e *add E*) ‖ entyendo *CMN*: cuedo *E* ‖ lo que *CME*: -l *add N*.

973. plazer en que me entyende me *CM*: p. e. q. e. me *N* p. por que m. me *E* ‖ faze *CE* (-e *om MN*). 974. e *om E* ‖ mas por que *CMN*: mayor mente q. *E* ‖ de my *C*: del my *MN* el mi *E* ‖ plazer *CNE*: bien *M* ‖ plaze *CE* (-e *om MN*).

482	Deprendo toda via	Del buen entendimiento,	
	El de my cada dia,	Nuebo departymiento.	976

483	El sabio que de glosas,	Çiertas fazer non queda,	
	Dize que de las cosas	Que son de vna moneda	

C 38ᵛ]

484	En mundo non avia,	Nin sobre fyerro oro,	
	Tan granda mejoria	Com omre sobre otro.	980

485	Que 'el mejor cavallo	Del mundo non val çiento,	
	E vn omre,' diz, 'fallo	*Val* de otros vn cuento.'	

486	Onça de mejoria	Delo espritual	
	Conprar non se podria	Con quanto el mundo val.	984

487	Todos los corporales	De syn entendymiento,	
	Mayor mente metales,	Que son syn sentymiento;	

488	Todas sus mejorias	Pueden poco montar,	
	E en muy pocos dias	Se pueden escontar.	988

489	Las cosas de syn lengua	E syn entendymiento,	
	Su plazer va a mengua	E a falleçimento	

C 39]

490	Desque a desdezyr	Su apostura benga,	
	Que non saben dezyr	Cosa que la mantenga.	992

975. deprendo *CN*: ap- *ME* ‖ del buen *CMN*: su b. *E*.   976. el *CNE*: e el *add M*.

977. que de glosas *CMN*: q. las g. *E*.   978. dize *CME*: -e *om N* ‖ que *om N* ‖ de las *CME*: por todas l. *N* ‖ moneda *CE*: manera *MN*.

979. en mundo *CN*: e enel m. *M* enel m. *E* ‖ non *om E* ‖ avia *CMN*: avria *E* — nin a. *transp E* ‖ oro *CMN*: otro onbre *E*.   980. tan g. *CN*: e en g. *M* de t. g. *add E* — granda *C* (-de *MNE*) ‖ com *C* (-mo *add MNE*) — c. omre *C*: c. vn omne *N* c. ha vn omne *M* c. de onbre *E* — o. sobre otro: o. a onbre *E*.

981. que *C*: ca *MNE* ‖ del mundo *CNE*: enel m. *M*.   982. e *om E* ‖ diz fallo *CMN*: d. yo f. *add E* ‖ val *N* (*om C*): -e *add M* -er *add E* — que v. *add MN* ‖ de otros *CMN*: mas que otro *E*.

985. corp- *CNE* (conp- *M*) ‖ de *om M*.   986. que son syn sentymiento *C*: q. non ha s. *M* q. non han s. *NE*.

987. pueden *CNE*: podrian *M*.   988. se p. *CNE*: non s. p. *M* — pueden *CNE*: -n *om M* ‖ escontar *CN*: des- *ME*.

989. de syn *CNE*: de sy *M*.   990. -mento *C*: -miento *MNE*.

991. apostura (*unp*) *C*: conpustura *M* (-postura *NE*).   992. que *om ME* ‖ non *CMN*: nunca *E* ‖ saben *CN*: -n *om M* sabra *E* ‖ que la *CM*: q. les *N* q. le *E* ‖ mantenga *CN* (-te[n]ga *M*): pro tenga *E*.

491   Poreso el plazer   Del omre *creçer* deve,
       Por dezyr e fazer   Cosa que le rrenueve.

492   El omre de metales   Dos es cofaçionado,
       Metales desyguales,   Vn vyl e otro onrrado.   996

493   El vno terenal,   Enel bestia semeja;
       Otro çelestrial   Con angel le apareja.

494   Enque come e beve   Semeja alymaña:
       Asi muere e bi*e*ve   Como bestia, syn falla.   1000

495   Enel entendimiento   Como el angel es:
       Non a despartymiento,   Sy en cuerpo non es.

C 39ᵛ] 496   Quien peso de vn dinero   A mas de entendimiento,
             Por aquello señero   Val vn omre por çiento: 1004

497   Ca de aquel cabo tyene   Todo su byen el omre,
       *D*e aquella parte le vyene   Toda buena costomre:

498   Mesura e franqueza,   E b*u*en *seso* e saber,
       Cordura e sympleza,   E las cosas caber.   1008

993. eso *C*: esto *MNE* ‖ creçer *MNE* (kere- *C*). 994. por dezyr *CNE*: en d. *M* ‖ e fazer *CNE*: e en f. *M* ‖ le *CNE*: lo *M*.

995. cof- *C* (conf- *MNE*). 996. vn *C*: -o *add MNE* ‖ e *om NE*.

997. terenal *CM* (-rr- *NE*) ‖ enel *CNE*: e el *M*. 998. otro *CNE*: e el o. *add M* ‖ çelestrial *C*: -tial *MNE* ‖ con *om M* ‖ angel *CNE*: -es *add M* ‖ le *om E* ‖ apareja *CMN*: en p- *E*.

999. en *CNE*: e e. *add M* ‖ alymaña *C*: -malya *M* animalya *N* anjmalla *E*. 1000. asi *om E* ‖ bieve] bive *CN* — muere e b. *CN*: b. e m. *transp M* nasçer y morir deue *E*.

1001. enel entendimiento *CNE*: e enel mundo e. *M* ‖ como el *CMN*: el *om E* ‖ angel es *CMN*: a. atal | e. *add E*. 1002. non a *om E* ‖ desp- *C*: dep- *MNE* — syn d. *add E* ‖ sy en *C*: s. por *M* saluo e. *NE* ‖ cuerpo *CMN*: lo corporal *E* ‖ non es *C* (*om E*): n. fues *M*: e pies *N*.

1003. de entendimiento *CNE*: d. vn e. *add M*. 1004. val *CN*: -e *add ME* ‖ por çiento *CMN*: mas ç. *E*.

1005. de aquel cabo tyene *CMN*: desta parte t. *E*. 1006. de *MN*: e d. *add C* — de aquella *CMN*: desta *E* ‖ parte le. *But cf.* p. 47 ‖ toda *om E* ‖ costomre *unp C* (-onbre *N*): -unbre *ME* — c. y nonbre *add E*.

1007. e buen: e *om ME* — buen *N* (-o *add M*): bien *C* — seso *om C* — b. s.: discriçion *E*. 1008. sympleza *C* (syn- *MN*): llaneza *E* ‖ caber *CN*: saber *M* — e las cosas c.: y verguença tener *E*.

499　Del otro cabo naçe　　Toda la mala maña,
　　E por alli le creçe　　La cobdiçia e saña.

500　De alli le vyen maleçia,　　E la mala verdat,
　　Forniçio e dolençia,　　Toda enfermedat;　　　　　　　　1012

C 40]　501　E engaños e arte,　　E mala entynçion,
　　Que nunca das aparte　　En mala condiçion.

502　Porende non falleçe　　Plazer de compañia
　　De omres *sabios*: syenpre creçe　　E va a mejoria.　　　1016

503　Plaz a omre conellos,　　E aellos conel;
　　Entyende el aellos,　　Ellos tan byen ael.

504　　Por aquest*o* compaña　　De amigo enten*du*do,
　　Alegria tamaña　　Non pued aver en mundo.　　　　　　1020

505　Pero amigo claro,　　*Leal* e verdadero,
　　Es de fallar muy caro,　　Non se vende a dynero.

506　Com es grabe topar　　En con*pli*sion egual,
　　Fallar es en su par　　Buen amigo leal.　　　　　　　　1024

1009. naçe *CMN*: creçe *E*.　1010. e *CM* (*om E*): ca *N* ‖ le *om M* ‖ creçe *CM*: rrecresçe *NE* (*N subsequently struck out* rre-) ‖ e saña *CMN*: e la s. *E*.

1011. le *om E* ‖ vyen *C*: -e *add ME* vjno *N* ‖ maleçia] *unp C*: maliçia *MNE* ‖ e la mala *CMN*: de ally m. *E*.　1012. forniçio *CMN*: luxuria *E* ‖ e dolençia *CMN*: y avariçia *E* ‖ toda *CN*: e t. *add ME* — t. enfermedat *CME*: t. su e. *add N.*

1013. e engaños: e *om E* ‖ e arte *CN* (en a. *M*): y mala a. *add E* ‖ e mala entynçion (*unp C*) *MN*: y dapñada intençion *E*.　1014. que *CMN*: ca *E* ‖ das *C*: dios *MNE* ‖ aparte *CM*: ha p. *NE* ‖ en mala *CN*: enla m. *ME* ‖ condiçion *CNE*: cobdiçia *M*.

1015. de *MNE*: que (*unp*) *C*.　1016. de *CNE*: e de *M* ‖ omres *om E* ‖ sabios *om C* ‖ syenpre *om MN*.

1017. plaz *CN* (-e *add ME*) ‖ a omre *C* (omne *M* onbre *E*): al omne *N*.　1018. ellos tan *CE* (e e. t. *MN*).

1019. aquesto *MN*: -a *C* esto *E* ‖ compaña *C* (-np- *MN*): la c. *add E* ‖ de *CMN*: -l *add E* ‖ amigo *CE*: omne *M* — entendudo *N*: -ido *ME* entyendo *C* — *N cancelled* de amigo entendudo *and wrote* de entendido sesudo *in the line below.*　1020. pued *C*: -e *add N* — non p.: n. ha *M* — en mundo *CN*: e. el m. *add M* — non…mundo: quel onbre nunca vido *E*.

1021. leal *MNE*: lys *C*.　1022. se vende *CN*: s. falla *M*: s. ha *E* ‖ a dynero *CMN*: por d. *E*.

1023. com *C*: -mo *add NE* — c. es: omne e. *M* ‖ grabe *C* (-ue *NE*): grande *M* ‖ topar *CE*: de t. *add MN* ‖ conplision *ME* (-xion *N*): conclusion *C* ‖ egual (*unp C*) *M*: y- *NE*.　1024. fallar es en *CN*: es f. e. *E* de f. en *M*.

507 Amigo dela bona   Andança, quando creçe,
        Luego asy se torrna,   Quando ella falleçe.

508 Amigo que te loar   De bien que non fezyeste,
    Non debes del fiar,   Que mal que non obreste,   1028

509 Afellarte loa   Enpuesty, çierto seas.
    Qui por costunbre a   Lysonjar, non le creas

510 Por lysonjarte. Quien   Te dixier de otro mal,
    A otros atan byen   Dira de ty al tal.   1032

511   El omre lysonjero   Miente acada vno,
      Que amor verdadero,   Non lo a con ninguno.

512 Anda joyas fazyendo   Del mal deste a este;
    Mal del vno dezyendo,   Faz al otro presente.   1036

513 Tal omre nunca cojas   Jamas en tu compaña,
   Que con las sus lysonjas   Alos omres engaña.

1025. bona] buena *CMN* — dela b. andança *CMN*: de fortuna prospera *E*. 1026. torrna *M* (-r- *C*): tarda *N* — luego asy se t.: tura mjentra es vna *E* ‖ quando ella falleçe *CMN*: q. mengua f. *E*.

1027. que te *CMN*. (*But cf.* p. 47) — amigo q. te loar: sy a. te l. *E* ‖ fezyeste *unp C*: -iste *MNE*. 1028. del *CMN*: der *E* ‖ que mal *CE*: el m. *MN* ‖ que non *CE*: q. tu *MN* ‖ obreste *C*: -aste *M*: cometiste *N*: dexiste *E*.

1029. afellar- *C* (*cf.* Introd. p. 28, § 2): afear *MN* — loa *CN* (lo han *M*) — a. loa: el lo afeara *E* ‖ enpues- *C* (en pos *MN*): detras de *E*. 1030. qui *unp C*: pues *MNE* ‖ por costunbre *CNE*: tu c. *M* ‖ a *C* (ha *NE* han *M*) ‖ lysonjar *CMN*: -gear *E* — de l. *add MNE* ‖ non le *CE* (nol *N*) — n. l. creas: byen c. *M*.

1031. lysonjar- *CM*: -gear *NE* ‖ dixier] -e *add C* (dixere *M*): diz *N* dize *E* ‖ otro *CN* (-y *M*): -s *add E*. 1032. al *CM*: a *NE* — tal *om M*.

1034. que *CE*: ca *MN* ‖ lo *om ME* ‖ a *C* (ha *MN*): tiene *E* ‖ ninguno *CMN*: alg- *E*.

1035. joyas *MN* (j[o]yas *C*: *cf. transcription, note* ad loc.): gozos *E* ‖ del mal *CE*: de m. *MN*. 1036. dezyendo (*unp C*) *M*: diz *NE* ‖ faz *CN* (-e *add M*) — f. al otro: cuyda que a o. *E* ‖ presente *CMN*: preste *E*.

1037. tal *CMN*: que del t. *add E* ‖ nunca *om E* ‖ cojas *C* (a- *add MN*): fuygas *E* ‖ jamas en tu c. *CMN*: te digo y de su c. *E*. 1038. que *CM* (*om E*): ca *N* ‖ las sus lysonjas *CMN*: las l. suyas *E* ‖ engaña *CNE*: -n *add N*.

514	Quien buena ermandat	Aprender la quisyese,	
	E buena amizdat	Vsar sabor obiese,	1040
515	Syenpre meter debia	Mientes enlas tygeras,	
	E dellas aprenderia	Muchas buenas maneras.	

M 77a] 516 Que quando meto mientes,   Cosas tan derecheras
         Non fallo entre las gentes,   Commo son las tyseras: 1044

C 41] 517 Parten al que las parte,   E non por se vengar,
          Sy non con gran talante   Que an de se legar.

      518 Como en rrio quedo,   El ques metyo entre ellas
          Entro, e el su dedo   Metio entre dos muelas.   1048

      519 Quien mal rreçibio dellas,   El mesmo se lo busca,
C 41ᵛ]   Que desu grado dellas   Non buscarien mal nunca.

      520 Desque de entrellas sal,   Con tanto son pagadas,
          Que nunca fazen mal   En quanto son juntadas.   1052

      521 Yazen boca con boca   E manos sobre manos;
          Tan semejados nonca   Non vy yo dos ermanos.

1039. quien buena ermandat *CN*: q. la b. h- *E* q. vna h- *M* ‖ quisyese
C: -re *MNE*. 1040. e buena *CN*: e vna *M* y de b. *E* ‖ amizdat *C* (-stad
MNE) ‖ ob- *unp C* (ou- *MN*): vu- *E* — -se *C*: -re *MNE*.
1041. debia *C* (-uia *MNE*) — meter d. mientes: mientes d. | m.
transp MN: mientes d. | poner *E* ‖ tygeras *C* (-seras *MNE*). 1042. e *om*
ME ‖ aprenderia *CNE* (-n *add M*).
1043–44. *om C*. 1043. que *ME*: e *N* ‖ meto mientes *MN*: paro m. *E* ‖
derecheras *NE*: derechas *M*. 1044. entre *ME*: en *N*.
1045. parte *CN* (-n *add M*) — al que las p.: al apartante *E* ‖ e *om N*.
1046. non *om M* ‖ gran *C* (-t *M* -d *N*): -de *add E* ‖ an *C* (h- *NE*): ha *M* —
an de se: se han de *E* ‖ legar *C* (ll- *E*): juntar *MN*.
1047. ques *C* (-e *add E*): -s *om MN* ‖ entre e- *CN* (entrellas *ME*).
1048. entro *C* (*om E*): den- *MN* — e el *C*: el *MN* — entro e el su: por
las partir s. *E*.
1049. rreçibio *C*: -be *MNE* ‖ mesmo *om E* ‖ se *CNE* (ge *M*) — busca
CMN: -o *E* — se lo b.: s. b. l. tal *E*. 1050. que *CM*: ca *NE* ‖ su *om*
ME — desu grado: del g. *E* ‖ dellas *CMN*: de aquellas *E* ‖ non *C*:
n. lo *add MN* nunca *E* ‖ buscarien] -ian *CM*: -ia *N* farian *E* ‖ mal *om*
MN ‖ nunca *om E*.
1051. -ellas *MNE*: -ellos *C* ‖ con *om M* ‖ tanto *CME*: quanto *N* ‖
pagadas *MNE*: -os *C*. 1052. juntadas *MNE*: -os *C*.
1053. yazen *CNE*: -n *om M*. 1054. nonca (*unp C*) *N*: nu- *M* —
tan…nonca: diferençia t. poca *E* ‖ non *om MN* ‖ vy yo *C*: yo vy *transp*
MN yo *om E* — v. entre d. *add E*.

522 Tan gran amor obieron,   Leal e verdadero,
    Que amas se çiñeron   Con vn solo çintero.   1056

523 Por el destar en vno,   Syenpre amas ados,
    E fazer de dos vno,   Fazen de vno dos.

[XV]

524 NON a mejor rryqueza   Que buena ermandat,
    Nin tan mala pobreza   Como la soledat.   1060

C 42] 525 La soledat adueze   Mal pensamiento fuerte;
    Porende el sabio dieze: "O conpaña o muerte."

526 Pero atal podria   Seer que soledat
    Mas que ella valdria: Esta es la verdat.   1064

E 64ᵛ] 527 Ca de huesped conpaña,   Delas cosas pesadas,
    Que a todo el mundo daña,   Fallo algunas vegadas.

E 65] 528 Non digo por pariente   O amigo espeçial,
    Que ha por bien la gente   Conpaña deste tal: 1068

529 Sabe mi voluntad,   Esto conel en gloria,
    Non tengo poridad   Que ael non es notoria.

530 Mas onbre que pesado   Es, en todo su fecho
    Quiere tal gasaiado   Que en anchura en estrecho.   1072

531 Que al tal, nin por rruego,   Non querria fablar,
    Quanto mas tras mi fuego   Escuchar su parlar.

E 65ᵛ] 532 Y sy vno non es ydo,   Catad otro do llega!
    La mengua que non vido,   Al otro non se niega.   1076

1055. obieron *unp* C (ou- *MN*): uv- *E*. 1056. çiñeron *CE* (-nj- *N*): oujeron *M* ‖ con vn *C*: en v. *M* de v. *NE*.
1057. por el *C*: p. tal *NE* p. amor *M* ‖ destar *C* (de e- *ME*): de vsar *N*. 1058. e fazer *C*: por f. *MNE*.
1059. que buena *CMN*: q. la b. *add E*. 1060. como la *CMN*: c. es l. *add E*.
1061. adueze] -uze *mss*. 1062. dieze] dize *CMN*: induze *E* ‖ o *CN* (*om M*): a *E* ‖ conpaña *C*: -ñia *MNE*.
1063. pero atal *C*: p. tal *E* p. que tal *N* por que tal *M* ‖ seer *C* (ser *MNE*) ‖ que soledat *C* (-ad *E*): la s. *MN* — q. s. mas: la s. q. m. *M*.
1065-1104. *om CMN*.
1069. voluntad] volutad *E*. 1070. notoria] -o *E*.

533 Quando vno se parte,   Pienso perder querella,
Viene por otra parte   Quien desfaze su fuella:

534 Oy me preguntaua   Alegre por mi puerta,
Non sabie sy quedaua   La muger medio muerta.   1080

535 Conla poca farina,   Del dinero otro tal,
Descubriose ayna   El suelo del cabdal!

E 66] 536 Sy vendi mi ganado,   Por mengua de çeuada,
El de rrezien llegado,   Non piensa desto nada: 1084

537 Quiere que su cauallo,   Buen aparejo falle.
Yo, con verguença, callo,   Paseando por la calle,

538 Por ver algunt vezino,   Sy me querra dar dela paja
A troque de algunt vino,   Reçelando *ba*raja;   1088

539 Ca *la* muger por villa,   Sy sa*b* que lo buscase,
Era çierto rrenzilla   Por paga me fyncase.

E 66ᵛ] 540 El quiere buen senblante   En todos, de plazer,
Cosa syn catar ante   Delo que puede ser.   1092

541 Sy non basta el primeŕo   Nin el dia segundo,
Mas quiere enel terçero   Que se le rria el mundo.

542 Çierto es, y non fallesçe,   Prouerbio toda via:
El huesped y el peçe   Fieden al terçero dia.   1096

543 E de mas de su enpacho,   Que enojado me dexa,
De otra cosa le tacho,   Con que doblo mi quexa:

E 67] 544 Ca los de mi conpaña   Pasarie*n* con ques quiera;
Por mostrar l*e* fazaña,   Doles yantar entera.   1100

545 Ca en casa rregida,   Conla sazon convien
Gouernarse la vida,   Oras mal, oras bien;

546 Y sieruo que mendrugo   Comeri*e* de çenteno,
Por su causa madrugo   A conprar le pan bueno.   1104

1087. sy me. *But cf.* p. 47.   1088. rreçelando baraja] rr. la b. *add E.*
1089. la *om E* ‖ sab] -e *add E.*
1099. pasarien] -an *E* ‖ ques quiera (q̄ es q. *E*).   1100. le] -s *add E.*
1103. comerie] -ia *E.*

547   Mal es la soledat,   Mas peor es conpaña
            De omre syn verdat,   Que a omre engaña.

548   Peor conpaña destas,   Omre torpe pesado:
      Querrie traer acuestas   Albarda mas de grado!   1108

549   Muebol yo pleytesia   Por tal que me dexase,
      Digol que non querria   Que por mi se estorvase:

550   'Yd vos en ora bona   Librar vuestra fazyenda,
      Quiça que pro algona   Vos verna ala tyenda.'   1112

551   El diz: 'Por bien non tenga   Dios que solo fynquedes
      Fasta conpaña venga   Otra con quien fabledes.'

552   El cuyda que plazer   Me faze su conpaña,
      Yo querria mas yazer   Solo enla montaña;   1116

553   Yazer enla montaña   A peligro de syerpes,
      E non entre conpaña   De omres pesados tuerpes!

554   El cuyda que en yrse   Serie desmesurado,
      E yo temo cairse   Con nusco el sobrado.   1120

1105. mal *CME*: -a *add N* ‖ la *om E* ‖ mas *om E* ‖ es conpaña *CMN*: e. tal c. *add E*.   1106. de o. *CMN*: y d. honbre *E* ‖ a omre *C* (omne *MN*): asu amigo *E* ‖ engaña *CMN*: dapña *E*.

1107. destas *CMN*: que es- *E* ‖ omre *C* (omne *N* onbre *E*): es o. *add M*.   1108. querrie (kᵉry'e *C*): -ia *MNE* — traer q. *transp E*.

1109. muebol *C*: -e *add E* -l *om M* moui le *N* ‖ yo *om MNE* ‖ dexase *MNE*: dexease (or dexe asy) *C*.   1110. digol *MN*: -e *add E* -l *om C*.

1111. bona] -ue- *mss* — buen ora *transp E* ‖ librar *C*: a- *M* -d *N* a- -d *E*.   1112. algona] *unp C* (-una *MN*): agora *E*.

1113. el *om E* ‖ diz *CMN*: -e *add E*.   1114. fasta c.] f. que c. *add mss* — conpaña *C*: alguno *MNE* ‖ otra *C*: -o *MNE* ‖ fabledes *CME*: folguedes *N*.

1115. cuyda *CMN*: piensa *E* ‖ faze *MNE*: fyzo *unp C*.   1116. yo q. *CN*: e y. q. *add M* y q. *E*.

1117. a peligro de *CMN*: entre *E* ‖ syerpes *CM*: s. feroçes *add N* s. çercado *add E*.   1118. e non *CNE*: que n. *M* ‖ conpaña *CNE*: -s *add M* ‖ omres *C* (-mn- *MN*): honbre *E* ‖ tuer-] tor- *mss* — torpe pesado *transp E*.

1119. cuyda *CNE*: -ua *add N* ‖ en *om M* ‖ serie *C*: -ia *MNE* ‖ desmesurado *CNE*: de mes- *M*.   1120. cairse] *unp C* (-erse *MN*): fundirse *E* ‖ nusco *CMN*: nosotros *E*.

    Ca de los sus enojos   Esto ya tan cargado,
Que *fascas* en mis ojos   So mas que el pesado.

C 43] 556   E medio mal seria,   Sy el callar quisyese:
Yo del cuenta faria   Como sy poste fuese;   1124

557   Non dexaria nunca   Lo que quisyes cuydar.
Mas el rrazones busca   Pora nunca quedar:

558   Nol cumple dezyr quantas   Vanidades se cuyda,
Mas fazeme preguntas   Neçias aquel rrecuda.   1128

559   E querria ser mudo   Antes quel rresponder,
E querria ser sordo   Antes quel entender.

560   Çierto es par de muerte   La soledat, mas tal
C 43ᵛ]   Conpañia com este,   Estar solo mas val.   1132

561   Sy mal es estar solo,   Peor tal conpañia.
E bien cunplido, dolo   Fallar quien lo podria?

562   Non a del todo cosa   Mala, nin toda buena;
Mas que suya fermosa   Querria fea agena: 1136

1121. ya *MNE*: yo *C*. 1122. fascas *E* (*om N*): fasta *M* con poco *C* ‖ en mis *CME*: ante mis *N* ‖ so *CM* (sõ *N*): -y *add E*.

1123. e medio *CNE*: el m. *M* ‖ quisyese *CNE*: -ra *M*. 1124. yo del *CME*: que d. *N* ‖ sy poste *CN*: s. vn p. *ME*.

1125. non *om E* ‖ dexaria nunca *CMN*: ca n. d. *E* ‖ que quisyes cuydar *C*: q. me plaze c. *MNE*. 1126. rrazones busca *CMN*: rr. guia *E* ‖ pora *C* (para *MNE*).

1127. nol *CME*: non *N* ‖ cumple dezyr *CMN*: basta d. *E* ‖ quantas vanidades *CN*: juntas q. v. *M* juntas v. *E* ‖ se *om ME* ‖ cuyda *CMN*: que cuda *E*. 1128. mas faze- *CN*: m. el f. *add M* — faze-: añade *E* -me *om ME* ‖ preguntas neçias *CME*: p. tantas n. *add N* ‖ a *om E* ‖ quel *CMN*: q. le *E*.

1129. e *om E* ‖ querria *CMN*: yo q. *add E* ‖ ser *MNE* (-ee- *C*) ‖ mudo *CNE*: muerto *M* ‖ antes *CN*: -s *om ME* ‖ quel *N*: -e *add CME*. 1130. querria *om E* — ser *MN* (-ee- *C*) — e q. ser s.: y avn sordo *E* — sordo (*unp C*) *M*: s. rrudo *add N* s. sy ser pudo *add E* ‖ antes *CN* (*om E*): -s *om M* — quel *N*: -e *add C* -o *add M* — antes...entender: por nunca le e. *E*.

1132. conpañia *MNE*: -ñon *C* ‖ com *C*: -mo *add MN* — com...estar: y tan fuerte e. *E*.

1133. peor tal *CE*: p. es t. *add MN*. 1134. e *CMN*: el *E*.

1135. nin toda *CME*: n. del todo *N* ‖ buena *CNE*: vna *M*. 1136. suya *CE*: saya *MN* ‖ querria *CE*: quien *M* quier *N* ‖ fea *CME*: sea *N*.

563 Que omre non cobdiçia   Sy non lo que non tyene,
    E luego lo despriçia   Desque a mano le vyene.

564   Suma de la rrazon: Non a en mundo cosa
    Que non aya sazon,   Quier fea, quier fermosa.   1140

565   Pero lo que los omres   Todos en general,
    Loan de las costomres,   Syenpre es lo comunal.

[XVI]

C 44] 566 MAL es mucho fablar,   Mas peor seer mudo,
        Que non fue por callar   La lengua, segum cuydo.   1144

567   Pero la mejoria   Del callar non podemos
    Negar, mas toda via   Convien que la contemos.

568   Por que la myatad de   Quanto oyermos fablemos,
    Vna lengua porende   E dos orejas auemos.   1148

569   Quien mucho quier fablar   Syn gran sabiduria,
    Çierto en se callar   Mejor baratarya.

1137. que *om MNE* || cobdiçia *CN*: -ua *add M* querria *E* || lo que
CMN: aquello q. *E* || non tyene: non *om M*. 1138. e luego *om E* ||
-içia] *unp C*: -eçia *MNE* — despreçialo *transp E* || desque *CMN*: del
dia que *E* || a m- *CM*: ala m- *NE* — mano le *CME (but cf.* p. 47, n. 5):
le *om N*.

1139. en mundo *C*: enel m. *MNE* — non...cosa: que enel m. n. ay
c. *E*. 1140. quier fea *CNE*: -e f. *add M* || quier fermosa *CNE*: o f. *M*.

1141. pero *CNE*: peor *M* || que los omres *C* (omnes *N*): q. es omnes *M*
q. loamos *E* || general *MNE* (geren- *C*). 1142. loan *CN* (*om E*): lo que
M || las *om E* || costomres *unp C* (-onbres *N*): -unbres *ME* — c. digamos
add E || syenpre *om ME* || es *om CN* — que e. *add E*.

1143. mal *CME*: mas *N* || mas *om E* || peor s- *C*: p. es s- *add MN* p. es
estar *E* — seer *C* (ser *MN*). 1144. que *CE*: ca *MN* || non fue *CMN*:
n. es *E* || segum *C* (-nt *ME* -nd *N*) || cuydo *CMN* (cudo *E*).

1146. mas toda via *CNE*: de t. *M* || contemos *CNE*: tome- *M*.

1147. myatad (*unp C*) *M*: meyt- *N* meat- *E* || de *om E* || quanto *CNE*:
-ndo *M* || oyermos *C*: oyamos *M* oyr tenemos *N* es el oyr *E* || fablemos
om N. 1148. porende E dos *M* (porende Dos *C*): p. tanto Dos *E*
en verdad Dos *N* || auemos *CMN*: tene- *E*.

1149–68. *om N*. 1149. quier *C* (quien *M*. Cf. p. 38): -e *add E*.
1150. çierto en *CM*: ç. es que e. *add E* || se *om E*.

<table>
<tr><td>570</td><td>El sabio que loar</td><td>El callar byen queria,</td><td></td></tr>
<tr><td></td><td>E *el* fablar afear,</td><td>Esta rrazon dezya:</td><td>1152</td></tr>
</table>

571   "Si fuese el fablar   De plata fygurado,

C 44ᵛ]   Fygurarien callar   De oro apurado."

572   "De byenes del callar,   La paz vno de çiento;

      De males del fablar,   El menor es el rriebto."   1156

573   E dizie mas abuelta   De mucha mejoria

      Que el callar a esta   Sobrel fablar auia:

574   Sus orejas fazya*n*   Pro sola mente ael,

      De su lengua abian   Los otros pro, non el.   1160

575   AcConteçe al que escucha   Ami, quando yo fablo,

      Del bien se aprobecha   E rriebtame lo malo.

C 45] 576   El sabio, por aquesta   Razon callar queria:

      Por que su fabla presta   Sol al que la oya;   1164

577   E quiere castigarse   En otro, el callando,

      Mas que se castigase   Otro enel, fablando.

578   Las bestias an afan   E mal por non fablar,

      E los omres lo an   *Lo mas* por non callar.   1168

1151. el callar *CM*: al c. *E* ‖ byen *om E* ‖ queria *C* (-rr- *M*): entendia *E*. 1152. el *om C*.

1154. fygurarien callar *C*: seria el c. *M* deue ser el c. *E* ‖ apurado *C*: debuxado *M* afynado *E*.

1155. vno *C*: -a *M* vino *E* ‖ çiento *CM*: çierto *E*. 1156. de *om E* ‖ del *CE*: -l *om M* — menor *CE*: mejor *M* — males...es: el menor mal d. f. e. *E* ‖ el *om E* ‖ rriebto *CM*: arrepentimiento *E*.

1157. dizie *unp C*: dize *ME* ‖ abuelta *CM*: apuesta *E* ‖ de mucha mejoria *CM*: d. otra m. *E*. 1158. que el *CE*: e el *M* ‖ a esta *C*: syn e. *ME* ‖ sobrel *C* (sobre el *ME*).

1159. fazyan *M*: -n *om C* -ien *E*. 1160. abian *C* (au- *M*): -ien *E* ‖ pro los otros *transp ME*.

1161. aconteçe *C* (a- *om ME*) ‖ escucha *CM*: -o *E* — e. ami...fablo: e. los dichos de mi lengua *E*. 1162. aprobecha *C* (-uecha *M*): -uecho *E* ‖ rriebtame *C* (rreut- *M*) — e rr. lo malo: por el mal medio mengua *E*.

1163. queria *CE* (-rr- *M*). 1164. su *om E* ‖ sol *C* (*cf. transcription, note* ad loc.): -o *add ME* ‖ la *CE*: lo *M*.

1165. quiere *C*: querria *ME* ‖ castigarse *CM*: el c. *add E* ‖ otro *CM*: -s *add E* ‖ el callando *CM*: y c. *E*. 1166. mas que *CM*: antes q. *E* ‖ se castigase *C*: castigarse *M* escarmentase *E* ‖ otro *CM*: -s *add E*. 1168. lo mas *om C*.

579   El callar tienpo *non* pierde,   *E* pierdel*o* el fablar:
      Porende omre non puede   Perder por el callar.

580   El que callo rrazon   Quel cumpliera fablar,
      Non menguara sazon;   Non perdio por callar.   1172

C 45ᵛ] 581   Mas quien fablo rrazon   Que debiera callar,
      Perderia sazon   Que perdio por fablar.

582   Lo que oy se callare,   Puede lo cras fablar;
      Mas lo que oy fablare,   Ya non se pued callar.   1176

583   Lo dicho, dicho es: Lo que dicho non as,
      Dezyr lo as despues,   Sy non oy, sera cras.

584   Fabla *a* que non podemos   Ningun mal afellar,
      Es la que espendemos   En loar el callar.   1180

585   Pero por que sepamos   Que non a mal syn byen,
      E byen e mal digamos   A cabellos, sy tyen.

C 46] 586   Pues *t*anto denostado   El fablar ya auemos,
      Semejame guisado   De oy mas que le loemos.   1184

1169. el callar *CM*: el *om E* el fablar *N* ‖ tienpo non *ME*: non *om CN* ‖
pierde *CMN*: puede perder *E* ‖ e pierdelo *M*: nol pierde *C* (non lo p- *N*) —
e...el: y sy el *E* ‖ fablar *CE*: e f. *M* callar *N*. 1170. puede *CMN*:
cuede *E*.

1171. que *om M* ‖ callo *CNE*: -a *M* ‖ quel *CN*: -e *add M* -l *om E*.
1172. non *CME*: nol *N* ‖ menguara *CN* (-gu[a]- *E*): -ra *om M* ‖ non
p- *C*: nin p- *NE* que p- *M*.

1173. fablo *CNE*: -a *M* ‖ deb- *C* (deu- *MNE*) — -iera *CNE*: -eria *M*.
1174. perderia sazon *C*: perdio ya la s. *M* (ya perdio la s. *E*) perdido
ha s. *N* ‖ que perdio por fablar *C*: q. non podria cobrar *MNE*.

1175. puede lo *C*: p. se *MNE*. 1176. mas *CN* (*om E*): e *M* ‖ oy
fablare *C*: o. se f. *add MNE* ‖ ya *om MNE* ‖ pued *C*: -e *add MNE*.

1178. oy non *transp MNE*.

1179. fabla a que] fabla que *mss* — de f. *add M* ‖ non *om M* ‖ afellar
([a]felyar *C*. Cf. p. 28, § 2, *and transcription, note* ad loc.): afear *MN* —
ningun mal afellar: en ella m. fablar *E*. 1180. espendemos *C*: des- *MNE*.

1181. por *om M*. 1182. e byen *CMN*: nin b. *E* ‖ e mal *C* (en m. *N*):
que m. *M* syn m. *E* ‖ a cabellos *CN*: apar dello *M* apar desto *E* ‖ sy
tyen *CN*: convyen *M* que vien *E*.

1183. pues *CNE*: p. que *add M* ‖ tanto *MNE*: a- *add C* ‖ el *CM*: al *NE*.
1184. semejame *CMN*: paresçe me *E* ‖ de oy mas que *CMN*: q. d. o.
m. *transp E* ‖ le *CE*: lo *MN*.

587   E pues tanto auemos   Loado el callar,
      Sus males contaremos   Loando el fablar.

588   Pues otro non lo loa,   Razon es que se loe;
      Pues otro non lo aproa,   Que se el mesmo aproe.   1188

589   Conel fablar diximos   Mucho byen del callar,
      Callando non podimos   Dezyr byen del fablar.

590   Porende es derecho   Que sus byenes contemos,
      Que byenes a el fecho   Por que non lo oluidemos;   1192

591   Por que tod omre vea   Que enel mundo cosa
C 46ᵛ]   Non a de*l* tod*o* fea,   Nin del todo fermosa,

592   E el callar jamas   Del todo non loemos.
      Sy non fablasmos, mas   Que bestias non bal*d*riemos.   1196

593   Sy los sabios callaran,   El saber se perdiera:
      Sy ellos non fablaran,   Deçiplo non obyera.

594   El fablar estrañamos,   Por seer el muy noble
      E que pocos fallamos   Quel sepan como conple.   1200

595   Mas el que sabe byen   Fablar, non a tal cosa?
      Quien diz lo que convyen   E lo de mas escosa,

1185. e *om* N.   1186. sus males *CMN*: s. tachas *E*.
1187–8. *om* M.   1187. que se *CN*: q. el s. *add* E.   1188. pues *CN*:
y p. *add* E ‖ lo *CN*: le *E* ‖ que se el *C*: rrazon es quel (que el *E*) se *NE* ‖
mesmo *unp* C (*om* NE).

1189. diximos *CE*: dezi- *MN*.   1190. podimos (*unp* C) *E*: podemos *MN*.

1192. que *C*: ca *MNE* ‖ el fecho *CNE*: de f. *M* ‖ non lo *CM*: nol *N*
non le *E* ‖ oluidemos *C*: denoste- *ME* desdeñe- *N*.

1193. tod *C* (-o *add MNE*).   1194. del todo fea *MNE*: de t- (-u?) f. *C*
(*cf. transcription, note ad loc.*).

1195. e *om* E ‖ del *CMN*: -l *om* E ‖ non l- *CME*: n. lo l- *N* —- -oemos
CNE: -eemos *M*.   1196. fablasmos *C* (*cf.* p. 30, § 8): -amos *NE* -emos
M ‖ baldriemos] balder- *C*: valdremos *E* valemos *MN*.

1197. perdiera *CNE*: -deria *M*.   1198. fablaran *CMN*: enseñaran *E* ‖
deç- (*unp* C) *ME*: disç- *N* —- -plo (*unp* C) *M*: -s *add NE* ‖ obyera *unp* C
(ovyera *M* ouiera *N*): vuiera *E*.

1199. el fablar *CNE*: del f. *M* ‖ estrañamos *CNE*: escryua- *M* ‖ seer *C*
(*om* E): ser *MN* —- s. el muy noble: non por ael tachar *E*.   1200. e que
CN: avn q. *M* mas por q. *E* ‖ quel *C*: que lo *MNE* ‖ conple (*unp* C) *N*:
cun- *M* —- sepan como conple: s. tenplar *E*.

1201. non a tal cosa *CMN*: grand virtud vsa *E*.   1202. quien *CN*
(*om* E): que *M* ‖ diz *CM*: -e *add NE* ‖ convyen *CME*: -e *add N* ‖ e lo
CMN: y delo *E* ‖ escosa (*unp* C) *N*: escusa *ME* —- se e. *add E*.

596 Por bien fablar onrrado   Sera en toda plaça,
     Porel sera nomrado   E ganara andança.   1204

C 47] 597 Por rrazonarse bien   Es el omre amado,
        E syn salario tyen   Los omres a mandado.

598 Cosa de menos *cu*esta,   Que tamaña pro tenga,
     Non a como rrespuesta   Buena, corta o luenga;   1208

599 Nin tan fuerte gigante,   Como la lengua tyerna,
     E que asy quebrante   Ala saña la pierna.

600 Ablanda la palabra   Buena la dura cosa
     E la veluntad agra   Faz dulçe e sabrosa.   1212

601   Sy termino obyese   El fablar rrevesado,
     Que dezyr non podiese   Sy non lo aguysado,

602 En mundo non abria   Cosa tanto preçiada;
     La su gran mejoria   Non podri*e* ser contada.   1216

C 47ᵛ] 603 Mas por que a poder   De mal se rrazonar,
        Porende el su perder   Es mas que el su ganar.

1203. sera *CME*: -s *add N* ‖ en toda plaça *CMN*: con alabança *E*.
1204. porel *CME*: por ende *N* ‖ sera *CME*: -s *add N* ‖ nomrado *C*
(-nbr- *ME*): amado *N* ‖ e *om E* ‖ ganara *CME*: -s *add N* ‖ andança *CMN*:
bien a. *add E*.
    1205. es *CNE*: sera *M* ‖ el *om M* ‖ amado *CME*: honrrado *N*.
    1207. de *CN*: que *ME* ‖ menos *CME*: mas *N* ‖ cuesta *ME*: cos- *CN* ‖
que *CN*: e q. *add M* y (*om* que) *E* ‖ tamaña *CE*: tan mala *N* tanto *M* —
pro t. *transp E*.   1208. a *om M* ‖ buena *om M* ‖ corta *CMN*: quier c.
add E ‖ o luenga *CE*: o lengua *M* de lengua *N*.
    1209. nin tan *CNE*: non han t. *M* ‖ lengua *CNE*: luengua *M*.
1210. e que *C*: nin q. *MNE* ‖ asy *CMN* (ansy *E*).
    1212. e la *CNE*: ala *M* ‖ veluntad *C* (vol- *MNE*) ‖ faz *CM*: -e *add NE* ‖
e sabrosa: e *om N*.
    1213. obyese *unp C* (ov- *MN*): vui- *E* ‖ rrevesado *C*: mesurado *ME*
demasiado *N*.   1214. podiese (*unp C*) *MN*: pud- *E* ‖ lo aguysado *CN*:
l. guys- *M* (l. que es g. *add E*).
    1215. en mundo *C*: enel m. *MNE* ‖ tanto *CNE*: -to *om M* ‖ -çiada
MNE (-çyyada *C*).   1216. podrie *N*: -ia *CME* ‖ contada *CNE*: conprada *M*.
    1217. que *CME*: quanto *N*.   1218. porende *CNE*: por eso *M* ‖ el su
ganar *CNE*: el ganado *M* (*the last two letters were subsequently cancelled
and the symbol representing* -r *was added over the second* a *by the scribe*).

604	Que los torpes mil tantos	Son que los que entyenden,	
	E non saben en quantos	Peligros caer pueden.	1220
605	Porel fablar, porende,	Es el callar loado,	
	Mas pora el que entyende	Mucho es denostado;	
606	Que el que perçebyr	Se sabe ensu fabla,	
	Sus byenes escrebir	Non los cabria tabla.	1224
607	Buenos nomres sabemos	Al fablar afellar,	
	Quantos males podemos	Afellar al callar:	
608	El fablar es clareza,	El callar, es*cureza*;	
	El fablar es franqueza	E el callar, escaseza;	1228
609	El fablar, ligereza,	E el callar, pereza.	
	El fablar es *rri*queza,	E el callar, pobreza;	
610	El callar, torpedat,	E el fablar, saber;	
	El callar, çeguedat,	E el fablar, vista aver.	1232
611	Cuerpo es *el* callar,	E el *fablar*, su alma;	
	Omne es *el* fablar,	E el callar, su cama.	

M 79*b*]

1219. los que entyenden *CN*: l. entendidos *ME*.   1220. peligros caer pueden *CN*: p. son caydos *ME*.

1222. pora *C* (para *E*): por *MN* ‖ el que entyende *CMN*: quien e. *E* ‖ es mucho *transp E*.

1223. que *C*: ca *MNE* ‖ perçebyr *unp C*: aperçe- *MNE* ‖ ensu *CN*: su *om M* e. la s. *add E* ‖ fabla *CNE*: -r *add M*.   1224. escrebyr *unp C* (escreuir *ME*): exigir *N* ‖ non los cabria tabla *C*: en tablan non podran *M* n. se le pierde tabla *N* n. se podrian en tabla *E*.

1225–6. *om M*.   1225. afellar *C* (*cf*. p. 28, § 2): afear *N* — al fablar a.: en loor del fablar *E*.   1226. afellar *C*: afeando *NE* ‖ al *C*: el *NE*.

1227. escureza *MNE* (es…*C*. *Cf*. Introd. p. 11).   1228–1338. *om C*.   1228. el fablar *NE*: e el f. *M* ‖ franqueza *ME*: ligereza *N* ‖ escaseza *ME*: pereza *N*.

1229. el fablar *NE*: e el f. *M* — f. es *add E* ‖ ligereza *ME*: rriqueza *N* ‖ e *om NE* ‖ callar pereza *M*: c. pobreza *N* c. es pereza *E*.   1230. el fablar *E*: e el f. *MN* ‖ es *om N* ‖ rriqueza *E*: franqueza *M* agudeza *N* ‖ e el callar *N*: e *om ME* — c. es *add E* ‖ pobreza *ME*: torpeza *N*.

1231. el callar *NE*: e el c. *M* — c. es *add E* ‖ e el fablar *N*: e *om ME* — f. es *add E*.   1232. el callar *ME*: e el c. *N* ‖ e el f. *ME*: e *om N* — f. vista aver *MN*: f. es ver *E*.

1233. el callar *NE*: de c. *M* ‖ e *om E* ‖ fablar *NE*: saber *M* ‖ su alma *MN*: es a. *E*.   1234. omne *MN*: animal *E* ‖ es *om E* ‖ el fablar *NE*: el *om M* ‖ e el c. *M*: e *om E* el *om N* — c. es *add E* ‖ su cama *MN*: salma *E*.

612 El callar es dormir,   El fablar, despertar;
      El callar es primir,   El fablar, leuantar.   1236

613 El callar es tardada,   E el fablar ayna;
      El *fablar* es espada   E el callar su vayna.

      614 Talega es el callar,   E *el* algo que yaze
      Enella es el fablar,   E prouecho non faze   1240

      615 En quanto ençerrado   Enella estudiere:
      Non sera mas honrrado   Por eillo cuyo fuere.

      616 El callar es ninguno,   Que non meresçe nonbre,
      E el fablar es alg*un*o: *P*or el es omne honbre.   1244

      617 Figur*a* el fablar   Al callar e asy;
      Non sabe el callar   De otri nin de sy.

      618 El fablar sabe byen   El callar rrazonar,
      Que mal, guisado tyen,   Delo gualardonar.   1248

      619   Ta*l* en toda costonbre,   Sy bien parares mientes,
      Fallaras en todo onbre,   Que loes *e* denuest*e*s.

1235–6. *om M.* 1235. fablar despertar *N*: f. es d. *add E.* 1236. es primir] exprimir *N*: es seruir *E* ‖ el fablar *N*: y la fabla *E* ‖ leuantar *N*: mandar *E*.

1237. e el fablar *M* (e *om E*): e el callar *N* — f. ayna: f. es a. *add E.* 1238. el fablar *E*: e el f. *N* el saber *M* ‖ e el c. *MN*: e *om E*. 1239. es talega *transp E* ‖ el callar *MN*: el *om E* ‖ el algo *NE*: el *om M*. 1240. es el fablar *M*: el *om NE* ‖ e *M*: que *NE*. 1241. estudiere *M* (estouier *N* estuuiere *E*). 1242. eillo *M* (ello *E*) — por e. *om N* ‖ cuyo fuere *ME*: aquel c. fuer *N*. 1243. que *MN*: ca *E* ‖ meresçe *MN*: -n *add E*. 1244. alguno *NE*: algo *M* ‖ por el *NE*: e p. el *M* ‖ es omne *MN*: e. el o. *add E* (*a modern hand transp* el o. es). 1245. figura *N*: -o *E* f. es *add M* ‖ al *ME*: el *N* ‖ asy *MN*: ansy *E*. 1246. otri *M* (-e *N*): otro *E*. 1247. el callar *MN*: al c. *E*. 1248. gualardonar *MN* (gal- *E*). 1249. tal en *N*: t. es e. *add M* — costonbre *N* (-unbre *ME*) — en t. c. tal *transp E* ‖ sy bien parares mientes *om E* — parares *M*: pares *N*. 1250. fallaras *M*: veras *NE* — f. en todo onbre: en todos onbres esto v. que ay bien y mal *E* ‖ que loes *MN*: han loor *E* ‖ e *ME*: o *N* — e d- *NE*: e que d- *add M* — denuestes *N*: -os *M* -o *E*. *The present stanza is followed in M by sts.* 10–11 *of the present edition*.

XVII

M 79*d*] 620   SYN tachas son falladas   Dos costunbres señeras,
              Amas son ygualadas,   Que non han conpañeras: 1252

      621   La vna es el saber,   *La* otra es el bien fazer.
            Qual quier destas aver,   Es conplido plazer.

      622   De todo quanto faze   El omne se *r*repien*de*;
            Con lo que oy le plaze,   Cras toma *pesar dende*.   1256

      623   El plazer dela siençia   Es conplido plazer;
            Obra syn rrependençia   El la del byen fazer.

      624   Quanto mas aprendio,   Tanto mas plazer tyen;
            Nunca se arrepentyo   Omne de *f*azer bien.   1260

      625   Omne que cuerdo fuere,   Syenpre *r*resçelara,
            Del grant byen que ovyere,   Muncho no*n* fiara.

      626   Ca el grant bien se puede   Perder *syn* culpa de onbre;
            E el saber nol defyende,   *A*l sy non, de ser pobre: 1264

M80*a*] 627   *Pero* el bien que dello   Fyzyere le fyncara,
            E para syenpre aquello   Guardado *le* estara.

1252. amas son ygualadas *MN*: dos pieles syn yjadas *E*.
1253. el saber *ME*: el *om N* ‖ la otra *NE*: e l. o. *add M* — o. es *om*
N ‖ el bien *ME*: el *om N* ‖ fazer *MN*: fecho *E*. 1254. plazer *MN*:
prouecho *E*.
1255. rrepiende] rreprehende *N*: arrepiente *ME*. 1256. con lo *MN*:
delo *E* ‖ toma *om E* ‖ pesar dende *N*: mal talante *M* el contrallo
siente *E*.
1257. el plazer *ME*: el *om N* ‖ siençia *M* (ç- *E*): sapiençia *N*.
1258. rrependençia *M*: -tençia *N* arrepentençia *E* ‖ el la *M*: es la *NE*.
1259–60. *om N*. 1260. arrepentio *M* (-intio *E*) ‖ fazer *E*: pla- *M*.
1261. rresçelara *NE*: se rr. *add M*. 1262. del *M* (*om E*): -l *om N* ‖
grant byen *MN*: quanto mas b. *E* ‖ que *om E* ‖ ov- *MN*: tov- *E* ‖ non *N*
(*om E*): nol *M* ‖ fiara *NE*: fyncara *M* — muncho non f.: tanto menos f. *E*.
1263. ca *MN*: commo *E* ‖ el *om E* ‖ puede *M* (*om N*): -a *E* ‖ perder
ME: pierde *N* ‖ syn *NE*: por *M* ‖ culpa de onbre *MN*: que mal obre *E*.
1264. e...defyende *MN*: nin por su culpa cueda defender *E* ‖ al sy non]
de a. s. n. *add M* (*om E*): el signo *N*.
1265. pero *NE*: ca *M* ‖ le *om E*. 1266. e para *M*: e *om NE* ‖ le
om MN.

628   E fĩuzia non puenga   Jamas en *otro* algo,
      Por mucho que lo tenga   Bien parado e largo.   1268

629   Por rrazon que enel mundo   Han las cosas soçobras,
      Faze muncho amenudo   Contrarias cosas de otras.

630   Canbiase commo el mar   De abrego a çierço,
      Non puede omre tomar   En cosa del esfuerço.   1272

631   Non deue fyar sol   Vn punto de su obra,
      Vezes lo pon al sol,   E vezes ala sonbra.

632   Toda via, por quanto   La rrueda se trastorrna,
      El *follado* çapato   Faz ygual de corona.   1276

633   Sol claro e plazentero,   Nuues fazen escuro;
      De vn dia entero   Non es omne seguro.

634   Dela syerra al val,   Dela nuue al abismo,
      Segunt lo pone, val: Com letra de guarysmo.   1280

1267. e *ME*: mas *N* ‖ fiuzia *E*: fuzia *M* escusa *N* ‖ puenga] ponga
MN: tenga *E* ‖ en *ME*: enel *N* — otro algo *NE*: su a. *M* — e. o. a. jamas
transp E. 1268. mucho *MN*: m. bien *add E* ‖ que lo *MN*: q. le *E* (*cancelling dots under* le) ‖ tenga *M*: trayga *N* venga *E* ‖ parado e largo *MN*:
p. ademas *E*.

1269. por...mundo *MN*: por que jamas non pudo Ser mundo *E* ‖
han las cosas *om E* ‖ soçobras *MN*: syn s. *add E*. 1270. muncho amenudo
MN: syenpre a- *E* ‖ contrarias *MN*: muy c. *add E* — cosas *om E* — cosas
contrarias *transp N* — c. sus obras *add E*.

1271–6. *The order of these stanzas is reversed in NE*. 1272. puede
(*cf.* p. 46, § 5) ‖ omne tomar *M* (onbre t. *E*): o. enel t. *add N* (enel *was
subsequently struck out*).

1273. non...obra *MN*: quien fia del punto fol Y syn seso se nonbra *E*.
1274. lo *MN*: le *E* ‖ pon *MN* (-e *add E*).

1275. toda via...trastorrna *MN*: ca en pequeño rrato Sy ala rrueda
plaze *E*. 1276. el *om E* ‖ follado *N*: rrephollado *E* su byen *M* ‖ çapato
NE: el ç. *add M* ‖ faz *M*: yaze *N* — ygual *om E* — de corona *MN*: d. la c.
add E — dela c. faze *transp E*.

1277–80. *The order of these stanzas has been reversed in M*. 1277. claro
e plazentero *M*: e *om NE* ‖ nuues *MN*: -s *om E* — las n. *add MN* ‖
fazen *M*: -en *om N*: -n *om E* — lo f. *add E*. 1278. de *MN*: y d. *add*
(*by a modern hand*) *E*.

1280. segunt lo *ME*: s. que l. *add N* ‖ pone *MN*: -n *add E* ‖ com]
-o *add mss* ‖ letra *ME*: -s *add N* ‖ de guarysmo *MN*: en g. *E*.

635 Letra mesma que val   En este logar quatro,
            Vale, quando del sal,   ... quarenta e quatro.

636 El omne mas non val,   Nin monta su persona
            De bien, e asy de al   Co*m* la espera trastorrna: 1284

637 El omne que *b*iltado   Es en su desçendida,
    Ese mesmo honrrado   Es enla *su* subida.

638 Por eso amenudo   El omne entendido,
    Alos canbios del mundo   Esta bien *p*erçebido.   1288

639 Non temen apellido   Los omnes *p*erçebidos;
    Mas val vn *p*erçebido   Que muchos anchalidos.

640 Omne cuerdo non *rria*   Quando entronpeçare otrie,
    Nin tome alegria   De su pesar, pues omne   1292

641 Seguro non ha que tal   Ael non acaesca;
    Nin se alegre del mal   Que a otri se aconte*s*ca.

1281–2. *om M.* 1281. mesma *N* (mis- *E*) ‖ val *N* (-e *add E*) ‖ en este logar *om E* ‖ quatro *N*: q. segunt su cuenta *add E.* 1282. vale quando *N*: monta sy *E* ‖ del *N*: de alli *E* ‖ sal *N* (-e *add E*) ‖ quarenta *N*: en logar ay q̄ q. *add E* ‖ e quatro *om E.*

1283. monta *om E* ‖ persona *MN*: p. era Mas *add E.* 1284. e asy de *MN*: nin d. *E* ‖ com] -o *add MN* — al... trastorrna *MN*: al Que dolo pone la espera *E.*

1285. el omne *MN*: ca o. *E* ‖ biltado] a- *add MNE.* 1286. ese *NE*: asi *M* ‖ es en *ME*: e. mucho en *N* ‖ la *om E* ‖ su *om MN* ‖ subida *M*: sob- *NE.*

1287. eso *M* (esto *NE*) — amenudo *om E* — eso a-: e. agora fundo *E* ‖ el omne *MN*: que e. o. *add E.* 1288. esta *M*: -e *NE* ‖ bien *om E* ‖ perçebido] a- *add MNE.*

1289. los omnes (*cancelling dots under* los, *in E*) — o. perçebidos] o. a- *MN*: o. ante avisados *E.* 1290. val *M* (-e *add NE*) — per-] aper- *MNE* — vn a. v. m. *transp E* ‖ que muchos *MN*: q. dos *E* ‖ anchalidos *M*: engeridos *N* armados *E.*

1291. non rria *NE*: n. puedo *M* ‖ quando *MN*: sy *E* ‖ entronpeçare *MN* (trop- *E*) ‖ otrie *MN*: aquel *E.* 1292. nin tome *NE*: que t. *M* ‖ de su pesar *MN*: del sospirar *E* ‖ pues omne *MN*: p. el *E.*

1293. seguro (*E has cancelling dots under* -o) ‖ non ha *MN*: n. esta *E* ‖ tal... acaesca *MN*: t. otra vez le enpezca *E.* 1294. nin se alegre del *MN*: pues non rria d. *E* ‖ que *MN*: quando *E* ‖ a *ME*: al *N* ‖ otri *M* (otro *NE*) ‖ se *om NE* ‖ acontesca] contesca *N* (-zca *E*) aco[n]tesçe *M.*

642 De aver alegria   Syn pesar nunca cuede,
Commo syn noche dia,   Jamas aver non puede.   1296

643   La merçed de Dios sola   Es la fiuzia çierta:
Otra ninguna, dola   En mundo que non mienta?

M 80c] 644 Delo que a Dios plaze,   Nos pesar non tomemos:
Bien es quanto El faze,   E nos nollo entendemos!   1300

645   Al omne mas le dio,   E de mejor mercado,
Delo que entendio   Quel era mas forçado.

646   Delo que mas prouecha,   De aquello mas auemos:
Pro del agua muecha   E del ayre tenemos;   1304

M 81b] 647 E syn fuego omne vida   Vn punto non avria,
E syn fierro guarida   Jamas non fallaria.

N 10e] 648 Syn fuego e syn rreja,   Del pan nunca conbriemos;
Lo nuestro, syn çerraja   E llaue, non guardariemos.   1308

M 81b] 649 Mill tanto mas del fierro   Que del oro fallamos,
Por que saluos de yerro   Vnos de otros seamos.

1295. de aver M: e ą. NE ‖ cuede E: cuyde MN.   1296. noche dia
ME: n. e d. add N ‖ non puede ME: n. dubde N.   1297. fiuzia E: fu- M -za N.   1298. dola MN: non la Ha honbre
E — ninguna d. (M first wrote n. obra d. then struck out obra) ‖ en mundo
N (om E): e. el m. add M ‖ que non mienta MN: syn rrefierta E.

1300. bien NE: e b. add M ‖ el om M ‖ e nos n- MN: avn que n-
E — nollo M (non lo NE).

1302. delo que ME: d. l. quel N ‖ quel N (-e add ME) ‖ forçado ME:
esf- N.

1303. delo MN: de om E ‖ prouecha N: ap- M — que mas p.: q. cria
y defiende E.   1304. pro del N (om E): pan e d. M ‖ muecha] mucha
MNE — agua m.: a. m. por ende add E. The present stanza, in M, is
followed by 685 of the present edition. Our st. 647 was inserted after 707,
in that ms.

1306. e syn MN: e om E — s. la add E ‖ fierro MN: tierra E.

1307-8. om M.   1307. syn fuego e om E ‖ syn rreja N: s. rr. syn
açada add E ‖ del om E ‖ p. y vino add E ‖ nunca N: non E ‖ conbriemos
N: avriemos E.   1308. lo...llaue N: y nuestra arca çerrada Syn ll. E ‖
non guardariemos N: n. terniemos E.

1309. mill tanto MN: dos m. t. add E ‖ mas om E ‖ del fierro NE:
de f. M ‖ del oro NE: de o. M.

XVIII

650 DEL mundo mal dezymos,   E enel otro mal
    Non ha sy non nos mismos,   Nin vestigclos *nin* al.   1312

651 El mundo non tyen ojo,   Nin entyende fazer
    Avn omne enojo   E aotro plazer.

652 Razona*l* cada vno   Segunt la su fazyenda,
    El non ha con ninguno   Amistad *nin* contyenda: 1316

653 Nin se paga nin se ensaña,   Nin ama nin desama,
    Nin ha ninguna maña,   Nin rresponde nin llama.

M 81c] 654 El es vno toda via   Quanto es denostado,
    Atal commo el dia   Que es muncho loado.   1320

655 El viçio*so* rrazona*l*   Bie*n*, tenlo por amigo;
    El cuyta*do* baldona*l*,   *Tien* lo por enemigo.

656 Non *le* fallan ningunt   Canbio los sabidores:
    Los canbios son segunt   Los sus rreçebidores.   1324

657 La espera del çielo   *Lo* faze que nos mesçe,
    Por que amor nin çelo   De cosa non le cresçe.

1311. mal dezymos *MN*: maldizientes *E* ‖ y non ay otro mal Enel *transp E*. 1312. nin al *NE*: sin al *M*.

1313. non tyen *M* (-e *add N*): n. ha *E* ‖ entyende fazer *MN*: e. de f. *add E*. 1314. e aotro *M*: nin a o. *NE* ‖ plazer *MN*: ap- *E*.

1315. rrazonal *N* (-e *add E*): rrazon a *M*. 1316. ninguno *MN*: alguno *E* ‖ nin *om M*.

1317. nin se p. *MN*: non s. p. *E*. 1318. nin ha *MN*: non ha *E*.

1319. el es *MN*: asy e. *E* ‖ vno *om E* ‖ quanto *M* (-do *NE*). *Cf.* pp. 32, § 18; 42, § 5. 1320. atal *MN*: y tal *E*.

1321. viçioso *N* (-so *om M*): rrico *E* ‖ rrazonal] le rrazona *E*: Razonable *M* rrazonar *N* ‖ tenlo *M* (*om E*): tyene el *N* — vien e t. *M* ‖ por amigo *MN*: commo a vn a. *E*. 1322. el cuytado *NE*: la cuyta *M* ‖ baldonal] le baldona *E*: lo baldona *M* baldonar *N* ‖ tyen lo *M*: halo *E* tienel *N* — e t. *add M*.

1323. le fallan *NE*: se f. *M* ‖ ningunt *MN*: alg- *E*. 1324. los sus rr. *ME*: son los rr. *N*.

1325. la espera *MN*: que l. e. *add E* ‖ lo *N*: nos *M* le *E* ‖ faze *M* (-e *om E*): mesçe *N* ‖ nos *MN*: non se *E* ‖ mesçe *ME*: meça *N*. 1326. por que *N* (*om E*): mas *M* ‖ amor *MN*: pesar a. *add E* ‖ non le *ME*: nol *N* ‖ cresçe *M*: rre- *add NE*.

	658	So vn çielo toda via	Ençerrados yazemos;	
		Faze mos noche e dia	E nos al non sabemos.	1328
	659	A esta lueñe tierra,	Mundo posymos nonbre;	
		Sy verdat es o mentira,	Del mas non sabe omne.	
	660	E ningunt sabidor	Nol puso nonbre çierto,	
		Sy non que contador	Es de su meçimiento.	1332
N 10f]	661	Peones que camino,	Vno anda en quanto	
		Tienpo el otro vino	Grant jornada dos tanto;	
	662	El tienpo lo conto	Que el vn meçimiento	
		Al dos tanto monto	Que el otro por çierto.	1336
N 11a]	663	El syempre vno es;	Mas todos los nasçidos,	
		Commo faz e enues,	Asy son departydos.	
C 48]	664	Lo que a este tyen	Pro, tyen a este daño,	
		E deste del su bien,	Toma el otro agrabio.	1340
	665	E torpe non es el,	Nin a entendimiento;	
		Mal e bien dizen del	Syn su mereçimiento.	
	666	El dia con que plaz	Al que va entregar	
		Su debda, pesar faz	Al que a de pagar:	1344
	667	El dia vno es Mesmo, non se camio	
		Quan del este rebes Deste otro rreçibio.	

1327. vn çielo *MN*: el ç. *E*. 1328. faze mos *MN* (f. nos *E*) — e f. *add M* ‖ e nos *MN*: que n. *E* ‖ al *NE*: ael *M*.

1329. lueñe *MN*: luenga *E* ‖ mundo *E*: nunca *MN* ‖ posymos *ME*: ponemos *N*. 1330. es *om N* ‖ o mentyra *MN*: o yerra *E* ‖ del *NE*: della *M* ‖ mas non *ME*: mundo n. *N*.

1331. e ningunt sabidor *MN*: nyn jamas s. *E* ‖ nol *N* (non le *M*): le *E* ‖ puso *E*: sopo *MN* ‖ nonbre *MN*: nonbramiento *E* ‖ çierto *om E*. 1332. contador *NE*: obrador *M* ‖ meçimiento *N*: çimiento *M* mouimiento *E*.

1333–80. *om M*. 1336. çierto *N*: cuento *E*.

1339. tyen *CN* (-e *add E*) — pro t. *transp E* ‖ tyen a este *CN*: otro tiene *E* ‖ daño *CN*: por d. *add E*. 1340. e *om E* ‖ deste *C* (*cf.* p. 30): este *N* — del su *N*: el s. *C* — deste del su bien: lo que ami en plaze[r] viene *E* ‖ el otro *C*: este *N* — toma el o.: o. ha por *E* ‖ agrabio *C* (-uio *N*): sonsaño *E*.

1341. nin a *CE*: sy ha *N*. 1342. dizen *NE*: dizel *C* ‖ syn *NE*: son *C*.

1343. plaz *C* (-e *add NE*) ‖ va entregar *C* (va a e. *NE*). 1344. su debda *CN*: de s. d. *E* ‖ faz *C* (-e *add NE*).

1345. camio *C* (-nbio *NE*). 1346. quan *C*: -do *add NE* ‖ del *om E* ‖ este *NE*: est *C* (*cf. transcription,* note ad loc.).

668	E el mundo es en	Vn egual todo tienpo,	
	E el omre tan bien	Vno es en su cuerpo;	1348

669	Su talente se camia	De alegre a treste,	
	E este se agrabia	De lo que plaz a este.	

C 48ᵛ] 670 Los querello*s*os del, O pagados tan bien,
Mal nin bien non faz el: Desy mesmos les vien. 1352

671 El omre mesmo busca Su mal consu malyçia,
Non fartando se nunca Con çelo o con cobdiçia.

672 Como el omre *c*osa En mundo pelygrosa
Non a, nin tan dañosa Nin tan malefyçiosa. 1356

673 Las bestias desque*s* fartan, Con tanto son pagadas,
Por fazer mal non catan E estan sosegadas.

674 Quando el omre famriento Esta, rroba e mata,
E males mas de çiento Faze de*s* que se farta. 1360

1347. e el *C* (e *om N*): ca çierto el *E* ‖ mundo es en vn egual todo tienpo *C* (vn *om N*): m. tien Todo tienpo ygualdad *E*. 1348. e el omre *C* (omne *N*): commo onbre *E* ‖ es *om E* ‖ su cuerpo *CN*: s. vmanidad *E*.

1349. talente *C* (-ante *NE*) ‖ camia *C* (-nbia *NE*) ‖ alegre a *CN* (*cf. transcription of C, note ad loc.*) — treste (*unp C*) *N* — de alegre a t.: de tristeza en alegria *E*. 1350. e *om E* ‖ este se *N*: mucho s. *C* — agrabia *C* (-uia *NE*) — este...que: delo que vno se a. *E* ‖ plaz *C* (-e *add N*) — p. a este: a aquel otro plazia *E*.

1351. los *C*: alos *NE* ‖ querellosos *N* (querellos[os] *C*): quexosos *E* ‖ o *C*: e *NE*. 1352. desy *CN*: dellos *E* ‖ mesmos (*unp C*) *E*: mesmo *N*.

1353. el omre *C* (onbre *E*): jamas e. o. *add N* ‖ mesmo *om N*. 1354. non *CN*: syn *E* ‖ fartandose *C*: se fartando *N* (s. fartar *E*) — f. nunca *CN*: f. Rebusca *E* ‖ o *C*: e *NE* ‖ con c.: con *om N*.

1355. el o. *CN*: e. mal o. *add E* — o. cosa *E*: o. tal c. *add C*: o. vsar *N* ‖ en *CN*: al *E* ‖ mundo *CE*: tierra *N* — m. peligrosa: m. tan p. *add E* (*cancelling dots under* tan). 1356. nin tan m- *C*: n. ha t. m- *N* n. tanto m- *E* — malefyçiosa *C*: maliç- *E*: mala cosa *N*.

1357. las bestias *CN*: la bestia *E* ‖ desques] -e *add CN*: -s *om E* ‖ fartan *CN*: -n *om E* ‖ con...pagadas *CN*: vna de otra non cura *E*. 1358. por...catan *CN*: nin pide quien la desparta *E* ‖ e estan *CN*: que ella se esta *E* ‖ sosegadas *CN*: segura *E*.

1359. quando el *CN*: commo e. *E* ‖ esta *om E* ‖ rroba *CN*: el onbre rr. *add E*. 1360. e males...çiento *C*: e mas mal tales ç. *N* — e males...faze: f. m. syn tiento *E* — faze *CE*: -e *om N* ‖ des *NE*: -s *om C* ‖ se *om E* ‖ farta *CN*: farto se cata *E*.

675 Ca non se tyen por farto,   Sy non con famre dotro,
        Nin por rrico en quanto   Otro non pierde cobro.

676 Nol plaz con quanto gana,   Sy tanto non falleçe
    Al otro, nin qui sana,   Sy otro non pereçe.   1364

677 Fartar nunca se puede   Con mil quintales de oro,
    Sy el otro non pierde   El oro e el moro.

678 Las bestias e las aves   Vna dotra non temen,
    Nin an menester llaves,   Con miedo que las tuemen.   1368

679 Al mulo su cubierta,   Quando fuere desçynchada,
    Sy omre non la fuerta,   Y estara guardada.

680 De noche enel establo   Quier folgado estar,
        Quando el omre malo   Entonçe va furtar.   1372

681 Omre la su arqueta   De çerrar olvidando,
    Quanto enella meta,   Todo sera furtado.

682 Alos sus omres tenga   Ojo e bien les conte,
    Syn que de fuera venga   Otro que gelo forte.   1376

1361. ca *om* E ‖ tyen *CN*: siente *E* — non...farto: p. f. n. se s. *transp* E ‖ dotro *C* (de o- *N*) — sy non...dotro: syn otro ser fanbriento *E*. 1362. por *om* E ‖ en...cobro *CN*: sy otra gente tiene sostenimiento *E*.
1363. nol *C* (non le *N*): nin le *E* ‖ plaz *CN*: -e *add* E ‖ con quanto g. *CN*: sy g. *E* ‖ sy tanto *CN*: s. algo *E* ‖ non *CE*: nol *N*. 1364. al o. *CN*: a o. *E* ‖ non pereçe *CN*: n. adolesçe *E*.
1365. fartar *om* E ‖ se puede *CN*: s. acabara *E*. 1366. sy el otro *CN*: s. aquel *E* ‖ non pierde *CN*: n. perdera *E* ‖ el oro e el moro *CN*: sus joyas y su thesoro *E* (*cancelling dots under* su).
1367. e *C*: nin *NE* ‖ vna *C*: -s *add* NE ‖ dotra *C*: a otras *NE* ‖ temen *CN*: comen *E*. 1368. nin an menester *CE*: n. les son m. *N* ‖ llaves *om* N ‖ miedo que las t- *C*: m. de quel t- *N* — con m. q. l. t-: por que su auer non t- *E* — tuemen] tomen *mss*.
1369. al mulo su *om* E ‖ cubierta *CN*: c. de alimaña *add* E ‖ fuere *CE*: esta *N*. 1370. fuerta] fur- *CN* — la f.: l. apaña *E* ‖ y *C*: ally *N* — y estara: bien se e. *E*.
1371. enel *CN*: el *om* E ‖ establo *CN*: -blia *E* ‖ quier *C*: -e *add* NE ‖ folgado *CN*: -a *E*. 1372. malo *om* ·E — o. malo *CN*: o. querria *E* ‖ entonçe va *om* E — furtar *unp* C: a f. *NE* — entonçe va f.: leuantarse a f. *E*.
1373. omre la su *CN*: sy otro ha s. *E* ‖ olvidando *CN*: -ado *E*. 1374. todo *N*: -a *C*: tanto *E* — t. sera: t. le s. *add* N.
1375. les *C*: los *NE* ‖ conte *N* (cuen- *C*): prueue *E*. 1376. otro *CE*: -s *add* N ‖ forte *unp* C (forten *N*): lieue *E*.

148

	683	Poresto armaduras	El omre a menester,
		E de son çerraduras	El su algo meter:
	684	Por que de las malyçias	De los malos se guarde,
		E de las sus cobdiçias	Malas seguro ande.	1380

[XIX]

M 80c]	685	TODO omne de verdat	E bueno es debdor
		De contar la bondat	De su buen servydor,
C 51]	686	Quan serviese por priçio	O por buen gualardon,
		Mayor mente serviçio	Que lo syerbe en don.	1384
M 80c]	687	Por ende vn seruiçial	De que muncho me prisçio,
		Quiero—tanto es leal—	Contar el su bolliçio:
C 51]	688	Que debdor so forçado	Del gran bien conoçer,
		Que me a adelantado	Syn gelo mereçer.	1388
	689	Non podrie enmentar	Nin saber en vn año
		Su serbiçio contar	Qual es e quan estraño:
	690	Syerbe boca callando,	Syn fazer grandes nuevas,
		Serbiçio muy granado	E syn ningunas biervas.	1392
	691	Cosa marabillosa	E milagro muy fuerte:
		Syn yo le dezyr cosa,	Faze el mi talente.

1377. poresto armaduras *CE*: p. e. que este armado *N*.   1378. e *om N* ‖ de *om NE* ‖ son *C* (-n *om NE*) — s. çerraduras *C*: s. las ç. *add E*: s. arcas çerrado *N*.

1379. las malyçias *CN*: la maliçia *E* ‖ de los malos se guarde *CN*: delos m. que es grande *S*. g. *add E*.   1380. las sus *om E* ‖ cobdiçias malas *CN*: cobdiçia mala *E*.

1381–1422. *The passage was inserted in C after our ch. xxi.* 1381–1426 *were inserted in M between our sts. 646–7.* 1381–2. *om C.* 1381–1426. *om NE.*

1383. quan *C* (-do *add M*) ‖ serviese *M*: serviçio *C* ‖ priçio] *unp C*: pre- *M* ‖ o *M*: e *C* ‖ por *M* (*paper damaged in C*).   1384. syerbe *C*: seruiendo *M* — s. en don *C*: s. meresçio *M*.

1385–6. *om C.*   1385. prisçio] pre- *M*.

1387. que *C*: ca *M*.   1388. a *C* (han *M*).

1389. podrie *C* (-ia *M*) ‖ enmentar *C*: nonbrar *M* ‖ saber *C*: sabria *M*. 1390. e *om M*.

1391. syerbe *C*: syrue *M*.   1392. biervas *C* (bieluas *M*).

1393. marabillosa *C* (-ui- *M*).   1394. le dezyr yo *transp M* ‖ faze el mi talente *C*: f. quanto quiere *M*.

C 51ᵛ] 692   *Conel* seer yo mudo,   Non me podri*e noçir*,
          Que faz quanto yo cuydo,   *S*yn gelo yo dezyr.   1396

      693   Non dezyr e fazer   E*s* serviçio loado
          Con que tome plazer   Todo señor granado.

      694   Que quanto omre creçe   En dezyr, tanto mengua
          De fazer, que falleçe   La mano de la lengua.   1400

      695   Callando e pensando   Syenpre en mi serbiçio,
          Non gelo yo nomrando,   Faze quanto cobdiçio.

      696   De su cosa, mal aya,   Del que ninguna naç*e*;
          Non quier capa nin saya,   Nin çapatos que calçe.   1404

C 52] 697   Tal qual salio del vientre   De *su* m*adre*, tal anda
          En mi serviçio syen*pre*,   E cosa non demanda.

      698   E ningun gualardon   Non quier por su trabajo:
          Mas quier serbyr en don   E syn ningun destajo.   1408

      699   Nin quier ningun manjar   Comer, sy non la boca
          Vn poquillo mojar   En gota de agua poca.

      700   E luego que lo gosta,   Semejal que tyen carga,
          Esparze lo, e gota   Jamas dello non traga.   1412

1395. conel *M* (*paper damaged in C: see transcription, note* ad loc.) ‖
seer *C* (ser *M*) ‖ podrie] -ia *CM* ‖ noçir *M* (*illegible but for* -r, *in C*).
1396. que *C*: ca *M* ‖ yo *om M* ‖ cuydo *C*: quiero *M* ‖ syn *M*: s- *illegible
in C*.
1397. es *M*: e (*or* y) *C*. 1398. señor g. *C*: omne g. *M*.
1399. que *C*: ca *M* ‖ quanto *C*: en q. *add M* ‖ creçe *om M* ‖ tanto
mengua *C*: t. ha m. *add M*. 1400. de fazer *C*: del f. *M* ‖ que falleçe *C*:
e f. *M* ‖ mano de la *C*: m. por l. *M*.
1401. callando *C*: leyendo *M* ‖ serbiçio *C* (-ui- *M*).
1403. de su *unp C*: esta *M* ‖ mal aya *C*: mas ayna *M* ‖ que del *transp
M* ‖ naçe *M*: naçio *C*. 1404. saya *C*: saña *M*.
1405. su madre *M* (*illegible in C*). 1406. syenpre *C* (*paper damaged
in the space corresponding to the last three letters*): *om M* ‖ e cosa non
demanda *C*: en todo lo quel mande *M*.
1407. quier *C*: -e *add M*. 1408. quier *C*: -e *add M* ‖ serbyr *C*:
seruiçio *M* ‖ e (*C wrote* en, *later cancelled* -n) *M* ‖ destajo *C*: trabajo *M*.
1409. nin *C*: non *M* ‖ ningun *om M*.
1411. lo *C*: la *M* ‖ gosta (*unp C*) *M*. 1412. esparze *C*: e e. *add M* ‖
lo e gota *C*: la g. *M* ‖ dello *C*: della *M*.

701   Non a ojos e vee   Quanto en coraçon tiengo;
      Syn orejas lo oe,   E tal lo faze luego.

C 52ᵛ] 702   Callo yo e el calla,   E amos non fablamos,
        E callando el falla   Lo que amos buscamos.   1416

703   *Non qui*er ningun enbargo   De omre rreçebyr,
      De su afan es largo   Pora buenos serbir.

704   Si me pesa o plaze,   Si fea o fermosa,
      *A*tal mesmo la faze,   Qual yo quiero, la cosa.   1420

705   Vezyno de Castilla,   Porel su entençion
      Sabe el de Sevilla   E la su condiçion.

[XX]

M 81*b*] 706   LAS gentes an acordado   Despagarse del non;
      Mas de cosa *p*agado   Non so yo commo del non,   1424

707   Del dia que preguntado   Oue a mi señor sy non
      Auia otro amado   Sy non yo, dix*o* que non.

  .   .   .   .

  .   .   .   .

  .   .   .   .

  .   .   .   .

  .   .   .   .

  .   .   .   .

1413. e vee *C* : nin v. *M* ‖ tiengo *C* : te- *M*.   1414. syn *C* : e s. *add M* ‖ oe *C* : oye *M*.

1415–16. *Were inserted, in* C, *after our* st. 705.   1416. e callando *C* (en c. *M*) — c. el falla *C* : c. non fabla *M*.

1417. non quier *M* (*text illegible in* C).   1419. pesa *M* (C *wrote first* pasa, *but corrected to* pesa: *cf. transcription, note* ad loc.) — me plaze o pesa *transp M*.   1420. atal (a- *hardly legible*) *C* : tal *M* ‖ mesmo *C* : mesma *M* ‖ qual yo quiero *C* : qual yo pienso *M*.

1421. porel *C* : por la su *M*.   1422. sabe *C* : sabra *M* ‖ e *C* (en *M*) ‖ condiçion *C* : cobdiçion *M*. *The text of* C *ends with the present line: the scribe added the Hebrew word* חם '*end*' *below. Then he inserted* st. 8 *and* ff., *thus showing that one or more leaves were loose in his exemplar.*

1423–26. *om C.*   1424. cosa pagado] c. tan p. *add M*.   1425. señor] -a *add M*.   1426. dixo] dixe *M*.

C 49ᵛ] 708 NON vy yo mejor pieça   De paño figurado,
C 50]   Nin biato por fuerça,   Nin vi mejor mezclado,   1428

709 Nin az de dientes blancos   Entre beços bermejos;
Que con los fuertes flacos,   E con mançebos, viejos

710 Mantener abenidos   En onrra e en paz:
Sus fechos son conplidos   Del rrey que esto faz.   1432

711 Conel bueno trebeja   E al malo enpoxa;
Defiende la oveja   E la cabrilla coxa

712 Del lobo e del zebro: Por que alongaremos?
Al noble rrey don Pedro   Estas mañas veemos.   1436

713 Toda la suma dellas   Enel es muy entera.
Sus mañas son estrellas,   E el es la espera

C 50ᵛ] 714 Del çielo, que sostiene   A derecho la tierra.
Alos buenos mantyene,   Alos malos atierra.   1440

715 Si el solo del mundo   Fuese la mano diestra,
De mil rreys, bien cuydo,   Non farie la syniestra.

716 Es meatad muy fea   Poder con desmesura:
Non quiera Dios que sea   Luenga tal vestidura!   1444

1427–56. om M. 1427–8. *The order of the second hemistichs has been reversed by N.* 1428. biato C (viado NE) ǁ mezclado C (-sc- N): mesclarado E.

1429. az C: faz NE. 1430. que…flacos CN: commo rrezios con mancos E.

1433. e *om* E ǁ malo enpoxa CN: m. da rrenzilla E. 1434. coxa cabrilla *transp* E.

1435. e *om* C ǁ zebro C: osso NE. 1436. al CE: del N ǁ noble rrey C: buen rr. NE ǁ don Pedro C: d. Alfonso NE ǁ mañas CE: nueuas N ǁ veemos CE: auemos N.

1438. estrellas (C *wrote first* ent-, *then corrected* n *to* s. N *wrote* enteras, *struck it out and inserted* estrellas *instead*).

1440. alos malos CE: e alos m. N.

1442. mil rr- CE: bien rr- N — rreys C (-yes NE) ǁ bien *om* E ǁ cuydo CN: yo fundo E ǁ non CE: e n. *add* N ǁ farie C: -n *add* N -ian E.

1443. meatad (*unp* C) E: meyt- N ǁ muy fea CN: mucho f. E. 1444. non quiera Dios NE: nunca D. quier C ǁ tal vestidura CN: la v. E.

717 Que sy muy luenga fuese,   Muchas acortaria,
E el que la vistiese,   Muchos despojaria.

718 El poder con mesura   Es cosa muy apuesta,
Commo en rrostro blancura   Con bermejura buelta: 1448

719 Mesura que leuanta   Sympleza e cordura,
E poder que quebranta   Soberuia e locura.

720 Dos son mantenimiento   Mundanal: una, ley,
Que es ordenamiento,   E la otra es el rrey;   1452

721 Quel puso Dios por guarda   Que ninguno non vaya
Contra lo que Dios manda,   Sy non en pena caya;

722 Por guardar que las gentes   Fazer mal non se pongan,
E que los omnes fuertes   Alos flacos non coman.   1456

723 DE Dios vida al Rey,   Nuestro mantenedor,
Que guarda desta grey   Es e defendedor.

724 Las gentes de su tierra,   Todas asu seruiçio
Trayga, e aparte guerra   Della e mal bollyçio.   1460

725 E la merçed que el noble,   Su padre, prometio,
La terrna, commo conple,   Al Santob el Judio.

1445. que *CN*: por q. *add E* ‖ muy *om E* ‖ muchas *C*: -os *NE*.
1446. muchos *NE*: -as *C*.

1447–62. *om C* (*cf.* Introd. p. 11). 1448. buelta *N*: puesta *E*.

1450. soberuia *N*: la s. *add E*. 1452. es ordenamiento *N*: e. su o.
add E ‖ otra es el rr. *N*: o. buen rr. *E*.

1453. quel puso Dios *om E* ‖ por guarda *N*: p. g. syenpre anda *add E* ‖
ninguno *N*: alg- *E*. 1454. sy non en *N*: s. n. que e. *add E* ‖ caya *N*
(cayga *E*. *Cancelling dots under* g).

1455. fazer mal *N*: de m. f. *E* ‖ non *om E* ‖ se pongan *N*: se caten *E*.
1456. que los omnes *om E* ‖ fuertes *N*: soberuios potentes *E* ‖ non coman
N: n. maten *E*.

1457. vida de Dios *transp E*. 1458. que guarda desta grey *NE*:
q. ma[n]tyene la ley *M* ‖ e es *transp M*.

1459–62. *om N*. 1459. las *om M*. 1460. trayga *M* (-ya *E*) ‖ e *om E* ‖
aparte guerra *M*: alçando g. *E* ‖ della *M*: -os *E* ‖ mal e *transp M*.
1461. el noble su *M*: e. alto rrey s. *E*. 1462. la *om E* ‖ terrna *M*:
man- *E* ‖ conple] cun- *ME* — al Santob *M*: a don Santo *E* — a d. S.
commo c. *transp E*.

EXPL. Aqui acaba el Rab don Santob Dios sea loado *M*. Deo
gratias et Virgini Immaculate Et Anne eius genitrici beate *N*. Deo
graçias *E*.

CONCORDANCE OF STANZAS IN THE EDITION AND THE MANUSCRIPTS

Ed.	C	M	N	E	Ed.	C	M	N	E
1	–	[62]1	–	[1]1	39	–	28	–	–
2	–	2	–	2	40	–	–	–	28
3	–	3	–	3	41	–	–	–	[4v]29
4	–	4	–	4	42	–	–	–	30
5	–	5	–	[1v]5	43	–	–	–	31
6	–	6	–	6	44	–	–	–	32
7	–	7	–	7	45	–	29	–	[5]33
8	[52v]547	–	–	–	46	–	30	–	34
9	548	–	–	–	47	–	31	–	35
10	[53]549	[79]561	–	–	48	–	32	–	[5v]36
11	550	562	–	–	49	–	33	–	37
12	551	–	–	–	50	–	34	–	38
13	552	–	–	–	51	–	35	–	39
14	553	–	–	–	52	–	36	–	–
15	[53v]554	–	–	–	53	–	37	–	–
16	.555	–	–	–	54	–	38	–	–
17	556	[62]8	–	8	55	–	39	–	–
18	557	9	–	9	56	–	40	–	[6]40
19	558	[62c]10	–	10	57	–	41	–	41
20	559	11	–	11	58	–	–	–	42
21	560	12	–	12	59	–	[63c]42	–	43
22	–	13	–	[2v]13	60	–	43	–	[6v]44
23	–	14	–	14	61	–	44	[1]1	45
24	–	15	–	15	62	–	45	2	46
25	–	16	–	16	63	–	46	3	47
26	–	17	–	[3]17	64	–	47	4	[7]48
27	–	18	–	18	65	–	48	5	49
28	–	19	–	19	66	–	49	6	50
29	–	20	–	20	67	–	50	7	51
30	–	21	–	[3v]21	68	–	51	8	[7v]52
31	–	22	–	22	69	–	52	9	53
32	–	–	–	23					
33	–	–	–	[4]24			I		
34	–	23	–	25					
35	–	24	–	26	70	–	53	10	54
36	–	[63]25	–	–	71	–	54	11	55
37	–	26	–	–	72	–	55	12	[8]57
38	–	27	–	27	73	–	56	13	56

Ed.	C	M	N	E
74	–	57	14	58
75	–	[69]218	15	59
76	–	219	16	[8v]60
77	–	–	17	61
78	–	–	18	62
79	–	–	19	63
80	–	–	20	[9]64
81	–	–	21	65
82	–	–	22	66
83	–	220	23	67
84	–	221	24	[9v]68
85	–	222	25	69
86	–	223	26	70
87	–	224	27	71
88	–	225	[1d]28	[10]72
89	[1]1	226	29	73
90	2	227	30	74
91	3	228	31	75
92	4	229	32	[10v]76
93	5	230	33	77
94	6	231	34	78
95	7	232	35	79
96	[1v]8	233	36	[11]80
97	9	[69c]234	37	81
98	10	235	38	82
99	11	236	39	83
100	12	237	40	[11v]84
101	13	238	41	85
102	[2]14	239	42	86
103	15	240	43	87
104	16	241	44	[12]88
105	17	242	45	89
106	18	243	46	90
107	[2v]19	244	47	91
108	20	245	48	[12v]92
109	21	246	49	93
110	22	247	50	94
111	23	248	51	95

II

Ed.	C	M	N	E
112	24	249	52	[13]96
113	[3]25	[65]90	53	97
114	26	91	[2]54	98
115	27	92	55	99
116	28	93	56	[13v]100

Ed.	C	M	N	E
117	29	94	57	101
118	[3v]30	95	58	102
119	31	96	59	103
120	32	97	60	[14]104
121	33	98	61	105
122	34	99	62	106
123	[4]35	100	63	107
124	36	101	64	[14v]108
125	37	102	65	109
126	38	103	66	110
127	39	104	67	111
128	[8v]84	[66d]149	[3]112	[20v]156
129	85	150	113	157
130	[9]86	151	114	158
131	87	152	115	159
132	88	153	116	[21]160
133	89	[67]154	117	161
134	90	155	118	162

III

Ed.	C	M	N	E
135	[4v]40	[65b]105	[2]68	[15]112
136	41	[65c]106	69	113
137	42	107	70	114
138	43	108	71	115
139	44	109	72	[15v]116
140	[5]45	110	73	117
141	46	111	74	118
142	47	112	75	119
143	48	113	76	[16]120
144	49	114	77	121
145	[5v]50	115	78	122
146	51	116	79	123
147	52	117	80	[16v]124
148	53	118	[2d]81	125
149	54	119	82	126
150	[6]55	120	83	127
151	56	121	84	[17]128
152	57	[66]122	85	129
153	58	123	86	130
154	59	124	87	131
155	[6v]60	125	88	[17v]132
156	61	126	89	133
157	62	127	90	134
158	63	128	91	135
159	[7]64	129	92	[18]136

Ed.	C	M	N	E
160	65	130	93	137
161	66	131	94	138
162	67	132	95	139

IV

Ed.	C	M	N	E
163	68	133	96	[18v]140
164	[7v]69	134	97	141
165	70	135	98	142
166	71	136	99	143
167	72	137	100	[19]144
168	73	[66c]138	101	145
169	[8]74	139	102	146
170	75	140	103	147
171	76	141	104	[19v]148
172	77	142	105	149
173	78	143	106	150
174	[8v]79	144	107	151
175	80	145	108	[20]152
176	81	146	[3]109	153
177	82	147	110	154
178	83	148	111	155
179	[9]91	[67]156	119	[21]163
180	[9v]92	157	120	[21v]164
181	93	158	121	165
182	94	[68a]191	122	166
183	95	192	123	167
184	96	193	124	[22]168
185	97	194	125	169
186	[10]98	195	126	170
187	99	196	127	171
188	100	197	128	172
189	101	198	129	173
190	102	199	131	174
191	103	200	130	175
192	[10v]104	201	132	[23]176
193	105	[68c]202	133	177
194	106	203	134	178
195	107	204	135	179
196	108	205	136	[23v]180
197	[11]109	206	[3d]137	181
198	110	207	138	182
199	111	208	139	183
200	112	209	140	[24]184
201	113	210	141	185
202	[11v]114	211	142	186

Ed.	C	M	N	E
203	115	212	143	187
204	116	213	144	[24v]188
205	117	214	145	189
206	118	215	146	190
207	119	216	147	191
208	[12]120	217	148	[25]192
209	121	[64]58	149	193
210	122	59	150	194
211	123	60	151	195
212	124	61	152	[25v]196

V

Ed.	C	M	N	E
213	[12v]125	62	153	197
214	126	63	154	198
215	127	64	155	199
216	128	65	156	[26]200
217	129	–	157	201
218	[13]130	66	158	202
219	131	67	159	203
220	132	68	160	[26v]204
221	133	69	161	205
222	[13v]134	70	162	206
223	135	71	163	207
224	136	72	164	[27]208
225	137	73	[4]165	209
226	138	[64c]74	166	210
227	[14]139	75	167	211
228	140	76	168	[27v]212
229	141	77	169	213
230	142	78	170	214
231	143	79	171	215
232	[14v]144	80	172	[28]216
233	145	81	173	217
234	–	82	174	218
235	146	83	175	219
236	147	84	176	[28v]220
237	148	85	177	221
238	[15]149	86	178	222
239	150	87	179	223
240	151	88	180	[29]224
241	152	89	181	225
242	153	[70]250	182	226

VI

Ed.	C	M	N	E
243	[15v]154	251	183	227
244	155	252	184	[29v]228

Ed.	C	M	N	E	Ed.	C	M	N	E
245	156	253	185	229	288	199	168	228	[35]272
246	157	254	186	230	289	200	169	229	273
247	158	255	187	231	290	201	[67c]170	230	274
248	159	256	188	[30]232	291	[20]202	171	231	275
249	[16]160	257	189	233	292	203	172	232	[35v]276
250	161	258	190	234	293	204	173	233	277
251	162	259	191	235	294	205	174	234	278
252	163	260	192	236	295	206	175	235	279
253	164	261	193	[30v]237	296	[20v]207	176	236	[36]280
254	[16v]165	262	194	238					
255	166	263	[4d]195	239			**VIII**		
256	167	264	196	[31]240					
257	168	265	197	241	297	208	177	237	281
258	169	[70c]266	198	242	298	209	178	238	282
259	170	267	199	243	299	210	179	239	283
260	171	268	200	[31v]244	300	211	180	240	[36v]284
261	[17]172	269	201	245	301	[21]212	181	241	285
262	173	270	202	246	302	213	182	242	286
263	174	271	203	247	303	214	183	243	287
264.	175	272	204	[32]248	304	215	184	244	[37]288
265	176	273	205	249	305	216	185	245	289
266	[17v]177	274	206	250	306	[21v]217	[68]186	246	290
267	178	275	207	251	307	218	187	247	291
268	179	276	208	[32v]252	308	219	188	248	[37v]292
					309	220	189	249	293
		VII			310	[22]221	190	250	294
					311	222	–	[5d]251	295
269	180	277	209	253	312	223	–	252	[38]296
270	181	278	210	254	313	224	–	253	297
271	[18]182	279	211	255	314	225	–	254	298
272	183	280	212	[33]256	315	[22v]226	–	255	299
273	184	281	213	257	316	227	[71a]287	256	[38v]300
274	185	[71]282	214	258	317	228	288	257	301
275	186	283	215	259	318	229	289	258	302
276	187	284	216	[33v]260	319	230	290	259	303
277	[18v]188	285	217	261	320	[23]231	291	260	[39]304
278	189	286	218	262	321	232	292	261	305
279	190	[67a]159	219	263	322	233	293	262	306
280	191	162	[5]222	[34]266	323	234	294	263	307
281	[19]192	160	[4c]220	264	324	235	295	264	[39v]308
282	193	161	221	265	325	[23v]236	296	265	309
283	194	163	[5]223	[34v]267					
284	195	164	224	268			**IX**		
285	196	165	225	269					
286	[19v]197	166	226	270	326	237	297	266	310
287	198	167	227	271	327	238	[71c]298	267	311

Ed.	C	M	N	E
328	239	299	268	[40]312
329	240	–	269	313
330	[24]241	300	270	314
331	242	301	271	315
332	243	302	272	[40v]316
333	244	303	273	317
334	245	304	274	318
335	[24v]246	305	275	319
336	247	306	276	[41]320
337	248	307	277	321
338	249	308	278	322
339	250	309	279	323
340	[25]251	310	280	[41v]324
341	252	311	[6]281	325
342	253	312	282	326
343	254	313	283	327
344	[25v]255	[72]314	284	[42]328
345	256	315	285	329
346	257	316	286	330

X

Ed.	C	M	N	E
347	258	317	287	331
348	259	318	288	[42v]332
349	260	319	289	333
350	[26]261	320	290	334
351	262	321	291	335
352	263	322	292	[43]336
353	264	323	293	337
354	265	324	294	338
355	[26v]266	325	295	339
356	267	326	296	[43v]340
357	268	327	297	341
358	269	328	298	342
359	270	329	299	343
360	[27]271	[72c]330	300	[44]344
361	272	331	301	345
362	273	332	302	346
363	274	333	303	347
364	275	334	304	[44v]348
365	276	335	305	349
366	[27v]277	336	306	350
367	278	337	307	351
368	279	338	308	[45]352
369	280	339	309	353
370	281	340	[6d]310	354

Ed.	C	M	N	E
371	[28]282	341	311	355
372	283	342	312	[45v]356
373	284	343	313	357
374	285	344	314	358
375	286	345	315	359
376	287	[73]346	316	[46]360
377	[28v]288	347	317	361
378	289	348	318	362
379	290	349	319	363
380	291	350	320	[46v]364
381	292	351	321	365

XI

Ed.	C	M	N	E
382	[29]293	352	322	366
383	294	353	323	367
384	295	354	324	[47]368
385	296	355	325	369
386	297	356	326	370
387	[29v]298	357	327	371
388	299	358	328	[47v]372
389	300	359	329	373
390	301	360	330	374
391	302	361	331	375
392	303	[73c]362	332	[48]376
393	[30]304	363	333	377
394	305	364	334	378
395	306	365	335	379
396	307	366	336	[48v]380
397	308	367	337	381
398	309	–	338	382
399	[30v]310	–	339	383
400	311	–	[7]340	[49]384

XII

Ed.	C	M	N	E
401	312	–	341	385
402	313	–	342	386
403	314	–	343	387
404	315	368	344	[49v]388
405	[31]316	369	345	389
406	317	370	346	390
407	318	371	347	391
408	319	372	348	[50]392
409	320	373	349	393
410	[31v]321	374	350	394

Ed.	C	M	N	E		Ed.	C	M	N	E
411	322	375	351	395		454	365	418	394	438
412	323	376	352	[50v]396		455	366	419	395	439
413	324	377	353	397		456	367	420	[8]396	[56]440
414	325	[74]378	354	398		457	[36]368	421	397	441
415	326	379	355	399		458	369	422	398	442
416	[32]327	380	356	[51]400		459	370	423	399	443
417	328	381	357	401		460	371	424	400	[56v]444
418	329	382	358	402		461	–	425	401	445
419	330	383	359	403		462	–	[75c]426	402	446
420	331	384	360	[51v]404		463	372	427	403	447
421	[32v]332	385	361	405		464	[36v]373	428	404	[57]448
422	333	386	362	406		465	374	429	405	449
423	334	387	363	407		466	375	430	406	450
424	335	388	364	[52]408		467	376	431	407	451
425	336	389	365	409		468	377	432	408	[57v]452
426	[33]337	390	366	410		469	[37]378	433	409	453
427	338	391	367	411						

XIII (left) — XIV (right)

Ed.	C	M	N	E		Ed.	C	M	N	E
428	339	392	368	[52v]412		470	379	434	410	354
429	340	393	[7d]369	413		471	380	435	411	455
430	[33v]341	[74c]394	370	414		472	381	436	412	[58]456
431	342	395	371	415		473	382	437	413	457
432	343	396	372	[53]416		474	[37v]383	438	414	458
433	344	397	373	417		475	384	439	415	459
434	345	398	374	418		476	385	440	416	[58v]460
435	346	399	375	419		477	386	441	417	461
436	[34]347	400	376	[53v]420		478	387	[76]442	418	462
437	348	401	377	421		479	[38]388	443	419	463
438	349	402	378	422		480	389	444	420	[59]464
439	350	403	379	423		481	390	445	421	465
440	[34v]351	404	380	[54]424		482	391	446	422	466
441	352	405	381	425		483	392	447	423	467
442	353	406	382	426		484	[38v]393	448	424	[59v]468
443	354	407	383	427		485	394	449	425	469
444	355	408	384	[54v]428		486	395	450	[8d]426	470
445	[35]356	409	385	429		487	396	451	427	471
446	357	[75]410	386	430		488	397	452	428	[60]472
447	358	411	387	431		489	398	453	429	473
448	359	412	388	[55]432		490	[39]399	454	430	474
449	360	413	389	433		491	400	455	431	475
450	361	414	390	434		492	401	456	432	[60v]476
451	[35v]362	415	391	435		493	402	457	433	477
452	363	416	392	[55v]436		494	403	[76c]458	434	478
453	364	417	393	437		495	404	459	435	479
						496	[39v]405	460	436	[61]480

Ed.	C	M	N	E	Ed.	C	M	N	E
497	406	461	437	481	540	–	–	–	[66v]524
498	407	462	438	482	541	–	–	–	525
499	408	463	439	483	542	–	–	–	526
500	409	464	440	[61v]484	543	–	–	–	527
501	[40]410	465	441	485	544	–	–	–	[67]528
502	411	466	442	486	545	–	–	–	529
503	412	467	443	487	546	–	–	–	530
504	413	468	444	[62]488	547	435	491	467	531
505	414	469	445	489	548	436	492	468	[67v]532
506	415	470	446	490	549	437	493	469	533
507	[40v]416	471	447	491	550	[42v]438	494	470	534
508	417	472	448	[62v]492	551	439	495	471	535
509	418	473	449	493	552	440	496	472	[68]536
510	419	[77]474	450	494	553	441	497	473	537
511	420	475	451	495	554	442	498	474	538
512	421	476	452	[63]496	555	443	499	475	539
513	[41]422	477	453	497	556	[43]444	500	476	[68v]540
514	423	478	454	498	557	445	501	477	541
515	424	479	455	499	558	446	502	478	542
516	–	480	[9]456	[63v]500	559	447	503	479	543
517	425	481	457	501	560	[43v]448	504	480	[69]544
518	426	482	458	502	561	449	505	481	545
519	[41v]427	483	459	503	562	450	[78]506	482	546
520	428	484	460	[64]504	563	451	507	483	547
521	429	485	461	505	564	452	508	[9d]484	[69v]548
522	430	486	462	506	565	453	509	485	549
523	431	487	463	507					

		XV					XVI		
					566	[44]454	510	486	550
524	432	488	464	[64v]508	567	455	511	487	551
525	[42]433	489	465	509	568	456	512	488	[70]552
526	434	[77c]490	466	510	569	457	513	–	553
527	–	–	–	511	570	458	514	–	554
528	–	–	–	[65]512	571	[44v]459	515	–	555
529	–	–	–	513	572	460	516	–	[70v]556
530	–	–	–	514	573	461	517	–	557
531	–	–	–	515	574	462	518	–	558
532	–	–	–	[65v]516	575	463	519	–	559
533	–	–	–	517	576	[45]464	520	–	[71]560
534	–	–	–	518	577	465	521	–	561
535	–	–	–	519	578	466	[78c]522	–	562
536	–	–	–	[66]520	579	467	523	489	563
537	–	–	–	521	580	468	524	490	[71v]564
538	–	–	–	522	581	[45v]469	525	491	565
539	–	–	–	523	582	470	526	492	566

Ed.	C	M	N	E	Ed.	C	M	N	E
583	471	527	493	567	626	–	569	535	610
584	472	528	494	[72]568	627	–	[80]570	536	611
585	473	529	495	569	628	–	571	537	[77v]612
586	[46]474	530	496	570	629	–	572	538	613
587	475	531	497	571	630	–	573	541	616
588	476	–	498	[72v]572	631	–	574	540	615
589	477	532	499	573	632	–	575	539	[78]614
590	478	533	500	574	633	–	577	542	617
591	[46v]479	534	501	575	634	–	576	[10d]543	618
592	480	535	502	[73]576	635	–	–	544	619
593	481	536	503	577	636	–	578	545	[78v]620
594	482	537	504	578	637	–	579	546	621
595	483	[79]538	505	579	638	–	580	547	622
596	484	539	506	[73v]580	639	–	581	548	623
597	[47]485	540	507	581	640	–	582	549	[79]624
598	486	541	508	582	641	–	583	550	625
599	487	542	509	583	642	–	584	551	626
600	488	543	510	[74]584	643	–	585	552	627
601	489	544	511	585	644	–	[80c]586	553	[79v]628
602	490	545	512	586	645	–	587	554	629
603	[47v]491	546	[10]513	587	646	–	588	555	630
604	492	547	514	[74v]588	647	–	[81b]612	556	631
605	493	548	515	589	648	–	–	557	[80]632
606	494	549	516	590	649	–	613	558	633
607	495	–	517	591					
608	496	550	518	[75]592			XVIII		
609	–	551	519	593					
610	–	552	520	594	650	–	614	559	634
611	–	553	521	595	651	–	615	560	635
612	–	–	522	[75v]596	652	–	616	561	[80v]636
613	–	[79c]554	523	597	653	–	617	562	637
614	–	555	524	598	654	–	[81c]618	563	638
615	–	556	525	599	655	–	619	564	639
616	–	557	526	[76]600	656	–	620	565	[81]640
617	–	558	527	601	657	–	621	566	641
618	–	559	528	602	658	–	622	567	642
619	–	560	529	603	659	–	623	568	643
					660	–	624	569	[81v]644
					661	–	–	570	645
		XVII			662	–	–	571	646
					663	–	–	[11]572	647
620	–	563	530	[76v]604	664	[48]497	–	573	[82]648
621	–	564	531	605	665	498	–	574	649
622	–	565	532	606	666	499	–	575	650
623	–	566	533	607	667	500	–	576	651
624	–	567	–	[77]608	668	501	–	577	[82v]652
625	–	568	534	609					

Ed.	C	M	N	E
669	502	–	578	653
670	[48v]503	–	579	654
671	504	–	580	655
672	505	–	581	[83]656
673	506	–	582	657
674	507	–	583	658
675	[49]508	–	584	659
676	509	–	585	[83v]660
677	510	–	586	661
678	511	–	587	662
679	512	–	588	663
680	[49v]513	–	589	[84]664
681	514	–	590	665
682	515	–	591	666
683	516	–	592	667
684	517	–	593	[84v]668

XIX

Ed.	C	M	N	E
685	–	[80c]589	–	–
686	[51]528	590	–	–
687	–	591	–	–
688	529	592	–	–
689	530	593	–	–
690	531	594	–	–
691	532	595	–	–
692	[51v]533	596	–	–
693	534	597	–	–
694	535	598	–	–
695	536	599	–	–
696	537	600	–	–
697	[52]538	601	–	–
698	539	[81]602	–	–

Ed.	C	M	N	E
699	540	603	–	–
700	541	604	–	–
701	542	605	–	–
702	[52v]546	606	–	–
703	543	607	–	–
704	544	608	–	–
705	545	609	–	–

XX

Ed.	C	M	N	E
706	–	610	–	–
707	–	611	–	–

XXI

Ed.	C	M	N	E
708	[50]518	–	594	669
709	519	–	595	670
710	520	–	596	671
711	521	–	597	[85]672
712	522	–	598	673
713	523	–	599	674
714	[50v]524	–	600	675
715	525	–	[11d]601	[85v]676
716	526	–	602	677
717	527	–	603	678
718	–	–	604	679
719	–	–	605	[86]680
720	–	–	606	681
721	–	–	607	682
722	–	–	608	683
723	–	625	609	[86v]684
724	–	[81d]626	–	685
725	–	627	–	686

www.ingramcontent.com/pod-product-compliance
Ingram Content Group UK Ltd.
Pitfield, Milton Keynes, MK11 3LW, UK
UKHW042156280225
455719UK00001B/363